AI시대 문해력이 경쟁력이다

문학박사 **김진환** 감수
필립(筆立)·이강우·고준우·민유신 공저

도서출판 **위**

감수(監修)의 글

AI(인공지능)가 일상과 미래를 근본적으로 변화시키는 전환점에서, 우리에게 절실히 요구되는 핵심 역량은 무엇일까요? 이 질문에 대한 명쾌하고 실천적인 해답을 제시하는 책이 바로 『AI 시대, 문해력이 경쟁력이다』입니다. 저자들의 치열한 탐구와 통찰이 응축된 이 역작의 감수를 맡게 되어 영광스러우면서도, 그 중요성에 비례하는 무거운 책임감을 느낍니다.

우리는 지금 정보가 범람하고 AI가 사회 전반을 재편하는 대전환의 시대를 살고 있습니다. 이러한 복잡다단하고 급변하는 환경 속에서, 단순한 정보 습득이나 기술 습득만으로는 절대 충분하지 않습니다. 오히려 넘쳐나는 정보의 진위를 비판적으로 분별하고, AI와 능동적으로 협력하며, 방대한 지식을 자신만의 통찰로 재구성하는 능력, 즉 '문해력'이 생존과 성장을 좌우하는 절대적인 경쟁력으로 부상했습니다.

문해력은 단순히 글을 읽고 이해하는 것을 넘어, 새로운 가치를 창조하는 지적 근력입니다. 그러나 안타깝게도 현재 우리 사회는 기본적인 텍스트조차 온전히 이해하지 못하는 '문해력 위기'라는 심각한 현실에 직면해 있습니다. 이 책은 이러한 시대적 위기를 정확히 진단하고, 그에 가장 실천적인 해결책을 제시하며 독자를 문해력 성장의 여정으로 이끌어갑니다.

『AI 시대, 문해력이 경쟁력이다』는 문해력의 본질부터 실제 적용까지, 독자들이 체계적으로 문해력을 습득하고 발전시킬 수 있도록 다음과 같은 여정을 안내합니다.

첫째, 문해력의 본질을 명확하게 이해하도록 돕습니다.

'I. 문해력 바로 알기(이론편)'에서는 문해력의 개념을 명확히 정의하고, 문해력 부족으로 발생하는 현실적 문제들을 생생한 사례와 함께 풀어내면서 독자의 공감을 이끌어냅니다. 또한, 초등학생부터 고등학생까지, 각 연령대에 맞는 실천적인 학습법을 구체적으로 제시하며 문해력 향상을 위한 견고한 발판을 마련해 줍니다.

둘째, 개념 간 혼동을 바로잡아 이해의 폭을 넓힙니다.

'Ⅱ. 문해력 & 독해력 & 독서력 비교'에서는 흔히 혼동하기 쉬운 유사 개념들을 명쾌하게 분석합니다. 이를 통해 문해력에 대한 오해를 해소하고, 독자가 자신의 학습 목표에 맞는 효과적인 전략을 수립할 수 있도록 이끕니다. 나아가 문해력과 독서력의 상호보완적 관계를 강조하며 독서의 중요성을 다시금 일깨웁니다.

셋째, 문해력의 적용 범위를 확장하여 실질적인 경쟁력을 길러줍니다.

'Ⅲ. 문해력의 적용과 확장'에서는 문해력이 국어 교과에만 국한되지 않고, 영어, 수학, 사회, 과학 등 모든 교과의 근간임을 역설합니다, 더불어 디지털 문해력과 미디어·정보 문해력 등 AI 시대에 필수적인 역량을 심층적으로 다루어, 독자가 수동적인 정보 소비자를 넘어 주체적인 비판적 사상가로 성장하도록 돕습니다.

넷째, 실제 텍스트 분석을 통해 문해력을 실질적으로 훈련합니다.

'Ⅳ. 구체적 사례로 분석하는 독해와 문해(실전편)'는 다양한 유형의 텍스트를 통해 문해력을 실전에서 훈련할 기회를 제공합니다. 이는 이 책이 단순한 이론서를 넘어, 독자가 문해력을 실제로 체득할 수 있도록 설계된 실천적 가이드임을 명확히 보여줍니다.

AI 시대에 문해력은 단순한 지식 축적을 넘어, 세상과 효과적으로 소통하고 자기의 생각을 명확히 전달하는 핵심 역량입니다. 이 책『AI 시대, 문해력이 경쟁력이다』는 자녀와 성인 모두가 이러한 역량을 키워 급변하는 시대에 성공적인 삶을 설계하도록 돕는 실용적 지침서로, 독자들이 이러한 역량을 체득해 더 지혜롭고 주도적인 미래를 열어가도록 도울 것입니다.

저자들의 깊은 통찰과 헌신이 담긴 이 책이 문해력 향상이라는 귀한 여정을 시작하는 모든 이들에게 큰 울림을 주고, 지혜로운 길잡이가 되기를 진심으로 기원합니다.

문학박사 **김 진 환**

머리말

우리는 지금 AI(인공지능)라는 거대한 변화의 파도가 일상의 모든 영역을 재편하는 시대에 살고 있습니다. AI 기술은 방대한 정보를 순식간에 분석하고, 창의적인 콘텐츠를 생산하며, 인간의 언어까지 정교하게 구사하며 우리의 지적 활동을 보조합니다. 동시에, 이전에는 상상할 수 없었던 속도와 양으로 정보가 생산되고 유통됩니다.

이러한 변화의 물결 속에서 많은 이들은 '인간의 역할은 무엇이며, 어떤 역량이 미래를 좌우할 것인가?'라는 근본적인 질문에 직면합니다. 그 답은 역설적으로, 우리의 가장 기본적인 능력인 '문해력'에 있습니다. AI가 쏟아내는 정보의 홍수 속에서 참과 거짓을 구별하고, 복잡한 의미를 정확히 파악하며, 나아가 AI와 효과적으로 소통하고 협력하는 데 필수적인 능력 말입니다. AI는 정보를 찾아주고 가공해 줄 수는 있지만, 그 정보를 이해하고 비판적으로 사고하며 궁극적으로 새로운 가치를 창출하는 능력은 오직 인간 고유의 몫입니다.

그렇다면, 이처럼 빠르게 변화하는 AI 시대에 문해력이란 무엇이며, 왜 단순한 읽기 능력을 넘어, 우리 시대의 가장 강력한 경쟁력이자 생존의 기반이 되는 걸까요? 스마트폰을 통해 접하는 수많은 뉴스 기사, 보고서, 온라인 콘텐츠들이 AI에 의해 생성되거나 가공될 수 있는 세상에서 우리는 어떤 정보가 신뢰할 수 있고, 어떤 정보가 편향되거나 심지어 허위 정보(가짜 뉴스)인지 스스로 판단해야 합니다. 즉, 정보를 단순히 받아들이는 것을 넘어, 그 내용의 진위와 맥락, 숨겨진 의도까지 파악하는 '비판적 문해력'이 필수적입니다.

여러분은 얼마나 많은 글과 마주하며 살고 있나요? 아침에 눈을 뜨는 순간부터 밤늦게 잠자리에 들기까지, 스마트폰 알림, 교과서, 뉴스와 기사, 온라인상의 수많은 정보, 그리고 친구들과 주고받는 메시지에 이르기까지, 우리는 끊임없이 글을 읽고 이해하며 살아갑니다. 이처럼 글은 우리 삶의 공기처럼 존재하지만, 과연 우리는 이 모든 글을 온전히 '이해'하고 '활용'하고 있을까요?

최근 한 대학의 심층 조사 결과는 우리 사회가 직면한 문해력의 현실을 극명하게 보여줍니다. 신입생의 약 30%가 기초적인 학술 텍스트를 이해하는 데 어려움을 겪고 있으며, 이는 비단 어휘력 부족만의 문제가 아니라는 사실이 밝혀졌습니다. (참조: 이순영 「우리나라 중등학생의 문해력 실태」, 교육신문, 2024.3.21) 문장의 맥락과 구조를 파악하고, 글쓴이의 숨겨진 의도를 정확히 추론하며, 나아가 주어진 정보를 비판적으로 분석하고 자신의 것으로 소화하는 종합적인 능력, 즉 '문해력'의 부재가 핵심 원인으로 지목된 것입니다. 우리는 이 심각한 문제에 얼마나 깊이 공감하고 있습니까?

문해력은 학업이나 특정 분야에만 국한되지 않습니다. AI 시대, 정보의 홍수 속에서 살아가는 21세기 우리에게 문해력은 생존을 위한 필수 역량이자 삶의 방향을 결정하는 나침반과도 같습니다. 가짜 뉴스와 허위 정보 속에서 진실을 구별하는 안목, 복잡한 법률 문서나 금융 계약서의 미묘한 차이를 이해하는 통찰력, 그리고 급변하는 사회에서 새로운 지식을 끊임없이 학습하고 적용하는 유연성까지, 이 모든 것이 탄탄한 문해력을 바탕으로 합니다. 특히, 대학 입시와 같은 중요한 관문을 넘어서고 미래 사회의 주역으로 성장하기 위해서는 체계적인 문해력 학습이 더욱 절실합니다.

이 책은 바로 그 절실함에 대한 해답이자 여러분의 문해력 향상을 위한 가장 확실한 길잡이가 될 것입니다. 이 책은 문해력이 무엇이며, 왜 오늘날 더욱 중요해졌는지, 그리고 이 핵심 역량을 어떻게 효과적으로 길러 나갈 수 있는지를 체계적이고 단계적으로 안내합니다. 단순히 국어 교과에만 머무르지 않고, 영어 독해, 수학 문제 해결, 사회/과학 개념 이해 등 모든 교과 영역에서 문해력이 학습 성과를 어떻게 좌우하는지를 구체적인 사례를 통해 명쾌하게 제시할 것입니다.

각 장은 '이론적 이해', '실질적 적용', 그리고 '자기 점검'의 균형 잡힌 삼박자로 구성되어 있습니다. 핵심 개념을 깊이 있게 이해하고, 다양한 유형의 텍스트를 직접 분석하며 연습한 뒤, 자기의 문해력 수준을 객관적으로 평가할 수 있도록 하였습니다. 더불어 디지털 시대의 시민으로서 필수적인 '미디어 리터러시'와 '정보 문해력'을 심층적으로 다루어, 여러분이 단순한 정보 소비자를 넘어 현명한 비판적 사상가로 성장하도록 도울 것입니다.

이 책을 통해 문해력의 세계로 첫발을 내딛는 모든 독자분께 한 가지 중요한 말씀을 드리고자 합니다. 문해력은 단시간에 얻어지는 마법이 아닙니다. 끊임없는 관심과 꾸준한 연습, 그리고 일상 속에서 의식적인 노력이 필요합니다. 책에 제시된 방법들을 단순히 읽는 것을 넘어, 신문 기사 한 줄, 온라인 커뮤니티 게시글 하나, 심지어 좋아하는 웹툰의 대사 한 마디를 읽을 때조차도 문해력의 관점에서 능동적으로 사고하는 습관을 들여보십시오. 그 작은 습관들이 모여 여러분의 사고력과 이해력은 놀라운 수준으로 확장될 것입니다.

기억해 주십시오. 문해력은 단지 학습 도구를 넘어, 세상을 더 넓고 깊게 이해하며, 자기 생각을 자유롭게 표현하고, 궁극적으로 삶의 질을 풍요롭게 만드는 가장 강력한 핵심 역량입니다. 이 책과 함께하는 여정이 끝날 무렵, 여러분은 이전과는 완전히 다른 시선으로 세상의 모든 텍스트를 마주하게 될 것이며, 삶의 새로운 지평이 열릴 것입니다.

이 책을 만들기까지 헌신적인 노력과 뜨거운 열정을 함께 나누어주신 공동저자분들께 진심으로 감사드립니다. 부디 이 책이 많은 이들에게 문해력의 중요성을 일깨우고, 나아가 학교 학습과 대학 진학, 그리고 의미 있는 삶을 영위하는 데 실질적인 도움을 드릴 수 있기를 간절히 기원합니다.

대표 저자 **필립(筆立)**

추천사

미래를 읽는 힘, 문해력에 투자하라!

급변하는 AI 시대를 맞아, 우리는 전에 없던 속도의 변화 속에 놓여 있습니다. 이러한 격동의 시대에 우리에게 가장 요구되는 역량은 무엇일까요? 저는 단언컨대 '문해력'이야말로 이 시대를 살아가는 데 필수적인 핵심역량이라고 생각합니다. 단순히 글을 읽고 쓰는 것을 넘어, 복잡한 정보를 비판적으로 이해하고 분석하며, 궁극적으로 세상과 적극적으로 소통하고 새로운 가치를 창조하는 통합적인 힘, 이것이 바로 진정한 의미의 문해력입니다.

이러한 시대적 요구에 부응하는 『AI 시대, 문해력이 경쟁력이다』는 문해력의 본질을 깊이 있게 통찰하며, 그 실질적인 함양 방안을 제시하는 탁월한 지침서라고 할 수 있습니다. 이 책은 국어뿐만 아니라 수학, 사회, 과학, 영어 등 모든 교과 영역에서 문해력이 지닌 핵심적인 역할을 구체적이고 풍부한 사례를 통해 명쾌하게 설명합니다. 학생들에게는 효과적인 학습의 방향을, 교사들에게는 교육 현장에서의 실천적 지혜를, 그리고 학부모님들에게는 자녀 교육에 대한 명확한 해답을 제시해 줄 것입니다.

특히, 이 책에는 오랜 시간 교육 현장에서 문해력 교육에 헌신해 온 대표저자 필립 선생님의 깊이 있는 통찰과 실천적 지혜, 그리고 공동저자들의 현장에서의 경험이 고스란히 담겨 있습니다. 학교 문해력 컨설팅, 교사 연수, 학부모 특강 등 다양한 활동을 통해 수많은 학생의 '읽는 힘'을 길러주기 위해 노력해 온 저자들의 발자취와 따뜻한 교육 철학이 책 곳곳에서 빛을 발하고 있습니다.

이 책은 단순히 문해력의 중요성을 역설하는 데 그치지 않습니다. 독자 스스로 자신의 문해력을 진단하고 체계적으로 발전시킬 수 있도록 실용적인 방법론과 지침을 제시합니다. 저자들의 끊임없는 연구와 고민이 응축된 결과물이기에, 이 책을 통해 독자 여러분은 미래 사회를 주도할 수 있는 강력한 경쟁력을 자연스럽게 체득하게 될 것입니다.

문해력은 우리 아이들이 불확실한 미래의 변화 속에서도 흔들림 없이 자신 있게 나아갈 수 있도록 돕는 가장 강력한 무기가 되어 줄 것입니다. 『AI 시대, 문해력이 경쟁력이다』가 더 많은 학교와 가정에 널리 전파되어, 모든 아이가 미래를 읽고 주도적으로 만들어가는 주역으로 성장하는 데 든든한 길잡이가 되기를 진심으로 기원합니다.

조 훈 (한국교육컨설턴트협의회 대표)

AI 시대, 진정한 경쟁력은 바로 문해력에 있습니다.

AI 시대의 도래는 우리에게 새로운 가능성을 열어주었지만, 동시에 '진정한 경쟁력은 어디에서 오는가?'라는 깊은 질문을 던지고 있습니다. 저는 그 해답이 바로 '문해력(文解力, Literacy)'에 있다고 확신합니다. 라틴어 'literatus'에서 유래한 문해력은 단순히 글자를 읽고 이해하는 것을 넘어, 쏟아지는 정보를 비판적으로 분석하고, 그 이면에 담긴 의미를 깊이 있게 이해하며, 나아가 이를 적절히 활용하고 소통하며 새로운 가치를 창조하는 통합적인 역량을 의미합니다.

그러나 역설적이게도 정보의 홍수 속에서 우리는 글을 읽을 수는 있지만, 그 본질을 파악하고 비판적으로 사고하는 능력이 부족해지는 '문해력 저하'라는 심각한 현상에 직면하고 있습니다. 이러한 시대적 과제는 우리 사회가 시급히 해결해야 할 중요한 문제입니다.

이러한 갈증 속에서 출간된 『AI 시대, 문해력이 경쟁력이다』는 독자들에게 매우 시의적절하고 핵심적인 해결책을 제시합니다. 이 책은 문해력에 대한 이론적인 깊이와 더불어 실생활에서의 구체적인 적용 방안, 그리고 급변하는 미래 사회를 위한 문해력 확장 전략을 다채로운 사례 분석과 함께 실질적으로 다루고 있습니다. 특히, 정보 과잉 시대에 필수적인 미디어 리터러시와 디지털 활용 능력을 문해력의 큰 틀 안에서 유기적으로 연결하여 폭넓은 통찰을 제공한다는 점에서 더욱 의미가 깊습니다.

'문해력'이 미래 시대를 이끌어갈 핵심역량으로 부상하고 있는 지금, 이 책은 그 본질과 실천 방안을 통찰력 있게 제시하며 독자들에게 분명한 방향을 안내합니다. AI 시대를 살아가며 진정한 경쟁력을 갖추고자 하는 우리 모두에게 이 책의 일독을 강력히 권합니다. 이 책이 제시하는 통찰과 실천적 지침들이 독자 여러분의 삶에 긍정적인 변화를 가져다줄 것이라고 믿어 의심치 않습니다.

정남환 (교육학박사, 한국진로진학연구원 원장)

읽고, 생각하고, 미래를 창조하는 힘, 문해력

AI 기술의 발전이 우리 삶의 지형도를 빠르게 변화시키는 지금, 진정한 지적 역량은 어디에서 오는가에 관한 질문은 더욱 중요해졌습니다. AI가 방대한 정보를 효율적으로 정리하고 제공하는 시대일수록, 역설적으로 우리에게는 그 정보를 정확하게 읽고, 깊이 있게 해석하며, 비판적으로 수용하는 능력, 즉 문해력이 핵심적인 경쟁력이 됩니다.

『AI 시대, 문해력이 경쟁력이다』는 학교 교육을 비롯한 우리 사회 전반에 만연한 '읽어도 이해하지 못하는' 현상을 날카롭게 분석합니다. 많은 책을 읽는 것을 넘어, '어떻게 읽어야 하는지', '무엇을 읽고 어떤 질문을 던져야 하는지'에 대한 근본적인 성찰을 통해 독자들을 문해력의 본질로 이끌고 있습니다.

문해력은 모든 학습의 가장 중요한 출발점입니다. 글을 정확하게 읽어내고 그 의미를 완벽히 파악하며 비판적으로 사고하는 능력이야말로, AI 시대에 더욱 중요해지는 '진정한 공부 머리'라고 할 수 있습니다. 이 책은 이 모든 것을 아우르는 탁월한 길잡이가 되어 줄 것입니다.문해력은 모든 학습의 가장 중요한 출발점이자, AI 시대를 살아가는 데 필수적인 '진정한 공부 머리'를 키우는 근간이 됩니다. 글을 정확하게 읽어내고, 그 의미를 완벽히 파악하며, 비판적으로 사고하는 능력이야말로, 급변하는 시대에 자기 주도적으로 성장하는 힘이 되어 줄 것입니다. 이 책은 바로 이 모든 것을 아우르는 탁월한 길잡이가 되어 줄 것입니다.

이 책이 독자들께 던지는 메시지는 명확합니다. '문해력을 키우는 것은 스스로 공부하는 힘을 기르는 것'이라는 중요한 통찰을 제공합니다.

이 책을 통해 독자 여러분 모두가 AI 시대를 살아가는 데 필요한 문해력을 함양하고, 더 나아가 자기 계발과 주도적인 학습 능력을 발전시키는 소중한 기회를 얻으시기를 바랍니다.

이석록 (전 한국외국어대학교 입학사정관실장)

변화를 읽고 기회를 창조하는 힘, 문해력

우리는 끊임없이 밀려드는 정보와 복잡한 현상 속에서 명확한 방향을 찾아야 하는 시대를 살고 있습니다. 이때 핵심을 꿰뚫고 본질을 이해하며, 이를 명료하게 정리하여 소통하는 힘, 바로 '문해력'이야말로 인생과 일을 성공으로 이끄는 가장 강력한 통찰력이자 경쟁력이라고 할 수 있습니다. 이는 단순히 지식을 습득하는 것을 넘어, 더 지혜롭고 주도적인 삶을 영위하기 위한 필수 역량입니다.

『AI 시대, 문해력이 경쟁력이다』는 AI가 우리 삶의 모든 영역에 깊숙이 스며들어 급변하는 이 시대에 많은 이들이 느끼는 막막함과 불안감에 대한 명확한 해법을 제시하고 있습니다. 이 책은 문해력이 단지 글을 읽고 쓰는 기술을 넘어, 다가올 미래에 유연하게 적응하고 새로운 기회를 적극적으로 창출할 수 있는 핵심 열쇠임을 매우 설득력 있게 풀어내고 있습니다.

특히, 이 책은 미래 시대에 더욱 중요해질 '과학 문해력', '정보 문해력', '인공지능 문해력', 그리고 '스크린 문해력'과 같은 확장된 문해력의 개념을 깊이 있게 다루며, 이러한 역량들을 어떻게 체계적으로 함양

할 수 있는지에 대한 실질적인 방향을 구체적으로 안내합니다. 지식 전달에 그치지 않고, 문해력이 우리의 삶과 직업 세계에 가져올 긍정적인 변화와 깊이 있는 통찰을 경험할 수 있을 것입니다.

더불어, 이 책은 AI 시대에 필요한 핵심역량을 체계적으로 길러내고자 하는 청소년들에게는 든든한 나침반이 되어 줄 것이며, 자녀 교육에 대한 실질적인 해법을 찾고 계신 학부모님께는 귀한 지침서가 될 것이라고 확신합니다. 또한, 학생들의 미래 역량 강화를 고민하는 교육 현장의 교사들께도 큰 울림을 주는 자료가 될 것입니다.

문해력을 키우는 여정은 곧 변화를 예견하고 새로운 기회를 창조하며, 더욱 지혜롭고 주도적인 삶을 영위하는 첫걸음입니다. 이 책을 통해 더 많은 분이 미래를 향한 견고한 디딤돌을 마련하시어, 『AI 시대, 문해력이 경쟁력이다』라는 메시지처럼 여러분의 문해력이 곧 빛나는 경쟁력이 되기를 진심으로 바랍니다.

배상기 (교육학박사, 산마을고등학교 교사)

정보 시대를 살아가는 힘, 문해력

인공지능 시대로의 전환은 우리에게 정보의 폭발적 증가와 함께 급변하는 환경 적응이라는 거대한 과제를 안겨주고 있습니다. 이 격랑 속에서 『AI 시대, 문해력이 경쟁력이다』는 '문해력'이 단순한 지식 습득 능력을 넘어, 이 시대를 살아가고 번영하기 위한 핵심 경쟁력임을 통찰력 있게 제시합니다. 저자는 가짜 뉴스와 허위 정보가 범람하는 디지털 환경 속에서 진실을 분별하고, 복잡한 법률 및 금융 문서를 정확히 이해하며, 나아가 스스로의 평생 학습 방향을 주도적으로 설계하는 데 문해력이 필수 불가결한 조건임을 날카롭게 강조합니다. 이 책은 급변하는 시대를 관통하는 본질적인 질문을 던지며, 독자들에게 문해력의 중요성을 깊이 각인시킬 것입니다.

이 책의 또 다른 강점은 이론을 넘어선 실천적인 지침에 있습니다. 학계에서 검증된 SQ3R, KWL 차트, 코넬 노트 등 효과적인 학습 전략들을 체계적으로 소개하여, 독자가 각자의 상황에 맞춰 즉시 적용할 수 있도록 안내합니다. 특히, 초·중·고 학생은 물론 성인 학습자까지 읽기 전·중·후 활동을 극대화하여 학습 효율을 비약적으로 향상시킬 수 있는 구체적인 방법을 제시한다는 점이 인상 깊습니다. 또한, 디지털 리터러시 교육에 깊이 초점을 맞추어 광고와 뉴스 분석, 허위 정보 판별을 위한 실제적인 사례와 워크시트를 제공하는 것은 매우 시의적절합니다. 이는 온라인 환경에서 정보를 비판적으로 선별하고 평가하는 능력을 길러, 민주 시민으로서 합리적인 판단을 내리고 사회적 책임을 다하는 데 필요한 핵심역량을 육성하려는 저자의 확고한 교육 철학을 보여줍니다.

제4차 산업혁명 시대를 살아가는 우리 모두에게 문해력은 평생 학습의 굳건한 기반이자, 새로운 지식을 능동적으로 습득하고 창의적으로 적용하는 힘의 원천입니다. 따라서 이 책은 문해력 교육에 대한 깊이 있는 통찰을 얻고자 하는 교사와 학부모, 교육 행정가는 물론, 급변하는 미래 사회에서 자신만의 경쟁력을 확립하고자 하는 학생과 직장인 모두에게 추천하는 필독서입니다. 독자 여러분은 『AI 시대, 문해력이 경쟁력이다』를 통해 불확실한 미래 변화에 흔들리지 않고 스스로의 길을 개척할 수 있는 가장 강력한 역량을 갖추게 될 것입니다.

김용식 (유오디아 대표)

AI 시대, 삶의 지혜를 밝히는 문해력의 등대

오래전 시인 미당(未堂) 서정주 선생을 '말당(末堂)'이라 부르며 희화화했던 일화는 한자 오독에서 비롯된 해프닝이었습니다. 그러나 오늘날 우리는 단순한 착오를 넘어, 문해력 부족으로 인해 벌어지는 씁쓸한 현실을 자주 접하게 됩니다. "우천 시 추후 공고에, 우천 시는 어디에 있는 지역이며, 추후 공고는 어느 학교를 말하느냐?"는 질문이나, "책을 사서 선생님께 반납하라"라는 말에 어디서 책을 사야 하는지 되묻는 이야기들은 단순한 유머를 넘어 이 시대 문해력의 현주소를 여실히 보여주고 있습니다.

문해력은 글의 의미와 맥락을 정확하게 이해하는 핵심역량입니다. 그러나 오늘날 우리는 기본적인 어휘 이해 능력의 부족과 짧은 영상 콘텐츠에 익숙해진 나머지, 글을 깊이 있게 읽고 이해하는 데 어려움을 겪는 현상을 흔히 마주합니다. 이러한 문해력의 빈곤은 정보가 홍수처럼 쏟아지고 AI가 삶의 많은 부분을 대체하는 AI 시대에 접어들면서 더욱 심각한 문제로 대두되고 있습니다. AI가 단순한 정보 처리와 문제 해결을 넘어 새로운 문제를 정의하고 해결하는 창의적 역량을 요구하는 시대에는 인간 고유의 논리적 사고와 비판적 문해력이 더욱 중요해질 수밖에 없습니다.

이러한 문해력 빈곤의 시대에 『AI 시대, 문해력이 경쟁력이다』와 같이 시의적절하고 귀한 책이 출간된 것은 교육자로서 매우 반가운 일입니다. 이 책은 인공지능 문해력, 스크린 문해력, 그리고 이모지 문해력 등 미래 시대에 필요한 새로운 문해력의 방향을 명확하게 제시하고 있습니다. 또한, 문해력이 단순히 정보를 습득하는 것을 넘어 사고하고, 해석하며, 타인과 원활하게 소통하고, 나아가 새로운 것을 창조하는 힘임을 깊이 있게 보여주고 있습니다.

이 책을 통해 독자들이 학업의 어려움을 극복하고, 원활한 의사소통을 통해 타인과 깊이 공감하며, 나아가 세상을 더 넓고 깊게 이해하는 지혜를 쌓는 데 든든한 밑거름을 얻으시기를 진심으로 바랍니다. AI가 주도할 미래를 능동적으로 살아갈 수 있는 탄탄한 토대를 마련해 줄 이 책을 모든 분께 자신 있게 추천합니다.

우상태 (전 송파청솔학원 국어과 대표강사)

디지털 시대의 나침반, 문해력

문명은 문자의 발명과 더불어 시작되었고, 글을 읽고 이해하는 힘, 즉 문해력은 인간의 사회적 위치와 성장을 결정하는 핵심 요소로서 오랜 역사를 함께해 왔습니다. 특히 급변하는 AI 시대에 접어들면서 새로운 인공지능 도구와 플랫폼이 끊임없이 등장하는 지금, 우리는 정보의 홍수 속에서 길을 잃지 않기 위해 '디지털 문해력(digital literacy)'에

더욱 깊은 관심을 기울여야 합니다

"어리석은 사람은 확신에 차 있고, 지능적인 사람은 의심으로 가득 차 있다." 버트런드 러셀의 이 통찰처럼, 정보가 과잉되는 시대에는 진실을 분별하고 올바른 방향을 설정하는 능력이 그 어느 때보다 중요해졌습니다. 속도보다는 방향이 중요해진 이 시대를 살아가는 우리에게는 혼란 속에서도 명확한 길을 제시해 줄 강력한 나침반이 절실합니다. 실제로 여러 전문가가 문해력이 단순한 불편함을 넘어 삶의 기회를 제약할 수 있으며, 미래 사회에서는 문해력이 곧 생존력이자 경쟁력이 될 것이라고 강조합니다. AI가 우리 삶에 미치는 영향이 커질수록, AI가 가진 편향성을 이해하고 윤리적인 결정을 내리는 데 필요한 AI 문해력 또한 핵심 요소로 부상하고 있습니다.

바로 이러한 시대적 요구에 가장 적절하게 응답하는 책이 『AI 시대, 문해력이 경쟁력이다』입니다. 이 책은 단순히 지식을 전달하는 차원을 넘어, 디지털 정보의 파도 속에서 우리가 진리와 행복을 향해 주도적으로 나아갈 수 있도록 돕는 실질적인 '내비게이션' 역할을 합니다. 또한, 단순히 방향을 제시하는 것을 넘어 그 길을 실제로 실행하기 위한 강력한 동기를 유발할 것입니다. AI가 대체할 수 없는 인간의 능력은 문해력이 뒷받침되어야 발현될 수 있습니다. 특히 독서를 통해 얻는 깊이 있는 읽기 능력은 뇌 발달에 긍정적인 영향을 주며, 디지털 환경에서 글을 읽을 때와 다른 뇌의 읽기 회로를 활성화하는 데 도움이 된다고 합니다

이 책은 AI 시대를 살아가는 우리와 우리 자녀들이 반드시 갖춰야 할 핵심역량인 문해력을 체계적으로 익히고, 이를 통해 더욱 지혜롭고

주도적인 삶을 설계할 수 있도록 이끌어주는 귀한 지침서입니다. AI 시대의 복잡성을 헤쳐나갈 현명한 지혜와 실제적인 지침을 찾으시는 모든 분께, 『AI 시대, 문해력이 경쟁력이다』를 진심으로 추천합니다.

권성하 (교육사랑신문 대표)

AI 시대, 문해력이 핵심 경쟁력

AI 기술이 눈부시게 발전하고 정보가 범람하는 이 시대에, 우리는 AI가 쉽게 모방할 수 없는 인간 고유의 핵심역량에 대해 깊이 성찰해야 합니다. 단순히 글자를 읽는 것을 넘어, 정보를 비판적으로 분석하고, 숨겨진 맥락을 파악하며, 이를 적절하게 활용하는 능력, 즉 '문해력' 입니다. 이러한 문해력은 정보의 단순한 습득을 넘어 복잡한 세상의 본질을 꿰뚫어 보는 통찰력을 의미하며, 앞으로의 사회에서 생존력이자 진정한 경쟁력이 될 것입니다.

이 책에는 문해력의 본질을 오랜 시간 연구하고 현장에서 체득한 저자의 깊이 있는 통찰이 고스란히 담겨 있습니다. 국어는 물론, 영어, 수학, 사회, 과학 등 교과 영역을 넘어서 디지털 미디어에 이르기까지, 모든 분야에서 적용 가능한 문해력 향상 방안을 폭넓게 제시하고 있습니다. 특히, 텍스트의 이면에 숨겨진 의도까지 간파하는 '비판적 문해력'을 함양할 수 있도록 구체적이고 명쾌한 실천 전략을 제공하여 독자 여러분께 실질적인 길잡이가 되어 줄 것입니다.

AI가 결코 대체할 수 없는 독보적인 사고력을 길러, 미래 사회를 주도하는 인재로 성장하고 싶으시다면 『AI 시대, 문해력이 경쟁력이다』는 훌륭한 길잡이가 되어 줄 것입니다. 이 책을 통해 당신의 잠재력을 깨우고 미래를 주도하는 힘을 키우시길 진심으로 권합니다.

최선아 (한국교육심리학회 학습컨설턴트)

CONTENTS

CONTENTS

CONTENTS

I

문해력 바로 알기 (이론편)

01

문해력이란 무엇인가?

문해력(文解力, Literacy)을 한마디로 정의하기는 쉽지 않습니다. 왜냐하면, 문해력은 단순히 '글을 읽고 쓸 줄 아는 능력'을 넘어서는 복합적이고 다층적인 개념이기 때문입니다. 전통적으로 문해력은 문자를 해독하고 의미를 파악하는 기초적인 능력을 의미했습니다. 그러나 현대사회에서 문해력은 훨씬 더 넓고 깊은 의미가 있습니다.

오늘날의 문해력은 텍스트를 읽고 이해하는 것을 넘어, 그 안에 담긴 정보를 분석하고 평가하며, 나아가 자신의 목적에 맞게 활용할 수 있는 종합적인 능력을 뜻합니다. 예를 들어, 여러분이 과학 교과서에서 '광합성' 단원을 읽는다고 가정해봅시다. 단순히 광합성의 정의를 암기하는 것이 아니라, 왜 식물에 광합성이 필요한지, 광합성 과정에서 일어나는 화학 반응은 무엇인지, 그리고 이것이 지구 생태계에 어떤 영향을 미치는지까지 이해하고 설명할 수 있어야 합니다. 이것이 바로 진정한 문해력입니다.

문해력은 크게 세 가지 차원으로 구분할 수 있습니다. 첫째는 **'기초 문해력'**으로, 문자를 읽고 쓸 수 있는 가장 기본적인 능력입니다. 둘째는 **'기능적 문해력'**으로, 일상생활에서 필요한 정보를 이해하고 활용할 수 있는 능력입니다. 셋째는 **'비판적 문해력'**으로, 텍스트에 담긴 의도와 맥락을 파악하고, 정보의 신뢰성을 평가하며, 자신만의 관점을 형성할 수 있는 고차원적 능력입니다.

현대사회에서 문해력이 더욱 중요해진 이유는 우리가 접하는 텍스트의 형태가 매우 다양해졌기 때문입니다. 전통적인 인쇄물뿐만 아니라 웹사이트, SNS, 동영상 자막, 인포그래픽, 데이터 시각화 자료 등 다양한 형태의 텍스트를 이해해야 합니다. 이 각각의 텍스트는 고유한 특성이 있으며, 상황에 맞는 읽기 전략이 요구되고 있습니다.

예를 들어, 인스타그램 게시물을 이해하려면 이미지와 텍스트의 관계를 파악해야 하고, 해시태그의 의미와 기능을 알아야 합니다. 뉴스 기사를 읽을 때는 머리기사와 본문의 관계, 인용문의 신뢰성, 기자의 관점 등을 종합적으로 고려해야 합니다. 또한, 학습에서 수학 문제를 풀 때는 문제에 사용된 수학적 언어와 일상 언어의 차이를 이해하고, 주어진 조건을 정확히 파악해야 합니다.

문해력은 '맥락'과 떨어뜨려 생각할 수 없습니다. 같은 단어나 문장이라도 어떤 상황에서, 누가, 누구에게, 어떤 목적으로 사용했는지에 따라 의미가 달라집니다. "정말 잘했네"라는 말이 진심 어린 칭찬일 수도 있고, 비꼬는 말일 수도 있는 것처럼 말입니다. 이러한 맥락을 읽어내는 능력 역시 문해력의 중요한 부분입니다.

더 나아가 21세기 문해력은 **'다중 문해력(Multi-literacies)'**의 개념으로 확장됩니다. 이는 언어적 텍스트뿐만 아니라 시각적, 청각적, 공간적, 행동적 요소들을 종합적으로 이해하는 능력을 포함합니다. 유튜브 영상을 예로 들면, 영상의 내용뿐만 아니라 배경음악, 편집 방식, 섬네일 디자인, 댓글 문화까지 모두가 의미를 전달하는 요소가 됩니다.

결론적으로, 문해력은 글을 읽는 기술만이 아니라, 세상을 이해하고 소통하며 비판적으로 사고하고 확장하는 고차원적 능력입니다. 이는 여러분이 학교에서 성공적으로 학습하고, 나아가 민주 시민으로서 사회에 참여하며, 평생 학습자로 성장하는 데 필수적인 토대가 됩니다. 문해력은 모든 학습의 열쇠이자, 21세기를 사는 우리 모두에게 꼭 필요한 핵심 역량입니다.

02

문해력이 중요한 5가지 이유

첫째, 학업 성취의 기초가 됩니다. 모든 교과 학습의 바탕에는 문해력이 있습니다. 수학 문제를 풀려면 먼저 문제가 무엇을 묻는지 정확히 이해해야 하고, 과학 실험을 하려면 실험 과정과 방법을 읽고 따를 수 있어야 합니다. 실제로 한 연구에 따르면, 수학 성적이 낮은 학생의 60% 이상이 수학 실력이 아닌 수학 문제의 이해력 부족으로 어려움을 겪고 있다는 결과도 있습니다. (참조 : 정창규, 「교육종단 연구 학생역량 문항 분석」, 울산광역시교육연구정보원, 2024, pp1-52)

예를 들어, "철수가 사과 5개를 가지고 있었는데, 영희에게 몇 개를 주고 나니 3개가 남았습니다. 철수가 영희에게 준 사과는 몇 개입니까?"라는 문제에서 중요한 것은 계산 능력이 아니라 '주고 나니', '남았습니다'라는 표현이 뺄셈을 의미한다는 것을 파악하는 능력입니다.

둘째, 비판적 사고력을 기릅니다. 정보의 홍수 시대에 사는 우리에게 비판적 문해력은 생존 기술입니다. 매일 접하는 수많은 정보 중에서 신뢰할 만한 것과 그렇지 않은 것을 구별하는 능력, 숨겨진 의도를 파악하는 능력, 논리적 오류를 발견하는 능력은 모두 문해력에서 비롯됩니다.

최근 'OO 식품이 암을 유발한다'라는 제목의 기사가 SNS에서 화제가 되었습니다. 하지만 기사를 자세히 읽어보면 '과도하게 섭취할 경우'라는 전제 조건이 있었고, 연구 대상도 실험용 쥐였으며, 인간에게 적용하기에는 한계가 있다는 전문가 의견도 포함되어 있었습니다. 비판적 문해력이 있는 사람은 선정적인 제목에 현혹되지 않고 전체 맥락을 파악할 수 있습니다.

셋째, 의사소통 능력을 향상시킵니다. 문해력은 '글자' 읽기만의 문제가 아닙니다. 다른 사람의 글을 정확히 이해할 수 있는 사람은 자기의 생각도 명확하게 표현할 수 있습니다. 좋은 독자가 좋은 작가가 되는 이유입니다.

대학 입시 면접을 준비할 때, 취업을 위한 자기소개서와 면접을 준비할 때, 또는 일상적인 이메일을 쓸 때도 문해력은 중요합니다. 상대방이 어떤 정보를 원하는지, 어떤 방식으로 전달하면 효과적일지를 판단하는 것도 문해력의 영역입니다. 카카오톡 메시지 하나를 보내더라도 이모티콘을 쓸지, 존댓말을 쓸지, 문장을 어떻게 끊을지 등을 결정하는 것 모두가 문해력과 관련이 있습니다. 이러한 인식은 대상과의 공감을 형성하는 데도 중요하게 작용합니다.

넷째, 민주 시민으로서의 역량을 강화합니다. 민주주의 사회에서 시민은 다양한 정보를 바탕으로 합리적인 판단을 내려야 합니다. 선거 공보물을 읽고 후보자의 공약을 이해하는 것, 정부 정책을 파악하고 자신의 의견을 형성하는 것, 사회 이슈에 대한 다양한 관점을 이해하는 것 모두 문해력이 필요합니다.

예를 들어, '기본소득제'라는 정책을 이해하려면 경제 용어를 알아야 하고, 찬성과 반대 측의 논거를 비교 분석할 수 있어야 하며, 각종 통계 자료를 해석할 수 있어야 합니다. 문해력이 부족하면 선동적인 주장에 쉽게 휘둘리거나, 자신의 권리를 제대로 행사하지 못할 수도 있습니다.

다섯째, 평생학습의 토대가 됩니다. 제4차 산업혁명 시대에 들어선 현재에는 한 번 배운 지식으로 평생을 살 수 없습니다. 끊임없이 새로운 것을 배우고 적응해야 합니다. 이때 가장 중요한 것이 바로 스스로 학습할 수 있는 능력, 즉 자기주도학습 능력이며, 이는 문해력에 기반을 두고 있습니다. 새로운 프로그래밍 언어를 배우려면 기술 문서를 읽을 수 있어야 하고, 새로운 직업을 갖기 위해서는 관련 분야의 전문 서적을 이해할 수 있어야 합니다. 유튜브 강의를 들을 때도 핵심 내용을 파악하고 정리하는 능력이 필요합니다. 문해력이 높은 사람은 어떤 분야든 스스로 학습할 수 있는 능력을 갖추게 됩니다.

이처럼 문해력은 학습 도구가 아니라 21세기를 살아가는 필수 역량입니다. 학교에서의 성적 향상, 비판적 사고, 원활한 소통, 민주적 참여, 평생학습까지, 삶의 모든 영역에서 문해력은 핵심적인 역할을 합니다.

03

문해력의 구성 요소

문해력은 여러 요소가 유기적으로 결합한 복합적인 능력입니다. 이를 체계적으로 이해하고 각 요소를 균형 있게 발달시키는 것이 중요합니다. 문해력의 주요 구성 요소를 네 가지로 나누어 살펴보겠습니다.

1) 어휘력

어휘 능력은 문해력의 가장 기초적인 토대입니다. 단어를 모르면 문장을 이해할 수 없고, 문장을 이해할 수 없으면 글의 전체적인 의미를 파악할 수 없습니다. 하지만 어휘력은 단순히 많은 단어를 아는 것 이상의 의미가 있습니다. 다음은 '어휘의 다층적 의미'를 설명한 것입니다.

하나의 단어는 맥락에 따라 다양한 의미가 있을 수 있습니다. '손'이라는 단어를 예로 들어보겠습니다. "손을 씻다"에서의 '손'은 신체 부위를 의미하는 사전적 의미이지만, "일손이 부족하다"에서는 노동력을, "손을 떼다"에서는 관여를 중단한다는 문맥적 의미가 있습니다. 이처럼 하나의 단어가 갖는 다층적 의미를 이해하는 것이 어휘력입니다. 이렇게 어휘력을 키우기 위해서 우리가 꼭 알아야 하는 것들이 있습니다.

학술적 어휘와 일상적 어휘의 차이를 알아야 합니다. '증발'이라는 단어는 일상에서는 '사라지다'는 사전적 의미로 쓰이지만, 과학에서는 '액체가 기체로 변하는 현상'을 뜻합니다. 교과마다 고유한 학술 어휘가 있으며, 이를 정확히 이해하는 것이 해당 교과 학습의 출발점입니다.

학술적인 글에서는 **논리적 의미**를 알아야 합니다.

논리의 의미 구성에는 이미 확립된 개념 체계 내에서 새로운 지식을 도출하는 방식으로, 결론의 타당성이 전제의 참 여부에 절대적으로 의존하는 **연역법(演繹法)**이 있습니다. '삼단논법'이 가장 대표적입니다. 또한, 구체적 사례들의 공통점을 추상화하여 개념의 일반성을 확보하는 인지적 과정인 **귀납법(歸納法)**이 있습니다. '통계적, 인과적 귀납추리'가 대표적입니다. 그리고 이미 알고 있는 개념의 구조를 새로운 영역에 적용하여 창조적 의미를 생성하는 **유비추리(類比推理)**가 있습니다. 이는 언어의 은유적 사용과 개념적 확장에서 중요한 역할을 합니다.

문학적인 글에서는 함축적 의미와 비유적 의미도 구별해야 합니다. **함축적 의미**는 표면적으로 드러나지 않지만, 맥락이나 상황을 통해 간접적으로 전달되는 의미입니다. "문이 열려 있네"라는 표현이 단순한 상황 묘사가 아니라 '문을 닫아달라'는 요청의 의미를 담고 있을 수 있습니다. 문학작품 중 시어는 대부분 함축적 의미를 내포하고 있습니다. **비유적 의미**는 어떤 대상이나 개념을 다른 것에 빗대어 표현함으로써 새로운 의미를 창출하는 것입니다. "그는 사자 같은 용기를 가졌다"에서 사자의 특성을 인간의 용기에 대응시켜 그 강인함을 강조합니다. 이는 서로 다른 영역 간의 유사성을 바탕으로 한 의미 확장이어서 '유비추리'와 혼동하기 쉽습니다. '유비추리'는 실용문에서, '비유적 의미'는 문학작품이나 일상에서 주로 쓰이고 있습니다.

어휘력을 기르는 효과적인 방법은 단어를 맥락 속에서 학습하는 것입니다. 단어장을 달달 외우는 것보다 다양한 글을 읽으면서 단어가 실제로 어떻게 사용되는지 분석하고, 비슷한 의미의 단어들(유의어)과 반대 의미의 단어들(반의어)을 함께 학습하면 도움이 됩니다. 단어의 어원에 관해 관심을 갖고 탐색해 보기도 하고, 우리말은 한자어가 많으므로 한자어 학습이나 국어사전을 찾아보는 습관을 기르면 도움이 됩니다.

2) 문장구조의 이해

문장구조를 이해하는 능력은 복잡한 문장의 의미를 정확히 파악하는 데 필수적입니다. 특히 학술적 글이나 법률 문서처럼 복잡한 구조의 문장을 많이 사용하는 글을 읽을 때는 더욱 중요합니다.

주어와 서술어의 호응 관계를 파악하는 것이 첫 번째 단계입니다. "정부가 발표한 새로운 정책은 많은 논란을 불러일으켰다"라는 문장에서 주어는 '정책'이고 서술어는 '불러일으켰다'입니다. '정부가'는 '정책'을 수식하는 관형절입니다. 이러한 구조를 빠르게 파악할 수 있어야 문장의 핵심 의미를 이해할 수 있습니다.

접속사와 연결어미의 기능을 이해하는 것도 중요합니다. '그러나', '하지만'은 앞 내용과 반대되는 내용이 나올 것을 예고하고, '따라서', '그러므로'는 결론이 나올 것을 알려줍니다. '만약... 라면'은 가정적 상황을 나타내고, '비록... 지만'은 양보의 의미를 담고 있습니다. 이러한 연결 장치들을 통해 글의 논리적 흐름을 파악할 수 있습니다.

문장 성분의 생략과 도치도 이해해야 합니다. "빨리 와!" 같은 명령문에서는 주어가 생략되었고, "아름답다, 그 풍경이"처럼 도치된 문장도 있습니다. 신문 머리기사나 광고 문구에서는 이런 변형된 문장구조가 자주 사용되므로, 이를 제대로 해석해야 합니다.

3) 글의 유형별 독해

글의 유형에 따라 읽기 전략이 달라져야 합니다. 설명문, 논설문, 문학작품, 실용문 등 각 텍스트 유형은 고유한 특징과 구조로 되어 있습니다.

설명문은 정보 전달이 목적이므로 정의, 예시, 비교와 대조, 원인과 결과 등의 설명 방법에 주목해야 합니다. 논설문은 주장과 근거의 관계를 파악하는 것이 중요합니다. 주장이 무엇인지, 그것을 뒷받침하는 근거는 타당한지, 반대 의견은 어떻게 반박하고 있는지를 분석해야 합니다.

문학작품은 표면적 의미뿐만 아니라 함축적 의미, 상징, 정서 등을 이해해야 합니다. 시에서 '봄'이 단순히 계절이 아니라 희망이나 새로운 시작을 상징할 수 있듯이, 문학적 표현의 이면을 읽어내는 능력이 필요합니다.

실용문(계약서, 설명서, 공문서 등)은 정확성이 생명입니다. 조건, 예외 사항, 유효 기간 등 세부 사항을 꼼꼼히 확인해야 합니다. 특히 작은 글씨로 쓰인 조항이나 각주에 중요한 내용이 있을 수 있으므로 주의 깊게 읽어야 합니다.

4) 비판적 읽기와 추론

비판적 읽기는 문해력의 최고 단계라고 할 수 있습니다. 글에 명시적으로 드러나지 않은 의미를 추론하고, 글쓴이의 의도와 관점을 파악하며, 정보의 신뢰성을 평가하는 능력입니다.

추론은 주어진 정보를 바탕으로 명시되지 않은 내용을 논리적으로 이끌어내는 과정입니다. "영희는 우산을 들고 집을 나섰다"라는 문장에서 비가 오고 있거나 올 가능성이 있다는 것을 추론할 수 있습니다. 이러한 추론 능력은 특히 문학작품이나 광고를 이해할 때 중요합니다.

글쓴이의 관점과 편향을 인식하는 것도 중요합니다. 같은 사건을 다루더라도 어떤 사실을 강조하고 어떤 사실을 생략하는지, 어떤 단어를 선택하는지에 따라 전달되는 메시지가 달라집니다. "시위대가 충돌했다"와 "시민들이 저항했다"라는 표현은 같은 사건을 다르게 서술한 예입니다.

정보의 출처와 신뢰성을 평가하는 능력도 필수적입니다. 통계 자료의 출처는 어디인지, 인용된 전문가는 해당 분야의 권위자인지, 주장을 뒷받침하는 증거는 충분한지 등을 따져봐야 합니다. 특히 인터넷 정보의 경우 작성자, 작성 시기, 웹사이트의 성격 등을 종합적으로 고려해야 합니다.

04

문해력 부족이 낳은 실제 사례들

문해력 부족이 실생활에서 어떤 문제를 일으키는지 구체적인 사례를 통해 살펴보겠습니다. 이러한 사례들은 문해력이 단순한 학습 능력뿐만이 아니라, 실생활에서도 중요하게 쓰이고 있음을 보여주고 있습니다.

사례 1 : 의약품 복용 지시 오해로 인한 건강 문제

20대 대학생 김 씨는 심한 감기로 병원을 방문했습니다. 의사는 항생제를 처방하며 "하루 세 번, 8시간 간격으로 복용하되, 반드시 식후 30분에 복용하세요"라고 설명했습니다. 처방전에도 같은 내용이 적혀 있었습니다. 그러나 김 씨는 '하루 세 번'에만 주목하고 아침, 점심, 저녁 아무 때나 약을 먹었습니다. '8시간 간격'의 의미를 제대로 이해하지 못한 것입니다. 또한 '식후 30분'을 '식사 중'으로 잘못 이해해 밥을 먹으면서 약을 복용했습니다. 결과적으로 약효가 제대로 나타나지 않았고, 위장 장애까지 생겼습니다.

이 사례는 의료 문해력(Health Literacy)의 중요성을 보여줍니다. '간격', '식후' 같은 용어의 정확한 의미를 모르면 건강에 직접적인 악영향을 받을 수 있습니다. 실제로 한국의료패널 조사에 따르면, 의료 정보를 이해하는 데 어려움을 겪는 사람이 전체 인구의 38%에 달한다고 합니다.

사례 2 : 금융 상품 약관 이해 부족으로 인한 경제적 손실

30대 직장인 박 씨는 높은 금리에 끌려 한 저축은행의 정기예금에 가입했습니다. 광고에는 "연 5% 금리"라고 크게 쓰여 있었습니다. 하지만 약관을 자세히 읽어보면 "3개월 이내 중도 해지 시 금리 0.1% 적용"이라는 조항이 있었습니다.

박 씨는 2개월 후 급하게 돈이 필요해 예금을 해지했고, 예상했던 이자의 50분의 1도 받지 못했습니다. "단, ~의 경우", "~를 제외하고" 같은 예외 조항의 중요성을 간과한 것입니다.

더 심각한 사례도 있습니다. 대학생 이 씨는 "첫 달 이자 0%"라는 신용카드 광고를 보고 카드를 만들었습니다. 그런데 작은 글씨로 쓰인 "현금서비스 제외"를 못 봤고, 현금서비스를 이용했다가 높은 이자를 물게 되었습니다. 금융 문해력 부족은 이처럼 직접적인 경제적 손실로 이어집니다.

사례 3 : SNS 가짜 뉴스 확산 사례

2023년, "○○ 백신 접종 후 자석이 달라붙는다"라는 내용의 게시물이 SNS에서 급속히 확산이 되었습니다. 게시물에는 팔에 자석이 붙어 있는 사진과 함께 "백신에 금속 성분이 들어있다는 증거"라는 설명이 있었습니다. 많은 사람이 이를 그대로 믿고 공유했습니다.

하지만 조금만 비판적으로 생각해보면 여러 의문점이 있었습니다. 첫째, 사진의 출처가 불분명했습니다. 둘째, 의학 전문가의 검증이 없었습니다. 셋째, 피부에 자석이 붙는 것은 땀이나 피지 때문일 수도 있습니다. 실제로 전문가들이 확인한 결과, 백신에는 자성을 띠는 금속 성분이 전혀 없었습니다.

이 사례는 디지털 문해력, 특히 정보의 신뢰성을 평가하는 능력의 중요성을 보여줍니다. 충격적인 내용일수록 출처를 확인하고, 전문가 의견을 찾아보며, 논리적으로 타당한지 검토하는 비판적 문해력이 필요합니다. 가짜 뉴스를 무분별하게 공유하는 것은 사회적 혼란을 일으키고, 때로는 공중보건에 위협이 될 수 있습니다.

이러한 사례들은 문해력이 시험 성적을 위한 능력뿐만 아니라 건강, 경제, 사회생활 전반에 영향을 미치는 실질적 능력임을 보여줍니다. 의약품 설명서를 정확히 이해하지 못하면 건강을 해칠 수 있고, 금융 상품 약관을 제대로 읽지 못하면 경제적 손실을 볼 수 있으며, 정보의 진위를 판별하지 못하면 잘못된 정보의 확산에 가담하게 됩니다.

우리가 일상에서 잘못 해석하고 이해하는 사례에는 '단어'의 잘못된 해석에서 비롯되는 경우도 많습니다. 예전에 화제가 되었던 '심심한 사과의 말씀을 드립니다'에서 '심심한'을 '딱히 할 일이 없어 지루하고 재미가 없는'의 단어인 '심심하다'로 잘못 해석한 젊은이들의 문해력 수준을 비판한 경우가 있었습니다. 여기서 '심심한(甚深한)'은 '마음의 표현 정도가 매우 깊고 간절한'의 의미입니다. 또, '미국의 A 장관이 우리나라 대통령을 예방했다'에서 '예방'을 '문제가 일어나기 전에 미리 방지함'의 의미로 잘못 해석하여, '예방 주사'의 '예방'으로 해석한 경우도 있었습니다. 여기에서 '예방(禮訪)'은 '예를 갖추는 의미로 인사차 방문함'을 의미합니다. 그리고 장례식에서 '삼가 고인(故人)의 명복(冥福)을 빕니다'에서 '명복'의 의미를 대부분 '복을 빈다' 정도로 알고 있지만, '명복'은 '어두운 세상, 즉 저승에서의 복'을 의미합니다. 그래서 이 뜻은 '정중하고 조심스러운 마음으로 예를 갖추어 돌아가신 분의 저승에서의 평안과 복을 기원합니다'의 의미로 하는 위로의 말입니다.

잘못된, 정확하지 않은 단어의 의미 해석은 때에 따라 다른 사람과 갈등의 요인이 되기도 하므로 일상적으로 자주 쓰이게 되는 단어의 의미를 정확하게 알아 두는 것이 필요합니다.

이제 문해력은 선택이 아닌 필수이며, 지속해서 향상해야 할 핵심 역량입니다. 다음 장에서는 이러한 문해력을 실제로 어떻게 향상할 수 있는지 구체적인 방법을 알아보겠습니다.

05

문해력 향상을 위한 실천 방법

문해력은 하루아침에 기를 수 있는 능력이 아닙니다. 꾸준한 노력과 올바른 방법이 필요합니다. 수준별 발달 단계에 맞는 구체적인 실천 방법을 살펴보겠습니다.

1) 초등학생을 위한 문해력 향상 실천 방법

첫째, 소리 내어 읽기와 읽어주기 활동입니다. 초등학생에게는 소리 내어 읽기가 매우 효과적입니다. 눈으로만 읽을 때는 대충 넘어가기 쉽지만, 소리 내어 읽으면 모든 단어를 정확히 발음해야 하므로 더 꼼꼼하게 읽게 됩니다. 매일 10분씩 좋아하는 책을 소리 내어 읽는 습관을 들이면 좋습니다. 부모님이나 선생님이 책을 읽어주는 것도 도움이 됩니다. 아직 스스로 읽기 어려운 수준의 책도 소리로 듣게 되면 더 집중하게 되어 이해가 잘 될 수 있습니다. 읽어주기를 들으면서 어떻게 띄어 읽는지, 어디서 억양을 바꾸는지를 자연스럽게 배우게 됩니다. 특히 대화문을 실감 나게 읽어주면 문맥 이해력이 크게 향상될 수 있습니다.

둘째, 그림일기와 독서기록장 작성입니다. 읽은 내용을 자신의 언어로 다시 표현하는 것은 문해력 향상의 지름길입니다. 그림일기는 하루 있었던 일을 글과 그림으로 표현하는 활동으로, 생각을 조직화하고 문장으로 만드는 연습이 됩니다. 독서기록장도 효과적입니다. 단순히 줄거리를 요약하는 것보다 “가장 재미있었던 장면”, “주인공에게 하고 싶은 말”, “다른 결말 상상하기” 등 창의적인 활동을 포함하면 더욱 좋습니다. 초등학교 3학년 민수는 《어린 왕자》를 읽고 “여우가 말한 ‘중요한 것은 눈에 보이지 않아’가 무슨 뜻인지 엄마와 이야기했어요”라고 기록했습니다. 이해되지 않는 부분을 대화로 풀어가는 이런 활동은 깊이 있는 사고를 발전시켜 줍니다.

셋째, 어휘 놀이와 말놀이 활동입니다. 어휘력을 재미있게 기를 수 있는 놀이를 활용합니다. ‘끝말잇기’는 어휘력을 늘리는 기본적인 놀이이고, ‘스무고개’는 질문을 통해 답을 찾아가므로 논리적 사고력도 기를 수 있습니다. ‘같은 글자 다른 뜻 찾기’ 놀이도 좋습니다. 예를 들어 ‘배’로 시작하는 단어를 찾아보면 배(과일), 배(신체), 배(탈것) 등 동음이의어를 자연스럽게 익힐 수 있습니다. 또한 ‘비슷한 말 찾기’로 유의어를, ‘반대말 찾기’로 반의어를 배울 수 있습니다. 이런 놀이를 통해 어휘의 관계망을 형성하면 단어를 더 오래 기억하고 정확히 사용할 수 있습니다.

2) 중학생을 위한 문해력 실천 방법

첫째, 신문 활용 교육(NIE) 실천입니다. 중학생은 시사 문제에 관심을 두기 시작하는 시기입니다. 매주 하나의 신문 기사를 선택해 분석하는 활동을 추천합니다. 기사의 제목과 내용의 관계, 육하원칙에 따른 정보 파악, 기자의 관점 분석 등을 연습합니다. 기사를 요약하라는 것이 아닙니다. 예를 들어, 환경 관련 기사를 읽고 "이 기사에서 가장 중요한 정보는 무엇인가?", "기자는 어떤 관점을 갖고 있는가?", "빠진 정보는 없는가?" 등을 생각해 봅니다. 나아가 같은 사건을 다룬 여러 신문의 기사를 비교하면 관점의 차이를 이해할 수 있습니다. 사설이나 칼럼을 읽고 논증 구조를 분석하는 것도 논리적 사고력 향상에 도움이 됩니다.

둘째, 교과서 예습 · 복습 노트 만들기입니다. 중학교에서는 교과목이 세분화해 있고 학술 용어(교과 전문 용어)가 많이 등장합니다. 과목별로 예습 · 복습 노트를 만들어 핵심 개념을 정리하는 것이 효과적입니다. 단순히 교과서를 베끼는 것이 아닌 자신의 언어로 재구성하는 것이 중요합니다. 예를 들어, 과학 시간에 '광합성'을 배웠다면 "식물이 빛에너지를 이용해 이산화탄소와 물로부터 포도당을 만들고 산소를 방출하는 과정"이라고 정의를 적은 후, 도식이나 그림으로 과정을 표현합니다. 그리고 "광합성이 없다면 어떤 일이 일어날까?"와 같은 '생각 질문'을 만들어 봅니다. 이런 활동은 개념을 깊이 이해하고 오래 기억하는 데 도움이 됩니다.

셋째, 토론 동아리나 독서 토론 참여하기입니다. 중학생 시기는 자신의 의견을 형성하고 표현하는 능력을 기르기에 적합한 때입니다. 토론 활동은 다른 사람의 의견을 듣고 이해하는 능력, 자신의 주장을 논리적으로 전개하는 능력을 동시에 기를 수 있습니다. 독서 토론의 경우, 같은 책을 읽고도 서로 다른 해석과 감상이 나올 수 있음을 경험하게 됩니다. 《모모》를 읽고 "시간 절약 은행은 현대 사회의 무엇을 비판하는가?"라는 주제로 토론하면, 효율성과 인간다움, 빠름과 느림의 가치 등 깊이 있는 주제를 다룰 수 있습니다. 토론 준비 과정에서 텍스트를 반복해서 읽고 근거를 찾는 과정 자체가 훌륭한 문해력 훈련이 됩니다.

3) 고등학생을 위한 문해력 실천 방법

첫째, 비평문과 서평 쓰기입니다. 고등학생은 비판적 사고력을 본격적으로 발전시켜야 하는 시기입니다. 영화, 책, 사회 현상 등에 대한 비평문을 쓰는 것은 분석력과 표현력을 동시에 기를 수 있는 활동입니다. 서평을 쓸 때는 단순한 감상이 아니라 작품의 주제, 구성, 문체, 시대적 배경 등을 종합적으로 분석합니다. 예를 들어 《1984》를 읽고 "오웰이 경고한 전체주의 사회의 특징이 현대 사회에서 어떻게 나타나고 있는가?"라는 관점에서 서평을 쓸 수 있습니다. SNS의 개인정보 수집, AI의 감시 기능 등과 연결해 생각하면 작품을 현재적 관점에서 재해석할 수 있습니다.

둘째, 학술논문 읽기와 요약하기입니다. 대학 진학을 앞둔 고등학생에게는 학술적 글쓰기에 대한 이해가 필요합니다. 관심 분야의 간단한 학술논문이나 전문 잡지의 기사를 읽고 요약하는 연습을 합니다. 논문을 읽을 때는 초록(抄錄 : 중요한 부분만 추려서 정리함, abstract)부터 시작해 연구 목적, 방법, 결과, 결론의 구조를 파악합니다. 처음에는 어려울 수 있지만, 구글 학술검색 등에서 고등학생도 이해할 수 있는 교육 관련 논문부터 시작하면 됩니다. A4 한 장 분량으로 핵심 내용을 요약하면서 학술적 글의 구조와 논리 전개 방식을 익힐 수 있습니다.

셋째, 융합적 읽기와 프로젝트 학습 실천입니다. 하나의 주제에 대해 여러 분야의 텍스트를 읽고 종합하는 능력은 21세기 핵심 역량입니다. 예를 들어 '인공지능'이라는 주제로 과학 기술 문서, 철학적 논의, 경제적 전망, 문학작품 등을 함께 읽고 종합적인 보고서를 작성합니다. 구체적으로는 인공지능의 기술적 원리를 설명한 과학 잡지, AI 윤리를 다룬 철학에세이, 일자리 변화를 전망한 경제 보고서, 《멋진 신세계》 같은 SF 소설을 읽고, "인공지능 시대, 인간다움의 의미는 무엇인가?"라는 주제로 에세이를 쓸 수 있습니다. 이런 융합적 읽기는 복잡한 현실 문제를 다각도로 이해하는 능력을 기를 수 있습니다.

이러한 실천 방법들은 각 발달 단계에 맞춰 제시되었지만, 개인의 수준에 따라 조정할 수 있습니다. 중요한 것은 꾸준함입니다. 매일 조금씩이라도 읽고, 쓰고, 생각하는 습관을 들인다면 문해력은 자연스럽게 향상될 것입니다.

06

문해력을 위한 읽기의 방법

문해력 향상을 위해서는 효과적인 읽기가 핵심입니다. 목적과 방법에 따라 다양한 읽기 전략을 사용할 수 있어야 합니다. 여기서는 학습 목적의 독서 방법과 읽기 방법에 따른 독서법을 구체적으로 알아보겠습니다.

1) 학습 목적의 독서 방법

학습을 위한 독서는 즐거움을 위한 독서와는 다른 접근이 필요합니다. 체계적이고 전략적인 방법을 사용해야 효과적으로 지식을 습득할 수 있습니다.

(1) SQ3R 독서법(SQ3R은 Survey(훑어보기), Question(질문하기), Read(읽기), Recite(암송하기), Review(복습하기)의 첫 글자를 딴 것)이 있습니다. 먼저 Survey 단계에서는 목차, 제목, 소제목, 그림, 도표 등을 빠르게 훑어보며 전체적인 구조를 파악합니다. 이는 마치 여행을 떠나기 전 지도를 보는 것과 같습니다. Question 단계에서는 각 장이나 절의 제목을 질문으로 바꿔봅니다. “광합성의 과정”이라는 제목은 “광합성은 어떤 과정을 거치는가?”로 바꿀 수 있습니다. Read 단계에서는 앞서 만든 질문의 답을 찾으며 능동적으로 읽습니다. 중요한

부분에는 밑줄을 긋거나 여백에 메모합니다. Recite 단계에서는 책을 덮고 읽은 내용을 자기의 말로 설명해 봅니다. 마지막 Review 단계에서는 전체 내용을 다시 한번 정리하고, 만든 노트를 검토합니다.

(2) KWL 차트 활용법(KWL은 Know(알고 있는 것), Want to know(알고 싶은 것), Learned(배운 것)의 약자입니다. 읽기 전에 K와 W 란을 작성하고, 읽은 후에 L 란을 채웁니다. 예를 들어 '기후변화'에 대한 글을 읽는다면,

K : 지구 온도가 상승하고 있다, 이산화탄소가 주요 원인이다

W : 얼마나 빨리 진행되고 있는가? 개인이 할 수 있는 일은?

L : 산업혁명 이후 1.1도 상승, 탄소발자국 줄이기 실천 방법 등

이 방법은 배경지식을 활성화하고, 목적의식을 가지고 읽게 하며, 새로 배운 내용을 명확히 정리하는 데 도움이 됩니다.

(3) 코넬 노트 시스템도 있습니다. 코넬대학교에서 개발한 이 노트 방법은 페이지를 세 부분으로 나눕니다. 오른쪽의 넓은 공간에는 수업이나 독서 중 주요 내용을 적고, 왼쪽의 좁은 공간에는 핵심 단어나 질문을 적으며, 아래쪽에는 전체 내용을 2~3문장으로 요약합니다. 이 방법의 장점은 복습이 매우 효율적이라는 것입니다. 왼쪽의 키워드만 보고 오른쪽 내용을 떠올리는 연습을 하거나, 아래의 요약만으로 전체 내용을 상기시킬 수 있습니다.

2) 읽기 방법에 따른 독서 방법

읽기 속도와 깊이를 조절하는 것은 효율적인 독서의 핵심입니다. 모든 텍스트를 같은 방식으로 읽을 필요는 없습니다.

(1) 속독과 정독이 있습니다. 속독은 짧은 시간에 많은 정보를 파악하는 방법입니다. 신문이나 잡지처럼 정보 전달이 목적인 글, 또는 이미 어느 정도 아는 내용을 다시 확인할 때 유용합니다. 속독할 때는 문장의 모든 단어를 읽지 않고 핵심어 위주로 시선을 이동시킵니다. 정독은 깊이 있는 이해가 필요할 때 사용합니다. 학술 서적, 계약서, 시험 문제 등은 정독이 필수입니다. 한 문장씩 의미를 음미하며 읽고, 이해가 안 되는 부분은 다시 읽습니다. 정독과 비슷한 방법으로 반추독(反芻讀-마치 소가 되새김하듯이 문장을 음미하면서 반복해서 읽는 방법)이 있습니다. "그런데", "하지만", "따라서" 같은 연결어에 특히 주의를 기울입니다.

(2) 스캐닝과 스키밍도 있습니다. 스캐닝(scanning)은 특정 정보를 찾기 위해 빠르게 훑어보는 방법입니다. 전화번호부에서 특정 이름을 찾거나, 교과서에서 특정 용어의 정의를 찾을 때 사용합니다. 시선을 Z자 또는 S자 형태로 움직이며 찾는 정보가 나타날 때까지 빠르게 넘깁니다. 스키밍(skimming)은 전체적인 내용을 파악하는 방법입니다. 첫 문단과 마지막 문단, 각 문단의 첫 문장과 마지막 문장을 중심으로 읽습니다. 이는 글의 구조와 주요 논점을 빠르게 파악하는 데 효과적입니다.

(3) 디지털 텍스트 읽기 전략을 세워야 합니다. 디지털 환경에서는 하이퍼링크, 팝업, 광고 등 주의를 분산시키는 요소가 많습니다. 따라서 더욱 의식적인 읽기 전략이 필요합니다.

첫째, 읽기 목적을 명확히 하고 필요한 정보만 선별적으로 읽습니다. 둘째, 중요한 내용은 디지털 노트 앱에 정리하거나 스크린 캡처로 저장합니다. 셋째, 긴 글은 읽기 형식이나 PDF로 변환해 집중하기 좋은 환경을 만듭니다. 넷째, 20~25분마다 짧은 휴식을 취해 눈의 피로를 줄입니다.

(4) 음독(音讀 : 소리 내어 읽기)과 묵독(默讀 : 속으로 읽기)도 있습니다. 음독과 묵독은 서로 다른 정보처리 방식의 읽기입니다. 음독은 문자를 음성으로 변환하여 청각적 피드백을 통해 의미를 파악하는 방식으로, 발음 기관의 운동과 리듬감을 활용하여 기억 효과를 높이고 감정적 뉘앙스를 생생하게 전달합니다. 특히 언어 학습 초기나 복잡한 내용 이해에 효과적이며, 정확한 발음 습득과 집중력 향상에 도움이 됩니다. 반면 묵독은 음성화 과정을 생략하고 시각적 정보를 직접 의미로 변환하는 효율적 방식으로, 빠른 속도로 많은 정보를 처리할 수 있고 개인의 사고 리듬에 맞춰 자유로운 속도 조절이 가능합니다. 묵독은 내적 사고와 밀접하게 연결되어 깊이 있는 사유와 비판적 읽기에 적합하며, 주변 환경의 방해 없이 집중적인 독서 활동을 수행할 수 있는 특징이 있습니다.

이러한 다양한 읽기 방법을 상황에 맞게 적절히 사용할 수 있다면,

효율적이면서도 깊이 있는 독서가 가능합니다. 중요한 것은 무작정 많이 읽는 것이 아니라, 목적에 맞는 방법으로 제대로 읽는 것입니다. 실제 학습의 측면에서 읽기의 방법만 바꾸어도 그 효과가 다르게 나타납니다. 필자가 추천하는 읽기 방법은 '음독(소리 내어 읽기)'의 습관화이며, 정독(또는 반추독)입니다. 인간의 뇌는 '시각과 청각'으로 70% 이상의 정보를 받아들인다는 연구 결과가 있습니다. 우리의 학습 읽기는 언제부터인가 '시각'에만 의존하는 '눈으로 읽기'에 치중되어 있습니다. 시각만을 활용한 읽기는 정보를 받아들일 때 35%만 받아들이는 비효율적인 읽기입니다. 물론, 반드시 시각과 청각이 반반으로 영향을 미치는 것이 아니라 '시각과 청각'이 어우러지면 시너지 효과가 있다고 합니다. 우리 선조들은 왜 글공부할 때 '소리 내어' 읽었을까요? 지금 생각해보면 참으로 과학적이고 현명한 학습법이었다고 생각합니다. 이렇게 '소리 내어 읽기'를 습관화하고 부가적으로 내용을 정리하는 '쓰기'인 '촉각'을 활용하면 90% 이상의 정보를 받아들일 수 있다고 생각합니다. 그런데 '소리 내어 읽기'는 상황에 따라 할 수 없거나 실제 시험 중에도 할 수 없다고 생각하시는 분들도 있을 것입니다. 맞습니다. 시험을 치르는 중이거나 개방형 도서관이나 독서실에서는 소리 내어 읽으면 다른 사람에게 방해가 되니 불가능합니다. 이럴 때는 '속으로 읽는 방법'인 '묵독'을 하면 됩니다. 소리 내어 읽기와 같은 방법으로 읽되, 성대를 울리지 않고 입으로 발음만 그대로 하면 소리 내어 읽기의 효과를 볼 수 있습니다. 오랜 시간 학생의 학습 효과를 체험한 경험자로서, 효율적인 읽기 방법의 변화를 경험해 보길 권합니다. 전 과목에서 학업 역량의 상승효과를 체험할 수 있을 것입니다.

Ⅱ

문해력 & 독해력 & 독서력 비교

01

독해력이란? - 독해력이 중요한 이유

독해력(讀解力, Reading Comprehension)은 글로 쓰인 텍스트의 의미를 정확하게 파악하고 이해하는 능력을 말합니다. 문해력이 읽기, 쓰기, 말하기, 듣기를 포함하는 종합적인 의사소통 능력이라면, 독해력은 그중에서도 '읽고 이해하기'에 집중된 능력입니다.

독해력은 글자만 읽는 것이 아니라, 글에 담긴 정보를 파악하고, 글쓴이의 의도를 이해하며, 행간의 의미까지 읽어내는 복합적인 인지 과정입니다. 예를 들어, "그는 시계를 보며 발을 동동 굴렀다"라는 문장에서 독해력이 있는 사람은 단순히 행동을 묘사한 것이 아니라 '초조함'이나 '다급함'의 정서를 읽어낼 수 있습니다.

독해력은 크게 세 가지 수준으로 나눌 수 있습니다. 첫 번째는 **'사실적 독해'**로, 글에 명시적으로 드러난 정보를 파악하는 것입니다. 두 번째는 **'추론적 독해'**로, 직접 언급되지 않았지만, 문맥을 통해 알 수 있는 내용을 파악하는 것입니다. 세 번째는 **'비판적 독해'**로, 글의 내용을 평가하고 자신의 의견을 형성하는 것입니다.

독해력은 어휘력, 문법 지식, 배경지식, 추론 능력 등 여러 요소가 상호작용하여 작동합니다. 특히 개개인의 배경지식이 중요한데, 같은 글이라도 관련 분야의 지식이 있는 사람과 없는 사람의 이해도가 다르기 때문입니다. 축구에 관한 기사를 읽을 때 '오프사이드', '티키타카' 같은 용어를 아는 사람과 모르는 사람의 독해 수준이 다른 것처럼 말입니다.

독해력이 중요한 이유

첫째, 모든 학습의 기초가 됩니다. 학교 교육 대부분은 교과서라는 텍스트를 매개로 이루어집니다. 독해력이 부족하면 아무리 똑똑해도 학습에 어려움을 겪을 수밖에 없습니다. 특히 서술형 평가가 늘어나는 추세에서 문제가 요구하는 바를 정확히 이해하지 못하면 알고 있는 내용도 제대로 답을 할 수 없습니다. 수능 국어 영역뿐만 아니라 다른 과목에서도 독해력은 필수입니다. 수학의 문장체 문제, 과학의 실험 설명, 사회의 자료 해석 문제 등 모든 영역에서 독해력이 요구됩니다. 실제로 수능 수학에서 오답률이 높은 문제들을 분석해보면, 계산 자체보다 문제에서 요구하는 조건을 정확히 파악하지 못해 틀리는 경우가 많습니다.

둘째, 정보 사회에서의 경쟁력을 좌우합니다. 현대사회는 정보가 곧 경쟁력인 시대입니다. 매일 쏟아지는 방대한 정보 중에서 자신에게 필요한 정보를 빠르고 정확하게 파악하는 능력은 독해력에서 나옵니다. 업무 메일을 이해하고, 보고서를 분석하며, 계약서를 검토하는 등 직장 생활의 거의 모든 영역에서 독해력이 필요합니다. 특히 전문직일수록 독해력의 중요성은 커집니다. 의사는 의학 저널을 읽고 최신 치료법을 익혀야 하고, 변호사는 판례를 분석해야 하며, 프로그래머는 기술 문서를 이해해야 합니다. 독해력이 곧 전문성과 직결되어 있습니다.

셋째, 평생학습 능력을 결정합니다. 지식의 반감기가 짧아지는 시대에 학교에서 배운 지식만으로는 평생을 살 수 없습니다. 새로운 지식을 스스로 습득할 수 있는 능력, 즉 자기주도학습 능력이 중요한데, 이는 독해력이 뒷받침되어야 가능합니다. 온라인 강의를 들을 때도 자막을 이해해야 하고, 새로운 기술을 배울 때도 매뉴얼을 읽어야 합니다. 독해력이 뛰어난 사람은 어떤 분야든 책이나 자료를 통해 독학할 수 있지만, 독해력이 부족한 사람은 항상 누군가의 설명에 의존해야 합니다. 이는 학습의 속도와 깊이에서 큰 차이가 나타납니다.

02

독서력이란? - 독서력이 중요한 이유

독서력(讀書力, Reading Power)은 책을 읽고 이해하며 감상하고 활용하는 종합적인 능력을 의미합니다. 독해력이 텍스트를 이해하는 능력에 중점을 둔다면, 독서력은 책을 선택하고, 읽고, 음미하며, 삶에 적용하는 모든(全) 과정을 아우르는 보다 포괄적인 개념입니다.

독서력은 많은 책을 읽는 것만이 아니라, 자신의 수준과 목적에 맞는 책을 선택할 수 있는 안목, 책의 내용을 깊이 있게 이해하고 음미하는 능력, 읽은 내용을 정리하고 기억하는 능력, 그리고 책에서 얻은 지혜를 실생활에 적용하는 능력까지를 포함합니다. 독서력이 높은 사람은 도서관이나 서점에서 자신에게 필요한 책을 효율적으로 찾아낼 수 있고, 책의 난이도와 자신의 수준을 고려해 읽기 전략을 세울 수 있으며, 다양한 장르의 책을 편견 없이 읽을 수 있습니다. 또한, 책을 읽으면서 저자와 대화하듯 비판적으로 사고하고, 다른 책들과 연결 지어 생각하며, 자신만의 독서 노트를 만들어 지식을 체계화할 수 있습니다.

독서력이 중요한 이유 3가지

첫째, 깊이 있는 사고력을 기릅니다. 책은 SNS나 유튜브와 달리 하나의 주제를 깊이 있게 다룹니다. 저자가 오랜 시간 연구하고 고민한 결과물인 '책을 읽는 과정'에서, 우리는 깊이 있게 사고하는 훈련을 하게 됩니다. 특히 철학서나 고전을 읽을 때는 한 문장을 이해하기 위해 오랜 시간 고민하기도 합니다. 예를 들어, 칸트의 《순수이성비판》을 읽는다면 "선험적 종합 판단은 어떻게 가능한가?"라는 물음에 대해 깊이 생각해보게 됩니다. 이런 사고 과정은 동영상이나 짧은 글로는 경험하기 어려운, 독서만이 줄 수 있는 지적 훈련입니다.

둘째, 공감 능력과 상상력을 확장시킵니다. 문학작품을 읽으며 우리는 다양한 인물의 삶을 간접 경험하게 됩니다. 《앵무새 죽이기》를 읽으며 1930년대 미국 남부의 인종 차별을 체험하고, 《1984》를 통해 전체주의 사회의 억압을 느낍니다. 이러한 간접 경험은 타인에 대한 이해와 공감 능력을 높여줍니다. 독서를 통한 상상력 확장은 창의성의 바탕이 됩니다. J.K. 롤링은 고전 신화와 판타지 소설을 탐독한 경험을 바탕으로 해리포터 시리즈를 창작했고, 스티브 잡스는 다양한 분야의 책을 읽으며 얻은 통찰을 제품 개발에 적용했습니다.

셋째, 인생의 멘토를 만날 수 있습니다. 책을 통해 우리는 시공간을 초월해 위대한 스승들을 만날 수 있습니다. 2500년 전의 공자, 400년 전의 셰익스피어, 그리고 현재 지구 반대편에 있는 학자들의 가르침을 받을 수 있습니다. 청소년기에 읽은 한 권의 책이 인생의 방향을 바꾸기도 합니다. 빌 게이츠는 《비즈니스 @생각의 속도》를 읽고 정보기술의 미래를 내다봤고, 워런 버핏은 벤저민 그레이엄의 《현명한 투자자》를 읽고 투자 철학을 정립했습니다. 독서력이 높은 사람은 책에서 단순한 정보가 아닌 인생의 지혜를 발견할 수 있습니다.

03

독해력 & 문해력 & 독서력의 공통점과 차이점

이 세 가지 개념은 서로 밀접하게 연관되어 있으면서도 각각의 고유한 특성이 있습니다. 이들의 관계를 명확히 이해하는 것은 균형 잡힌 언어 능력 발달에 중요합니다.

먼저 이 세 가지 능력의 공통점을 살펴보겠습니다.

첫째, 세 가지 모두 텍스트를 매개로 한 인지 활동이라는 점입니다. 문자로 된 정보를 처리하고 이해하는 과정이 핵심이며, 이를 위해 어휘력, 문법 지식, 배경지식 등이 공통으로 요구됩니다.

둘째, 상호보완적 관계에 있습니다. 독해력이 향상되면 독서력도 자연스럽게 높아지고, 독서력이 높아지면 다양한 텍스트를 접하게 되어 문해력이 향상됩니다. 이들은 선순환 구조를 이루며 함께 발달합니다.

셋째, 모두 훈련과 연습을 통해 향상될 수 있는 능력입니다. 타고난 재능보다는 꾸준한 노력이 더 중요하며, 적절한 전략과 방법을 사용하면 누구나 이러한 능력을 기를 수 있습니다.

그러면 차이점은 무엇일까요?

문해력, 독해력, 독서력의 가장 큰 차이는 그 범위와 초점에 있습니다.

문해력은 가장 포괄적인 개념입니다. 읽기뿐만 아니라 쓰기, 말하기, 듣기를 포함하며, 전통적인 문자 텍스트뿐만 아니라 디지털 텍스트, 시각 자료, 미디어 콘텐츠까지 다룹니다. 현대사회에서 요구되는 종합적인 의사소통 능력이라고 할 수 있습니다. 문해력은 단순히 이해하는 것을 넘어 창조하고 소통하는 능력까지 포함합니다.

독해력은 문해력의 하위 요소로, '읽고 이해하기'에 특화된 능력입니다. 주어진 텍스트의 의미를 정확하고 깊이 있게 파악하는 데 초점을 맞춥니다. 학업 성취와 가장 직접적으로 연결되는 능력이며, 측정과 평가가 상대적으로 쉽습니다. 독해력은 주로 인지적 이해의 영역에 속합니다.

독서력은 책이라는 특정 매체와 관련된 종합적 능력입니다. 책을 선택하는 안목부터 시작해, 읽는 과정에서의 몰입과 성찰, 읽은 후의 정리와 활용까지를 포함합니다. 독서력은 지적 이해뿐만 아니라 정서적 감상, 미적 체험까지 아우르는 보다 전인적인 능력입니다.

예를 들어, 신문 기사를 읽는 상황을 생각해봅시다. 독해력이 있는 사람은 기사의 내용을 정확히 파악합니다. 문해력이 있는 사람은 기사의 내용을 이해할 뿐만 아니라 기사의 관점을 파악하고, 댓글로 자신의 의견을 표현하며, 관련 정보를 추가로 검색할 수 있습니다. 독서력이 있는 사람은 이 기사와 관련된 책을 찾아 읽고, 더 깊이 있는 이해를 추구합니다.

또 다른 예로, 『해리포터』를 읽는 경우를 보겠습니다. 독해력 측면에서는 줄거리와 인물 관계를 이해합니다. 문해력 측면에서는 판타지 장르의 특성을 이해하고, 영화와 비교하며, 팬 픽션(Fan Fiction)을 쓸 수도 있습니다. 독서력 측면에서는 시리즈 전체를 읽고, 다른 판타지 작품과 비교하며, 작품에 담긴 성장과 우정의 주제를 자기의 삶에 적용합니다.

이 세 가지 능력의 발달 순서를 보면, 일반적으로 독해력이 먼저 발달하고, 이를 바탕으로 독서력이 형성되며, 최종적으로 포괄적인 문해력이 완성됩니다. 하지만 디지털 시대에는 이러한 순서가 반드시 절대적이지 않으며, 세 가지 능력이 동시다발적으로 발달하기도 합니다. 교육적 관점에서 이 세 가지를 균형 있게 발달시키는 것이 중요합니다. 독해력만 강조하면 시험은 잘 볼 수 있지만, 실생활 활용 능력이 부족할 수 있고, 독서력만 강조하면 책 읽기에만 치우쳐 다양한 매체 활용 능력이 떨어질 수 있습니다. 문해력을 중심에 두되, 독해력과 독서력을 균형 있게 기르는 것이 통합적 언어 능력 발달의 핵심입니다.

III

문해력 적용과 확장

01

교과 연계 문해력

문해력은 모든 교과 학습의 기초가 됩니다. 각 교과의 특성에 맞는 문해력 전략을 이해하고 적용하는 것이 중요합니다. 수준별, 교과별로 구체적인 사례를 통해 문해력이 어떻게 적용되는지 살펴보겠습니다.

1) 초등학교

(1) 국어과

초등학교 4학년 국어 시간, '감정을 나타내는 말' 단원에서의 사례입니다. 선생님은 《강아지똥》이라는 동화책을 읽어주신 후, 주인공 강아지똥의 감정 변화를 찾아보는 활동을 했습니다. 학생들은 "아무도 나를 좋아하지 않아"라는 문장에서 '외로움'을, "드디어 쓸모가 있구나!"라는 문장에서 '기쁨'을 찾아냈습니다. 이때 중요한 것은 감정을 나타내는 직접적인 단어가 없어도 문맥을 통해 인물의 감정을 추론하는 것입니다. "강아지똥은 구석에 웅크리고 있었다"라는 문장에서 '슬픔'이나 '소외감'을 읽어내는 것처럼 말입니다.

이 활동을 통해 학생들은 단순히 감정 어휘를 암기하는 것이 아니라, 문맥 속에서 감정을 이해하고 공감하는 능력을 기를 수 있습니다. 나아가 자신의 감정을 더 풍부하게 표현하는 어휘력도 향상됩니다.

(2) 영어과

초등학교 5학년 영어 시간, 'My Day'(나의 일과) 단원에서의 사례입니다. 학생들은 "I get up at 7 o'clock"(나는 7시에 일어나요)과 같은 일과를 나타내는 문장을 배웠습니다. 단순히 문장을 암기하는 것이 아니라, 시각 자료와 함께 이해하는 것이 중요했습니다. 선생님은 일과를 그림으로 나타낸 카드를 보여주며 영어 문장을 연결했습니다. 특히 'before'와 'after'의 개념을 이해시키기 위해 "I brush my teeth after breakfast"(나는 아침을 먹은 후에 이를 닦아요)와 "I wash my face before breakfast"(나는 아침 먹기 전에 세수해요)를 그림으로 비교해 보여주었습니다. 학생들은 그림을 통해 시간의 순서를 이해하고, 영어 문장의 의미를 더 명확히 파악할 수 있었습니다.

(3) 수학과

초등학교 3학년 수학, '나눗셈' 단원에서의 사례입니다. "사탕 12개를 3명이 똑같이 나누어 가지면 한 사람이 몇 개씩 가지게 될까요?"라는 문제가 있었습니다. 많은 학생이 '똑같이 나누어 가진다'라는 표현을 이해하지 못해 어려워했습니다. 선생님은 '똑같이'가 '같은 수로'를 의미한다는 것을 설명하고, '나누어 가진다'가 나눗셈을 의미한다는 것을 구체적인 조작 활동으로 보여주었습니다. 실제로 사탕을 나누어 보며 수학적 언어와 일상 언어의 연결을 경험한 학생들은 문장체 문제를 더 잘 이해하게 되었습니다.

(4) 사회과

초등학교 4학년 사회, '우리 지역의 모습' 단원에서의 사례입니다. 학생들은 지도를 읽고 이해하는 활동을 했습니다. 지도는 특별한 형태의 텍스트로, 기호와 범례를 이해해야 합니다. 선생님은 우리 동네 지도를 보여주며 "학교에서 도서관까지 가는 길을 설명해보세요"라는 과제를 주었습니다. 학생들은 방위표를 보고 "북쪽으로", 도로명을 읽고 "○○로를 따라", 랜드마크를 확인하며 "△△마트를 지나서"와 같은 표현을 사용했습니다. 이 과정에서 지도라는 시각적 텍스트를 언어로 변환하는 문해력을 기를 수 있었습니다.

(5) 과학과

초등학교 5학년 과학, '날씨와 우리 생활' 단원에서의 사례입니다. 학생들은 일기예보를 보고 해석하는 활동을 했습니다. "내일은 전국이 대체로 맑겠으나, 오후부터 제주도와 남해안 지방에 비가 오겠습니다. 예상 강수량은 5~20mm입니다"라는 일기예보 문장을 분석했습니다. '대체로'가 '대부분'을 의미한다는 것, '5~20mm'가 강수량의 양을 나타낸다는 것, 지역명이 어디를 가리키는지 등을 학습했습니다. 학생들은 과학적 정보가 담긴 텍스트를 정확히 이해하고, 실생활에 적용하는 능력을 기를 수 있었습니다.

2) 중학교

(1) 국어과

중학교 2학년 국어, '논증하는 글 읽기' 단원에서의 사례입니다. 학생들은 "청소년의 게임 시간을 법적으로 규제해야 한다"라는 주제의 찬반 논설문을 읽고 분석했습니다. 찬성 측 글에서는 "청소년의 70%가 하루 3시간 이상 게임을 한다"라는 통계를 근거로 제시했고, 반대 측에서는 "게임도 문화 활동의 일종"이라는 관점을 제시했습니다. 학생들은 각 글에서 주장과 근거를 구분하고, 근거의 타당성을 평가하는 연습을 했습니다. 특히 통계 자료의 출처가 신뢰할 만한지, 논리적 비약은 없는지를 검토하며 비판적 문해력을 기를 수 있습니다.

(2) 영어과

중학교 1학년 영어, 'Environment'(환경) 단원에서의 사례입니다. 환경 보호에 관한 영어 포스터를 읽고 이해하는 활동이었습니다. "Save Water, Save Life"(물을 아끼자, 생명을 살리자)라는 제목 아래 "Turn off the tap while brushing teeth"(양치할 때는 수도꼭지를 잠가요)와 같은 실천 방법이 제시된 포스터를 분석했습니다. 학생들은 명령문의 특징을 이해하고, 'while'(~ 하는 동안)이라는 시간 접속사의 의미를 파악했습니다. 또한, 포스터의 이미지와 텍스트가 어떻게 상호보완적으로 메시지를 전달하는지도 학습했습니다. 이를 통해 다양한 형태의 영어 텍스트를 이해하는 능력을 기를 수 있습니다.

(3) 수학과

중학교 2학년 수학, '일차함수' 단원에서의 사례입니다. "택시 요금은 기본요금 3,800원에 거리 1km당 100원씩 추가됩니다"라는 실생활 문제를 다루었습니다. 학생들은 먼저 '기본요금', '~당', '추가' 등의 용어를 정확히 이해해야 했습니다. 그다음 이를 수식으로 나타내는 과정에서 y = 100x + 3800 (x는 거리, y는 요금)이라는 수식을 도출했습니다. 일상 언어로 표현된 관계를 수학적 언어로 변환하는 이 과정은 수학적 문해력의 핵심입니다. 학생들은 실생활 상황을 수학적으로 모델링하는 능력을 기를 수 있습니다.

(4) 사회과

중학교 1학년 사회, '민주주의와 정치' 단원에서의 사례입니다. 학생들은 실제 신문에 실린 정치 기사를 읽고 분석하는 활동을 했습니다. "여야가 추경안을 놓고 대립하고 있다"라는 기사에서 '여야'가 여당과 야당을, '추경안'이 추가경정예산안을 의미한다는 것을 학습했습니다. 또한, 기사에 인용된 각 정당 대변인의 발언을 분석하며, 같은 사안에 대한 서로 다른 관점을 이해했습니다. 정치 용어와 약어를 이해하고, 언론의 관점을 파악하는 미디어 문해력을 기를 수 있습니다.

(5) 과학과

중학교 3학년 과학, '화학 반응' 단원에서의 사례입니다. 실험 보고서를 읽고 작성하는 활동을 통해 과학적 문해력을 기르는 수업이었습니다. "묽은 염산에 아연 조각을 넣으면 기체가 발생한다"는 실험 과정을 읽고, 학생들은 '묽은'이 농도가 낮다는 의미임을, '조각'이 작은 덩어리를 뜻함을 이해해야 했습니다. 또한, 실험 결과를 "아연이 염산과 반응하여 수소 기체가 발생했다"와 같이 과학적 언어로 서술하는 연습을 했습니다. 일상 언어와 과학 언어의 차이를 이해하고, 정확한 과학적 표현을 사용하는 능력을 기를 수 있습니다.

3) 고등학교

(1) 국어과

고등학교 2학년 국어, '문학의 수용과 생산' 단원에서의 사례입니다. 학생들은 윤동주의 「서시」를 읽고 시대적 배경과 함의를 분석했습니다. "죽는 날까지 하늘을 우러러 / 한 점 부끄럼이 없기를"이라는 구절에서 '하늘'이 단순히 자연물이 아니라 절대적 가치나 양심을 상징한다는 것으로 이해했습니다. 또한, 일제강점기라는 시대적 맥락에서 "모든 죽어가는 것을 사랑해야지"라는 구절이 갖는 저항 정신을 읽어냈습니다. 텍스트의 표면적 의미를 넘어 시대적, 상징적 의미까지 파악하는 깊이 있는 문해력을 기를 수 있습니다.

(2) 영어과

고등학교 1학년 영어, 'Technology and Society'(기술과 사회) 단원에서의 사례입니다. 인공지능의 윤리적 문제를 다룬 영어 논설문을 읽고 분석하는 수업이었습니다. "While AI promises unprecedented efficiency, it also raises ethical concerns about privacy and job displacement"(인공지능은 전례 없는 효율성을 약속하는 동시에, 개인정보 보호와 일자리 상실에 대한 윤리적 우려도 불러일으킵니다.)라는 문장에서 'while'(~ 하는 동안)이 양보의 의미로 쓰였음을,

'unprecedented'가 '전례 없는, 유례 없는, 한 번도 경험한 적 없는'을 의미함을 파악했습니다. 학생들은 복잡한 구문과 고급 어휘가 사용된 학술적 영어 텍스트를 이해하고, 글의 논리적 구조를 분석하는 능력을 기를 수 있습니다.

(3) 수학과

고등학교 2학년 수학, '확률과 통계' 단원에서의 사례입니다. 뉴스에 나온 여론조사 결과를 수학적으로 해석하는 활동이었습니다. "이번 조사는 전국 만 18세 이상 1,000명을 대상으로 실시되었으며, 95% 신뢰수준에서 표본오차는 ±3.1%P입니다"라는 문장을 분석했습니다. 학생들은 '신뢰수준'과 '표본오차'의 통계적 의미를 이해하고, 이것이 조사 결과 해석에 어떤 영향을 미치는지 학습했습니다. 일상에서 접하는 통계 정보를 비판적으로 이해하는 수학적 문해력을 기를 수 있습니다.

(4) 사회과

고등학교 3학년 사회, '경제' 단원에서의 사례입니다. 경제 뉴스를 읽고 분석하는 수업이었습니다. "한국은행이 기준금리를 0.25%P 인상했다"라는 뉴스를 읽고, 기준금리가 무엇인지, 왜 인상했는지, 이것이 서민 경제에 미치는 영향은 무엇인지를 분석했습니다. 학생들은 경제 용어를 이해하고, 경제 현상 간의 인과관계를 파악하며, 나아가 자기의 삶과 어떻게 연결되는지를 생각해보았습니다. 추상적인 경제 개념을 구체적인 삶과 연결하는 경제 문해력을 기를 수 있습니다.

(5) 과학과

고등학교 1학년 과학, '생명과학' 단원에서의 사례입니다. 과학 저널의 논문 초록을 읽고 이해하는 활동이었습니다. "CRISPR-Cas9 기술을 이용한 유전자 편집은 유전 질환 치료에 새로운 가능성을 제시하지만, 동시에 생명 윤리적 논란을 초래한다"라는 내용의 초록을 분석했습니다. 학생들은 전문 용어를 이해하고, 과학 기술의 가능성과 한계를 균형 있게 파악하며, 과학과 사회의 관계를 고민해보았습니다. 과학적 사실을 이해하는 것을 넘어 사회적 의미까지 고려하는 통합적 문해력을 기를 수 있습니다.

지금까지 문해력이 교과 학습과 어떻게 연계되는지 주요 과목별로 알아봤습니다. 이제 문해력은 선택이 아닌 '필수'의 시대가 도래했습니다. 우리나라의 교육은 아주 오래전부터 문해력 중심의 학습을 해 왔지만, 일제강점기 이후 단기간의 암기력 중심 학습으로 변했습니다. 암기력 학습이 무조건 나쁜 것은 아닙니다. 기본적인 교과 내용의 '암기'가 없이는 '창의적 사고'가 불가능합니다. 저수지에 물이 고여야만 다양하게 그 물을 활용할 수 있듯이 '암기된 내용'이라는 저수지의 물이 있어야 그다음의 여러 분야의 활용도 가능하게 됩니다. 앞에서도 언급했듯이 우리 선조들의 지혜로운 문해력 중심 학습법을 '온고지신(溫故知新 : 옛것을 익혀 새로운 것을 앎)'의 자세로 디지털 시대에 맞게 준비해야 할 것입니다.

02

디지털 문해력(리터러시) - 온라인 정보 평가 및 검색 전략

디지털 시대의 문해력은 전통적인 읽기 능력을 넘어 온라인 정보를 검색하고, 평가하며, 활용하는 능력까지 포함합니다. 디지털 리터러시는 21세기 필수 역량으로, 구체적인 사례를 통해 그 중요성과 실천 방법을 알아보겠습니다.

사례 : 가짜 건강 정보 판별하기

고등학교 2학년 보건 수업에서 있었던 일입니다. 한 학생이 "레몬물을 매일 마시면 암을 예방할 수 있다"는 SNS 게시물을 공유하며 사실인지 물어왔습니다. 이를 계기로 온라인 건강 정보의 신뢰성을 평가하는 수업을 진행했습니다.

먼저 학생들과 함께 해당 정보의 출처를 확인했습니다. 게시물에는 출처가 명시되어 있지 않았고, 작성자도 의학 전문가가 아닌 일반인이었습니다. 다음으로 같은 주제에 대한 신뢰할 만한 정보를 검색하기로 했습니다.

검색 전략으로는 다음과 같은 방법을 사용했습니다.

- 검색어를 구체화하기 : "레몬 암 예방 과학적 근거"
- 신뢰할 만한 사이트 한정하기

- 최신 정보 찾기 : 검색 도구에서 기간을 최근 1년으로 설정

검색 결과, 대한암학회와 미국 국립암연구소의 자료를 찾을 수 있었습니다. 두 기관 모두 "레몬이 비타민 C를 함유하고 있어 건강에 도움이 될 수 있지만, 암을 예방한다는 과학적 증거는 없다"라고 명시하고 있었습니다.

학생들은 이 활동을 통해 온라인 정보를 평가하는 기준을 배웠습니다.

1) 저자의 전문성 확인 (의학 정보는 의사나 연구자가 작성했는지)

2) 출처의 신뢰성 검증 (공인된 기관인지, 공인 도메인인지)

3) 정보의 최신성 확인 (언제 작성되었는지)

4) 교차 검증 실시 (여러 신뢰할 만한 출처에서 같은 내용을 말하는지)

5) 상업적 의도 파악 (제품 판매가 목적은 아닌지)

03

미디어 · 정보 문해력 - 광고 · 뉴스 분석, 허위 정보 판별

현대사회에서 우리는 하루에도 수백 개의 광고와 뉴스를 접합니다. 이러한 미디어 메시지를 비판적으로 분석하고 허위 정보를 판별하는 능력은 필수 역량입니다. 구체적인 사례를 통해 미디어 문해력을 어떻

게 기를 수 있는지 알아보겠습니다.

사례 : 선거 관련 가짜 뉴스 판별하기

2024년 지방선거를 앞두고 한 고등학교 사회 시간에 실시한 미디어 리터러시 수업 사례입니다. SNS에서 급속히 확산한 "A 후보가 과거 음주운전으로 3번 적발됐다"라는 게시물을 교육 자료로 활용했습니다.

1단계 : 출처 확인 - 학생들이 가장 먼저 확인한 것은 정보의 출처였습니다.

- 최초 게시자가 익명 계정임
- 소개 사진과 정보가 없음
- 계정 생성일이 불과 일주일 전
- 다른 게시물이 모두 특정 정치 성향을 띰

2단계 : 팩트체크 - 다음으로 제시된 정보의 사실 여부를 확인했습니다.

- 경찰청 교통사고 조회 시스템 검색 → 해당 기록 없음
- 선거관리위원회 후보자 정보 확인 → 전과 기록 없음
- 신뢰할 만한 언론사 검색 → 관련 보도 없음
- 팩트체크 전문 기관 확인 → "허위 정보"로 판정

3단계 : 확산 패턴 분석 - 이 가짜 뉴스가 어떻게 퍼졌는지 추적해보았습니다.

- 특정 시간대에 집중적으로 공유됨 (봇 계정 의심)
- 동일한 문구를 여러 계정이 반복 사용
- 댓글이 비슷한 패턴으로 작성됨
- 특정 지역 커뮤니티를 중심으로 확산

4단계 : 의도 파악 - 이런 가짜 뉴스가 왜 만들어졌는지 분석했습니다.

- 선거를 일주일 앞둔 시점에 등장 (타이밍)
- 상대 후보 지지율이 상승하던 시기 (동기)
- 음주운전이라는 도덕적 이슈 활용 (전략)
- 법적 대응이 어려운 익명 계정 사용 (회피)

5단계 : 대응 방법 학습 - 학생들은 가짜 뉴스에 대응하는 방법도 배웠습니다.

- 의심스러운 정보는 공유하지 않기
- 팩트체크 결과 댓글로 알리기
- 선거관리위원회에 신고하기
- 주변 사람들에게 사실 알리기

이 수업을 통해 학생들은 다음과 같은 가짜뉴스 판별 체크리스트를 만들 수 있었습니다.

가짜 뉴스 판별 5단계 체크리스트

1) 출처는 믿을 만한가?
- 실명 언론사인가?
- 기자 이름이 있는가?
- 연락처가 명시되어 있는가?

2) 다른 곳에서도 보도했는가?
- 주요 언론사들이 다루었는가?
- 여러 매체의 보도 내용이 일치하는가?

3) 증거가 구체적인가?
- 날짜, 장소가 명확한가?
- 사진이나 영상이 조작되지 않았는가?
- 인용된 발언의 출처가 있는가?

4) 상식적으로 타당한가?
- 지나치게 선정적이지 않은가?
- 논리적으로 말이 되는가?
- 특정인을 악마화하지 않는가?

5) 누가 이익을 보는가?
- 이 정보로 누가 득을 보는가?
- 공유를 부추기는 의도가 있는가?
- 감정적 반응을 노리는가?

위 사례를 통해 학생들은 미디어 메시지를 피동적으로 받아들이는 것이 아니라 능동적으로 분석하고 평가하는 비판적 시민으로 성장할 수 있습니다.

이제부터는 예시 문장을 통해 독해력과 문해력 관점에서 어떻게 문장을 분석, 이해할 수 있는지를 알아보고, 수준별로 독해력과 문해력의 이해 정도를 살펴보겠습니다.

여기서 수준별은

▶ 기본 수준 : 학생을 기준으로 ~ 중1까지입니다.

▶ 보통 수준 : 학생을 기준으로 ~ 고1까지입니다.

▶ 고차원 수준 : 학생을 기준으로 고2 이상으로 대학생, 지식인, 전문가를 포함합니다.

그리고 다음의 분석 요인을 바탕으로 독해력과 문해력의 차이를 살펴보고자 합니다.

1. 독해력의 발달 단계

1) 기본 수준 : 표면적 정보 파악, 구체적 상상, 개인 경험과의 연결

2) 보통 수준 : 문법적 구조 분석, 인과관계 파악, 사회적 맥락 인식

3) 고차원 수준 : 언어학적 정밀 분석, 문학적 기법 인식, 과학적 추론

2. 문해력의 발달 양상

1) 기본 수준 : 단순하고 직접적인 감정 반응, 긍정적 해석 선호

2) 보통 수준 : 복합적 감정 인식, 사회 문제와의 연결, 문학적 감수성 발달

3) 고차원 수준 : 다층적 해석, 철학적 성찰, 비판적 사고, 학술적 접근

3. 수준별 특징

1) 기본 수준 : 호기심과 상상력, 경험 중심 이해, 행동 지향적 반응
2) 보통 수준 : 자아 정체성 탐색, 또래 관계 중시, 사회적 맥락 인식
3) 고차원 수준 : 추상적 사고, 비판적 분석, 학문적 접근, 미래 지향적 사고

물론, 이 분석 요인과 기준이 절대적인 것은 아닙니다. 우리가 독해력과 문해력을 이해하기 위해, 그리고 분석과 해석에는 반드시 '기준'이 있어야 하기에 나름대로 정한 규칙일 뿐입니다. 전반적인 사고의 확장과 흐름에 맞춰 이 수준은 되었으면 하는 필자의 바람입니다. 수준별로 구분한 것은 사고의 확장을 보여주는 사례일 뿐이므로 '나는 여기까지 생각 못 하는데...'하고 자책할 필요는 없습니다. 모든 사람이 위에 제시한 수준으로 또는 사고의 확장으로까지 이어지는 것은 아닙니다. 다만 '문해력'이 무엇인가의 질문에 대한 답을 '독해력'과 '문해력'을 구별해 사례를 제시해 봄으로써 문해력의 이해를 돕기 위한 것입니다.

이제 1개의 문장으로 구성된 단문의 글부터 문해력의 세계로 출발합니다~

분석적인 내용이라 딱딱하게 느끼실 수도 있습니다.

다소 지루하고, 이해에 어려움이 있으시더라도 차분히 읽어가며,
함께 사고의 여정을 떠나 보시죠.

특히, 고차원 수준의 문해력 관점을 주의 깊게 읽어주시면 감사하겠습니다.

책은 생각의 통로이다.
– 로버트 챔버스

Ⅳ

구체적 사례로 분석하는 독해와 문해(실전편)

01

단문 이해 사례 분석(문장 1개 구조)

분석할 문장 1

"어머니는 오늘도 새벽 첫 버스를 타고 일터로 향하셨다."

이 단문을 독해력과 문해력 관점으로 분석해보겠습니다.

독해력의 관점인 문장의 정보를 파악해보겠습니다.

이 문장의 주체와 행위로 볼 때 주어는 '어머니'이고, 서술어는 '향하셨다'입니다. '-시(셨)-'라는 높임 선어말어미를 통해 화자가 어머니를 존중하는 마음을 갖고 있음을 알 수 있습니다. '타고'는 수단을 나타내는 서술어이며, '-고'는 연결어미이며, 이동 수단이 버스임을 명시합니다. 그리고 시간적 정보를 나타내는 '오늘도'에서 '-도'라는 보조사가 중요합니다. 이는 반복성을 나타내며, 어머니가 매일 같은 일을 하고 있음을 암시합니다. '새벽'은 이른 아침 시간대를, '첫 버스'는 그날의 첫 번째 운행 버스를 의미하므로, 대략 오전 5~6시경임을 추측할 수 있습니다. 공간적 이동도 알 수 있습니다. '일터로 향하셨다'에서 출발지는 집이고, 목적지는 일터입니다. '향하다'는 아직 도착하지 않았지만, 그

곳을 목표로 이동 중임을 나타냅니다.

📖 문해력의 관점인 문장에 담긴 삶과 정서 읽기로 생각해보겠습니다.

먼저 사회 · 경제적 맥락에서 '새벽 첫 버스'라는 표현은 단순한 시간 정보를 넘어 어머니의 삶의 조건을 암시합니다. 자가용이 없어 대중교통을 이용해야 하고, 이른 시간에 출근해야 하는 직업을 가졌을 가능성이 큽니다. 이는 서민층 또는 노동자 계층의 삶을 연상시킵니다. 또 정서적 함의의 관점에서 '오늘도'라는 표현에는 화자의 복잡한 감정이 담겨 있습니다. 어머니의 고단한 일상에 대한 안타까움, 반복되는 희생에 대한 미안함, 그런데도 꾸준히 가족을 위해 일하시는 어머니에 대한 존경심이 함께 느껴집니다. 시대적 의미로는 한국 산업화 시대부터 현재까지 이어지는 어머니들의 희생적 삶을 대변합니다. 가족을 위해 자신을 희생하는 어머니상은 한국 사회의 보편적 정서이며, 이 문장은 그러한 집단적 경험을 환기합니다. 문학적 상징성에서 '새벽'은 어둠에서 빛으로 전환되는 시간으로, 희망과 새로운 시작을 상징하면서도 동시에 고단함과 외로움을 내포합니다. '첫 버스'는 하루의 시작이자 고독한 여정의 시작을 의미합니다.

다음은 수준별 독해력과 문해력으로 분석해보겠습니다.

먼저 **기본 수준의 독해력**은 이 문장에서 가장 직접적인 정보를 파악합니다. "어머니가 버스를 타고 일하러 가셨어요"라는 핵심 내용을 이해합니다. '새벽'이라는 시간 표현을 통해 "아주 일찍"이라는 것을 알고, '첫 버스'가 "제일 먼저 오는 버스"임을 이해합니다. 특히 '-시(셨)-'라는 높임 표현에 주목하여 "어머니를 높여서 말하는 거예요"라고 인식합니다. 초등학교 국어 시간에 높임법을 배운 학생은 이것이 어른을 공경하는 표현임을 압니다. '오늘도'의 '도'를 통해 "어제도 그랬고 오늘도 그런 거예요"라고 반복성을 파악하는 학생도 있습니다. 하지만 초등학생은 주로 구체적이고 가시적인 정보에 집중합니다. 버스의 색깔이 무엇인지, 어머니가 무슨 일을 하시는지 궁금해하며, 때로는 자기의 경험으로 빈 부분을 채우려 합니다. "우리 엄마도 버스 타고 회사 가요"라고 연결 짓기도 합니다.

기본 수준의 문해력은 주로 개인적 경험과 정서적 공감에서 출발합니다. 이 문장을 읽으며 "엄마가 일찍 일어나서 힘드시겠다"라는 감정적 반응을 보입니다. 자신이 새벽에 일어났던 경험을 떠올리며 어머니의 피곤함을 상상합니다. "왜 아빠가 아니고 엄마가 일하러 가요?"라는 질문을 하는 학생도 있습니다. 이는 성 역할에 대한 고정관념이 아직 형성되지 않은 순수한 궁금증이며, 오히려 다양한 가족 형태를 자연스럽게 받아들이는 열린 사고를 보여줍니다. 초등학생들은 이 문장에서 '사랑'과 '감사'의 감정을 느낍니다. "엄마가 우리를 위해 일하러 가시는 거구나"라고 이해하며, 어머니께 감사 편지를 쓰고 싶어 합니다. 또한 "나도 크면 엄마를 도와드릴 거야"라는 다짐하기도 합니다. 이들에게 이 문장은 가족애를 느끼게 하는 따뜻한 이야기입니다. 그림으로 표현할 때는 어머니가 버스를 기다리는 모습, 해가 아직 뜨지 않은 어두운 하늘, 버스 정류장의 불빛 등을 그립니다. 때로는 자신이 창문에서 어머니를 배웅하는 모습을 추가하기도 합니다. 이는 초등학생이 텍스트를 시각적이고 구체적으로 이해한다는 것을 보여줍니다.

다음으로 **보통 수준의 독해력**은 문장의 구조를 더 체계적으로 분석합니다. 주어-서술어 관계뿐만 아니라 '타고'라는 연결어미의 기능, '오늘도'의 보조사 '-도'가 만드는 의미의 뉘앙스를 정확히 파악합니다. '향하셨다'라는 동사가 '가셨다'보다 문어적이고 격식 있는 표현임도 인식합니다. 시간적 정보를 더 구체적으로 추론합니다. '새벽 첫 버스'가 보통 오전 5시에서 5시 30분 사이에 운행된다는 것을 알고, 어머니가 그보다 더 일찍 일어나 준비하셨을 것임을 계산합니다. 또한 '일터'라는 표현에서 사무직보다는 생산직이나 서비스직일 가능성이 크다고 추측합니다. 문법적으로는 시제와 높임법을 정확히 분석합니다. '-셨-'은 주체 높임, 과거 시제 '-었-'과 결합하여 어머니의 행동을 공손하게 서술하고 있음을 이해합니다. 이러한 문법적 선택이 화자의 태도를 드러낸다는 것도 인식합니다.

보통 수준의 문해력은 이 문장에서 사회적 의미를 읽어내기 시작합니다. '새벽 첫 버스'가 단순한 교통수단이 아니라 계층적 지표일 수 있음을 인식합니다. 자가용을 소유하지 못한 경제적 상황, 이른 출근이 필요한 직업군 등을 연결 지어 생각합니다. 정서적으로는 더 복잡한 감정을 느낍니다. 어머니에 대한 감사와 함께 미안함, 안타까움이 교차합니다. 특히 '오늘도'라는 표현에서 일상의 반복성과 그로 인한 피로감을 읽어냅니다. 일부 학생들은 자신의 가정 상황과 비교하며 경제적 불평등에 대해 생각하기도 합니다. 문학적 감수성도 발달하여, 이 문장이 소설이나 수필의 첫 문장이라면 어떤 이야기가 전개될지 상상합니다. 가난하지만 따뜻한 가족 이야기, 어머니의 희생으로 성공한 자녀 이야기 등을 떠올릴 수 있습니다. 또한, 이런 서사가 한국 문학과 영화에서 자주 등장하는 전형적인 모티프임도 인식합니다. 나아가 성 역할과 가족 내 노동 분담에 대해서도 의문을 제기합니다. "왜 주로 어머니가 희생하는 것으로 그려질까?", "아버지는 어디에 있을까?" 같은 비판적 질문을 던지며, 가부장제 사회의 문제점을 인식하기 시작합니다.

마지막으로 **고차원 수준의 독해력**은 이 문장을 언어학적으로 정밀하게 분석합니다. '향하셨다'가 단순 과거가 아닌 역사적 현재로도 읽을 수 있으며, 이것이 일상의 반복성을 더욱 강조한다는 점을 파악합니다. '어머니'라는 호칭이 '엄마'나 '모친'과 달리 표준적이면서도 정감 있는 거리감을 만든다는 것도 인식합니다. '새벽 첫 버스'라는 구체적 표현이 사실주의 문학의 특징임을 이해하고, 이것이 독자에게 신뢰감과 공감을 불러일으키는 장치임을 분석합니다. 또한 '일터'라는 다소 구식 어휘 선택이 노동의 신성함을 암시하면서도 동시에 계급적 함의를 담고 있음을 읽어냅니다. 문장의 리듬과 호흡도 분석합니다. '오늘도/새벽 첫 버스를 타고/일터로 향하셨다'로 끊어 읽을 때 만들어지는 운율이 고단한 일상의 반복을 효과적으로 전달한다는 것을 이해합니다.

(이 부분이 가장 중요합니다.)

고차원 수준의 문해력은 "어머니는 오늘도 새벽 첫 버스를 타고 일터로 향하셨다"라는 문장에서 한국 사회의 다층적 현실을 읽어냅니다. 이는 표면적 의미를 넘어 사회구조와 역사적 맥락, 그리고 인간 존재의 본질적 조건까지 통찰하는 깊이 있는 해석을 합니다.

- 사회 계층적 관점에서 '새벽 첫 버스'는 단순한 교통수단이 아니라 계급적 위치를 드러내는 상징입니다. 자가용을 소유하지 못한 경제적 조건과 이른 시간 출근이 요구되는 직업적 특성이 이 두 단어에 압축되어 있습니다. 1970년대 한국 산업화 과정에서 형성된 노동자 계층의 생활양식이 현재까지 이어지고 있음을 보여줍니다. '새벽'이라는 시간대는 사회의 가장 아래층에서 가장 먼저 움직이기 시작하는 사람들의 현실을 담고 있으며, 이들의 노동이 사회 전체를 작동할 수 있게 한다는 아이러니를 내포합니다.

- 역사적 맥락에서 이 문장은 개인사를 넘어 집단적 기억을 환기시킵니다. '새벽 첫 버스'는 구로공단 여성 노동자들의 출근길부터 IMF 경제위기 이후 비정규직 여성들의 일상까지를 관통하는 시공간적 연속성을 보여줍니다. 한국 근현대사의 굴곡 속에서도 변하지 않은 것은 생계를 위해 이른 새벽부터 움직여야 하는 사람들의 현실이었습니다. 이러한 반복적 일상이 거대한 역사적 변화 속에서도 지속되어 온 것은 구조적 불평등이 여전히 해결되지 않았음을 의미합니다.

- 실존적 차원에서 접근하면, '오늘도'라는 부사에 담긴 의미는 더욱 깊습니다. 매일 반복되는 노동의 순환 속에서도 '향하셨다'는 동사가 가진 의지적 성격은 부조리한 현실에 굴복하지 않는 인간의 존재론적 선택을 보여줍니다. 어머니는 운명에 체념한 것이 아니라 매일 새롭게 자신의 길을 선택하고 있습니다. 이는 절망적 상황에서도 인간이 가질 수 있는 존재의 숭고함을 드러냅니다.

- 젠더 관점에서의 해석은 더욱 복합적입니다. '어머니'라는 호칭 자체가 여성을 가족 내 역할로 한정하는 사회적 구성물임을 인식해야 합니다. 그러나 동시에 '일터로 향하셨다'라는 표현은 전통적 모성 역할을 넘어서는 주체적 행위를 나타냅니다. 이는 돌봄 노동과 임금 노동을 동시에 감당하는 여성들의 이중 부담을 함축적으로 드러냅니다. 어머니는 집에서는 돌봄의 주체이면서 동시에 사회에서는 경제활동의 주체로 존재해야 하는 모순적 위치에 놓여 있습니다.

- 문학적 차원에서 이 문장은 사실주의 문학의 정수를 보여줍니다. '어머니'는 개별적 인물이면서 동시에 한국 사회 특정 계층 여성들의 전형적 삶을 대변합니다. '새벽 첫 버스'라는 구체적이고 세부적인 일상적 사실의 표현이 사회적 현실을 생생하게 재현하는 힘을 발휘합니다. 이러한 구체성 속에 보편성이 담겨 있어서 독자들은 깊은 공감과 성찰을 경험하게 됩니다.

- 마지막으로 문화적 관점에서 접근하면, 이 문장은 한국적 근대성의

특수한 양상을 드러냅니다. 서구의 근대화 과정과는 다른, 압축적이고 급속한 변화 속에서 형성된 우리만의 일상적 경험이 '새벽 첫 버스'라는 표현에 집약되어 있습니다. 이는 거대한 사회 변화 속에서도 굴복하지 않는 개인의 미시적 저항이자, 주어진 조건 속에서 최선을 다하는 한국인의 정서적 원형을 보여줍니다.

첫 번째 사례를 읽으며 어떤 느낌이 드셨나요?
한 문장 속에 참 많은 의미가 내포되어 있음에 놀랐을 것입니다.

그렇습니다. 우리는 언어와 문자로 의사를 소통합니다.
간단한 문장이지만 그 속의 의미를 읽어내고 이해할 수 있다면
훨씬 더 원활한 의사소통이 될 것입니다.

위의 분석 중 '수준별'에서 자기의 독해력과 문해력을 진단해보는 기회도 될 것입니다. 단, '수준별'이라고 해서 '나는 이 수준이 안 되는데?'하고 생각하실 필요는 없습니다. 편의상 독해력과 문해력의 깊이를 설명하기 위해 나눈 것뿐입니다.

그리고 '수준별'의 마지막 단계인 '고차원 수준'의 내용은 당연히 앞부분의 내용에 더해진 내용입니다. 단계별로 사고의 확장을 설명한 것뿐이니 이 내용으로 자신을 평가하지는 말아 주시기 바랍니다.

그럼, 두 번째 사례를 시작하겠습니다.
남은 사례들은 위와 같은 방식으로 이어집니다.

책을 읽는 것은 새로운 세상을 여는 열쇠를 찾는 것이다.
– 랄프 월도 에머슨

분석할 문장 2

"아버지의 책상 서랍에는 오래된 편지 한 통이 있었다."

이 단문을 독해력과 문해력 관점으로 분석해보겠습니다.

독해력의 관점으로 문장의 정보를 파악해보도록 하겠습니다. 이 문장은 장소와 위치에서 '아버지의 책상 서랍'이라는 구체적 공간이 명시되어 있습니다. 책상은 개인적이고 사적인 공간이며, 서랍은 그중에서도 더욱 은밀한 보관 장소입니다. 그리고 '편지 한 통이 있었다'는 과거시제의 존재 서술어가 사용되었습니다. '한 통'이라는 단위 표현으로 편지의 개수가 하나임을 명확히 합니다. 시간적 성격으로 보면 '오래된'이라는 어휘는 편지의 시간적 특성을 나타냅니다. 이는 상당한 시간이 지난 편지임을 의미하며, 현재 관점에서 과거의 물건임을 강조합니다.

문해력의 관점으로 이 문장을 삶과 정서 읽기로 살펴보겠습니다. 사적 영역의 침범의 관점에서 볼 때 '아버지의 책상 서랍'을 들여다본다는 것은 타인의 사적 공간에 대한 탐색을 의미합니다. 이는 호기심, 필요에 의한 수색, 또는 아버지 부재 상황 등을 암시합니다. 세대 간 소통의 단절로 볼 때 서랍에 숨겨진 편지는 아버지가 직접 공유하지 않은 과거의 이야기를 담고 있습니다. 이는 가족 내에서도 말하지 못한 비밀이나 개인사가 존재함을 보여줍니다. 또한, 시간의 무게로 보면 '오래된 편지'는 단순한 시간 경과를 넘어 추억, 그리움, 후회, 또는 잊고 싶은 과거 등 복잡한 감정의 퇴적물을 상징합니다. 마지막으로 발견의 긴장감에서는 발견의 순간을 포착하고 있어, 독자에게 궁금증과 긴장감을 불러일으킵니다. 따라서 편지의 내용, 발신자, 아버지와의 관계 등에 대한 궁금증이 증폭됩니다.

이번에는 수준별 독해력과 문해력으로 분석해보겠습니다.

기본 수준의 독해력은 이 문장에서 "아빠 책상에 편지가 있었어요"라는 가장 기본적인 정보를 파악합니다. '서랍'이라는 단어를 통해 "서랍 안에 숨겨져 있었다"는 것을 이해하고, '오래된'이라는 표현에서 "아주 옛날 편지"라는 의미를 받아들입니다. 초등학생은 구체적이고 가시적인 상황을 상상하려고 합니다. 책상이 어떻게 생겼는지, 서랍은 몇 개인지, 편지는 어떤 색깔인지 궁금해합니다. "편지를 누가 썼을까?", "무슨 내용일까?" 같은 직접적인 질문을 던지며, 때로는 자신의 경험을 바탕으로 "우리 할아버지도 옛날 사진 숨겨놨어요"라고 연결 짓기도 합니다.

기본 수준의 문해력은 주로 호기심과 단순한 감정 반응에서 출발합니다. "편지를 찾은 사람이 설렐 것 같아요"라고 말하며, 발견의 즐거움을 상상합니다. 대부분의 초등학생은 이 상황을 긍정적으로 해석합니다. "아빠의 비밀 편지를 찾았구나"라고 생각하며, 마치 보물찾기를 하는 것처럼 재미있어합니다. "편지에 사랑 이야기가 적혀 있을 것 같아요"라고 말하며, 순수한 로맨스를 상상하기도 합니다. 일부 학생은 "왜 편지를 서랍에 숨겨놨을까?"라고 질문하며, 단순히 "소중해서 잘 보관한 거예요"라고 결론짓습니다. 아직 복잡한 인간관계나 감정의 이중성을 이해하기 어려워하므로, 대부분 따뜻하고 좋은 의미로 해석합니다.

이어서 **보통 수준의 독해력**은 문장구조를 더 정교하게 분석합니다. '아버지의 책상 서랍에는'에서 '-에는'이 장소를 나타내는 조사임을 인식하고, '있었다'가 과거의 존재를 나타내는 서술어임을 파악합니다. '오래된'이라는 관형어가 '편지'를 수식하는 구조를 명확히 이해하며, 이것이 시간의 경과를 나타내는 중요한 정보임을 인식합니다. 또한 '한 통'이라는 수량 표현을 통해 편지가 복수가 아닌 단수임을 정확히 파악합니다. 시간적 추론도 더 구체적입니다. '오래된'이 몇 년 전인지, 심지어 몇십 년 전일 수도 있다고 생각하며, 이것이 아버지의 젊은 시절과 관련이 있을 것으로 추측합니다.

보통 수준의 문해력은 가족 관계의 복잡성을 읽어내기 시작합니다. "아버지가 왜 편지를 숨기셨을까?"라는 질문에서 출발하여, 가족에게도 말할 수 없는 개인적인 사연이 있을 수 있다는 것을 이해합니다. 감정적으로는 더 복잡한 반응을 보입니다. 호기심과 함께 "이걸 봐도 될까?"라는 윤리적 고민을 시작합니다. 타인의 사생활에 대한 존중의 필요성을 인식하면서도, 가족이라는 특수한 관계에서 오는 딜레마를 느낍니다. 일부 학생들은 자신의 가정 상황과 비교하며 생각해봅니다.

"우리 아빠도 그런 편지가 있을까?"라고 궁금해하며, 부모님도 자신들과는 다른 과거를 가진 개별적 존재임을 깨닫기 시작합니다. 문학적 감수성도 발달하여, 이런 설정이 소설이나 영화에서 반전의 시작점이 될 수 있음을 인식합니다. "이 편지 때문에 가족의 비밀이 밝혀질 것 같아요"라고 예상하며, 서사적 긴장감을 느낍니다.

그리고 **고차원 수준의 독해력**은 이 문장을 문학적 기법의 관점에서도 분석합니다. '아버지의 책상 서랍'이라는 구체적 공간 설정이 사실적 묘사를 통한 신뢰성 확보 전략임을 이해합니다. '오래된 편지'라는 소재가 과거와 현재를 연결하는 서사적 장치로 기능함도 파악합니다. 문체적으로는 '-었다'라는 과거시제가 회상이나 발견의 순간을 객관적으로 서술하는 효과를 만든다는 것을 인식합니다. 또한 '한 통'이라는 구체적 수량 표현이 사실주의적 표현을 강화한다고 분석합니다.

고차원 수준의 문해력은 "아버지의 책상 서랍에는 오래된 편지 한 통이 있었다"라는 문장에서 현대 가족사의 변화와 소통 방식의 전환, 그리고 기억과 시간의 의미를 읽어냅니다. 이 문장은 표면적으로는 단순한 사물의 존재를 나타내지만, 이면적으로는 가족 관계의 깊은 층위와 세대 간 단절을 함축하고 있습니다.

- 먼저 공간의 상징성을 살펴보면, '책상 서랍'은 단순한 수납공간이 아니라 개인적이고 사적인 영역의 은유입니다. 특히 '아버지의 책상'이라는 표현에서 가부장적 권위의 공간이면서 동시에 개인적 내면이

숨겨진 장소임을 알 수 있습니다. 서랍은 보이지 않는 곳에 감춰둔 비밀스러운 공간으로, 여기에 보관된 '편지'는 공개되지 않은 과거의 흔적이자 감춰진 감정의 증거물입니다. 현대사회에서 아버지는 흔히 감정 표현에 서투른 존재로 인식되는데, 그런 아버지의 숨겨진 감성이 '편지'라는 매개체를 통해 암시되고 있습니다.

• 시간성의 관점에서 '오래된'이라는 형용사는 시간의 경과를 넘어 잊힌 과거와의 연결고리를 의미합니다. 디지털 시대에 '편지'라는 아날로그적 소통 방식은 더욱 특별한 의미가 있습니다. 손글씨로 쓰인 편지는 발신자의 체온과 감정이 직접 전해지는 매체였지만, 이제는 거의 사라진 소통 방식입니다. 따라서 '오래된 편지'는 사라져가는 인간적 소통의 마지막 흔적이자, 과거 세대가 가졌던 진정성 있는 관계의 상징이 됩니다.

• 가족 사회학적 맥락에서 이 문장은 현대 가족의 소통 위기를 반영합니다. '한 통'이라는 단위는 편지의 희소성을 강조하며, 아버지가 평소 감정 표현을 잘 하지 않는 존재임을 암시합니다. 전통적으로 한국의 아버지들은 가족에 대한 사랑을 직접적으로 표현하기보다는 묵묵한 희생과 책임감으로 보여왔습니다. 그런 아버지의 내면에 간직된 '편지'는 표현되지 못한 그리움이나 사랑, 혹은 후회의 감정을 담고 있을 것입니다.

• 젠더적 관점에서 보면, 전통적 남성성과 감정 표현의 억압이라는 사

회적 구조가 드러납니다. '편지'라는 사적인 소통 방식이 '서랍'이라는 은밀한 공간에 숨겨진 것은, 남성들이 감정을 공개적으로 드러내기 어려운 사회적 압박을 반영합니다. 아버지는 사회적으로는 강인하고 이성적인 존재로 행동해야 하지만, 개인적으로는 누군가와 깊은 감정적 유대를 나누고 싶어 하는 인간적 욕구를 가진 존재이기 때문입니다.

- 문학적 차원에서 보면 이 문장은 '발견'이라는 서사적 장치의 시작점이 됩니다. 누군가 아버지의 서랍을 열게 되고, 그 안에서 '오래된 편지'를 발견하는 순간은 과거와 현재가 만나는 극적인 장면을 예고합니다. 편지의 내용이 무엇인지, 누가 쓴 것인지에 따라 가족의 역사가 새롭게 조명받게 될 것입니다. 이는 한국 문학에서 자주 등장하는 '가족사의 재발견'이라는 주제와 연결됩니다.

- 끝으로 실존적 의미에서 이 편지는 인간 존재의 유한성과 기억의 소중함을 상징합니다. 사람은 언젠가 사라지지만, 그가 남긴 글은 그의 존재를 증명하는 물질적 흔적이 됩니다. '오래된 편지'는 시간을 초월한 소통의 가능성을 보여주며, 죽음 이후에도 지속되는 인간관계의 신비로움을 암시합니다. 또한, 현대인들이 잃어버린 '기다림'과 '그리움'의 정서를 환기하기도 합니다. 즉석 메시지에 익숙한 현대인에게 '편지'는 천천히 마음을 담아 쓰고, 기다리며, 간직하는 소중한 소통의 방식이었던 것입니다.

분석할 문장 3

"창밖으로 첫눈이 내리기 시작했다."

이 단문을 독해력과 문해력 관점으로 분석해보겠습니다.

독해력의 관점에서 공간적 정보인 '창밖으로'는 화자가 실내에 있으면서 창문을 통해 밖을 관찰하고 있음을 나타냅니다. 이는 관찰자의 위치와 시선의 방향을 명확히 제시합니다. 기상 현상인 '눈이 내리기 시작했다'는 강설이라는 구체적인 날씨 현상을 나타냅니다. '-기 시작했다'라는 표현은 그 행위나 현상의 개시점을 의미합니다. 시간적 특성이 드러난 '첫눈'이라는 표현은 그 해 또는 그 계절의 첫 번째 눈임을 나타냅니다. 이는 시간적 순서와 계절적 변화를 함의합니다.

문해력의 관점에서 계절의 전환점의 관점에서 '첫눈'은 가을에서 겨울로의 전환을 알리는 신호입니다. 이는 변화, 끝과 시작, 시간의 흐름에 대한 인식을 불러일으킵니다. 정서적인 분위기에서 '첫눈'은 한국 문화에서 특별한 의미를 갖습니다. 순수함, 새로운 시작, 낭만, 그리움, 때로는 쓸쓸함 등 복합적 감정을 환기시킵니다. 관찰자의 심리 상태에서 창밖을 바라보는 행위는 사색, 기다림, 외로움, 또는 내적 평온 등 다양한 심리 상태를 암시할 수 있습니다. 문학적 상징성에서 '눈'은 세상을 하얗게 덮어 새로운 시작을 상징하면서도, 동시에 모든 것을 숨기고 고립시키는 이중적 의미를 갖습니다.

이번에는 수준별 독해력과 문해력으로 분석해보겠습니다.

기본 수준의 독해력은 이 문장에서 "밖에 눈이 오기 시작했어요"라는 핵심 내용을 이해합니다. '창밖으로'라는 표현을 통해 "집 안에서 창문으로 보고 있다"라는 상황을 이해하고, '첫눈'이 "올해 처음 오는 눈"이라는 것을 압니다. 대부분의 초등학생은 눈에 대한 구체적이고 가시적인 모습을 상상합니다. "눈송이가 어떻게 생겼을까?", "눈이 많이 올까?" 같은 직접적인 궁금증을 갖습니다. 계절의 변화를 달력이나 온도계의 숫자 변화보다는 눈이라는 구체적 현상으로 인식합니다.

기본 수준의 문해력에서 '첫눈'은 대부분 기쁨과 설렘의 대상입니다. "눈사람 만들 수 있겠다!", "눈싸움하고 싶어요!"라고 반응하며, 즉각적이고 활동적인 즐거움을 연상합니다. 순수한 감정으로 첫눈의 아름다움을 느낍니다. "눈이 예뻐요", "하얗고 깨끗해요"라고 표현하며, 미적 감각을 보여줍니다. 일부 학생은 "눈이 내리면 세상이 조용해져요"라고 말하며, 감각적 변화를 인식하기도 합니다. 가족과의 추억을 연결하기도 합니다. "작년에 엄마랑 눈사람 만들었어요", "할머니가 첫눈 보면 소원 빌라고 했어요" 같은 개인적 경험을 떠올립니다. 이는 초등학생이 문장을 자신의 경험과 연결하여 이해하는 특성을 보여줍니다.

그리고 **보통 수준의 독해력**은 문장의 구조를 더 체계적으로 분석합니다. '창밖으로'가 방향을 나타내는 부사어이고, '첫눈이'가 주어, '내리기 시작했다'가 서술어임을 정확히 파악합니다. 또한 '-기 시작했다'라는 표현이 동작의 개시를 나타내는 문법 구조임을 이해합니다. 시간과 공간에 대한 추론을 더 구체화합니다. 첫눈이 언제 내리는지(보통 11월~12월), 창문이 있는 공간의 특성(집, 교실, 사무실 등), 관찰자의 위치 등을 종합적으로 고려합니다.

보통 수준의 문해력은 첫눈에 대해 더 복합적인 감정을 느낍니다. 어릴 때의 순수한 기쁨과 함께, 시간의 흐름에 대한 감상적 인식이 시작됩니다. "벌써 겨울이 왔구나"라는 시간 감각과 함께 약간의 아쉬움이나 그리움을 느낍니다. 학업과 연결 지어 생각하기도 합니다. "곧 기말고사네", "겨울방학이 얼마 안 남았네" 같은 현실적 사고를 보입니다. 이는 중학생들이 계절 변화를 자신의 생활 리듬과 연결하여 이해하는 특성이 나타납니다. 감정적으로는 더 내성적이고 사색적인 반응을 보입니다. "첫눈을 보면 왠지 모르게 기분이 좋아져요"라고 말하면서도 그 이유를 정확히 설명하지 못하는 모호한 감정을 경험합니다. 일부 학생은 "외롭지만 평온해요"라는 양가적(상반된) 감정을 표현하기도 합니다.

고차원 수준의 독해력은 이 문장을 문학적 표현 기법의 관점에서 분석합니다. '창밖으로'라는 시각적 표현이 독자의 시선을 유도하는 영화적 기법임을 인식하고, '첫눈'이라는 소재가 서사에서 갖는 상징적 기능을 이해합니다. 문체적으로는 '-기 시작했다'라는 표현이 만드는 시간적 효과도 분석합니다. 이것이 정적인 상태에서 동적인 변화로의 전환점을 나타내며, 독자에게 긴장감이나 기대감을 조성한다고 파악합니다.

고차원 수준의 문해력은 "창밖으로 첫눈이 내리기 시작했다"라는 문장에서 시간의 순환성과 자연의 숭고함, 그리고 인간 내면의 정화와 새로운 시작의 의미를 읽어냅니다. 이 문장은 표면적으로는 계절의 변화를 알리는 단순한 자연 현상의 묘사이지만, 이면적으로는 존재론적 변화와 정신적 전환을 암시하는 깊은 상징성을 담고 있습니다.

- 공간의 경계성부터 살펴보면, '창밖으로'라는 표현은 내부와 외부, 주관적 세계와 객관적 세계의 경계를 설정합니다. '창'은 단순한 물리적 구조물이 아니라 내면의 세계와 바깥 세계를 잇는 매개체이며, 관찰자의 시선이 머물 수 있는 프레임입니다. 창 안에 있는 화자는 따뜻한 실내 공간에서 바깥의 변화를 목격하는 안전한 관찰자의 위치에 있습니다. 이러한 공간적 설정은 자연 현상을 대하는 인간의 이중적 태도, 즉 자연에 대한 경외감과 동시에 자연으로부터의 분리된 존재로서의 자각을 보여줍니다.

- '첫눈'이라는 표현에 담긴 시간적 의미는 특별합니다. 단순히 눈이 내리는 것이 아니라 그 해의 '첫' 눈이라는 점에서 시작과 변화의 상징성이 있습니다. 첫눈은 계절의 전환을 알리는 자연의 신호이자, 시간의 순환을 체감하게 하는 구체적인 현상입니다. 한국 문화에서 첫눈은 특히 로맨틱하고 서정적인 의미가 있는데, 이는 자연 현상이 문화

적 기억과 집단적 정서로 변환되는 과정을 보여줍니다. 또한, '첫눈'을 기다리고 그 순간을 특별하게 여기는 문화적 관습은 자연과 인간의 정서적 동조를 의미합니다.

- 정신적 정화의 상징으로서 '눈'은 모든 것을 하얗게 덮어 과거의 흔적을 지우고 새로운 시작을 가능하게 합니다. '내리기 시작했다'라는 현재진행형 표현은 변화가 현재 진행 중임을 나타내며, 화자가 그 변화의 바로 그 순간을 목격하고 있음을 강조합니다. 이는 변화의 순간을 의식적으로 포착하고자 하는 인간의 의지를 보여주며, 일상의 평범함에서 벗어나 특별한 순간을 경험하고자 하는 미적 욕구를 반영합니다.

- 실존적 관점에서 첫눈의 경험은 시간의 유한성과 무한성을 동시에 깨닫게 합니다. 매년 반복되는 첫눈은 자연의 영원한 순환을 보여주지만, 동시에 그 순간을 경험하는 개인에게는 절대 반복되지 않는 유일한 경험이 됩니다. 작년의 첫눈과 올해의 첫눈은 같은 현상이지만, 그것을 바라보는 화자의 내면 상태는 시간의 흐름에 따라 변화했을 것입니다. 따라서 첫눈은 개인적 성장과 변화를 돌아보게 하는 계기가 되기도 합니다.

- 문학적 차원에서 이 문장은 한국 서정문학의 전통적 모티프를 계승합니다. 자연 현상을 통해 내면의 정서를 표현하는 것은 한국 문학의 오랜 전통이며, 특히 눈은 순수성과 고요함, 그리고 미적 숭고함을 나

타내는 대표적 소재입니다. '창밖으로'라는 시점의 설정은 관조적 태도를 보여주며, 이는 동양적 미의식에서 중요하게 여기는 '거리 두기'의 미학과 연결됩니다.

- 심리적으로 첫눈을 바라보는 경험은 명상적이고 치유적인 효과가 있습니다. 눈이 내리는 고요한 장면은 마음의 소란을 가라앉히고 내면의 평정을 찾게 해줍니다. 또한, 첫눈에 대한 기대와 설렘은 일상의 무료함을 벗어나게 하는 소중한 감정적 체험이 됩니다. 현대인들이 자연과 점점 멀어져가는 상황에서 창을 통해 자연을 관찰하는 행위는 인간 본성의 회복과도 연결됩니다.

- 사회문화적으로 이 문장은 계절감을 중시하는 한국 문화의 특성을 반영합니다. 사계절이 뚜렷한 기후 환경에서 자란 한국인들에게 첫눈은 단순한 기상 현상이 아니라 정서적 공감대를 형성하는 문화적 코드입니다. 또한, 도시화가 진행되면서 자연과의 접촉이 줄어든 현대인들에게 '창밖'의 자연은 더욱 소중한 의미가 있게 됩니다.

분석할 문장 4

"할머니는 병원에서 돌아오신 후 말수가 부쩍 줄어들었다."

이 단문을 독해력과 문해력 관점으로 분석해보겠습니다.

독해력의 관점에서 '인물과 행위'로 보면 주어는 '할머니'이고, '돌아오신'에서 높임 표현 '-시-'가 사용되어 화자가 할머니를 존경하는 마음을 표현하고 있습니다. '공간적 이동'의 면에서 '병원에서 돌아오신 후'는 병원 → 집으로의 이동과 시간의 순서를 나타냅니다. '후'라는 표현으로 '시간적 선후 관계'가 명확합니다. 또한, '변화의 양상'으로 '말수가 부쩍 줄어들었다'에서 '부쩍'은 급격하고 눈에 띄는 변화를, '줄어들었다'는 이전보다 감소했음을 의미합니다.

문해력의 관점에서 병원 방문과 행동 변화의 연관성은 건강상의 문제나 충격적인 진단을 암시합니다. 말수가 줄어든다는 것은 심리적 위축이나 충격을 의미할 수 있습니다. 화자가 할머니의 변화를 세심하게 관찰하고 있다는 것은 가족 간의 애정과 염려를 보여줍니다. '부쩍'이라는 표현에는 관찰자의 놀라움과 걱정이 담겨 있습니다. 병원 방문이 일상이 되는 노년기의 상황과 그것이 심리에 미치는 영향을 보여줍니다. 죽음과 질병에 대한 두려움, 의존성의 증가 등이 함의됩니다. 또한, 말수가 줄어든다는 것은 가족 간 소통의 변화를 의미하며, 고령자가 겪는 고립감이나 심리 표현의 어려움을 나타낼 수 있습니다.

이번에는 수준별 독해력과 문해력으로 분석해보겠습니다.

기본 수준의 독해력은 "할머니가 병원 갔다 와서 말을 적게 하신다"라는 기본 정보를 파악합니다. '병원'이라는 단어에서 "아프신가 보다"라고 직관적으로 이해하고, '말수가 줄어들었다'는 표현을 "말을 잘 안 하신다"로 쉽게 바꿔서 이해합니다. '부쩍'이라는 부사는 일부 학생에게 생소할 수 있지만, 문맥상 "갑자기" 또는 "많이"라는 의미로 받아들입니다. 높임 표현 '-시-'를 통해 할머니를 존경하는 마음을 나타내는 말이라는 것을 압니다.

기본 수준의 문해력은 할머니의 상황을 걱정하는 마음으로 받아들입니다. "할머니가 아프셔서 슬프시나 보다"라고 단순하게 해석하며, 자기의 경험과 연결해 "우리 할머니도 병원 가면 피곤해하셔"라고 말하기도 합니다. 대부분 할머니에게 위로해드리고 싶어 합니다. "할머니한테 재미있는 이야기해 드리면 기분이 좋아지실 것 같아요"라고 말하며, 직접적이고 행동 지향적인 해결책을 생각합니다. 감정적으로는 할머니에 대한 걱정과 사랑을 표현합니다. "할머니가 빨리 나으셨으면 좋겠어요"라고 말하며, 회복에 대한 희망을 품습니다. 병원을 치료받는 곳으로 이해하므로, "병원에 갔으니까 나아지실 거예요"라고 긍정적으로 생각하기도 합니다.

이어서 **보통 수준의 독해력**은 문장의 인과관계를 더 정교하게 분석합니다. 병원 방문과 말수 감소 사이의 연관성을 파악하고, 이것이 우연의 일치가 아니라 원인과 결과의 관계일 가능성을 고려합니다. '부쩍'이라는 부사의 뉘앙스를 더 정확히 이해하여, 이것이 점진적 변화가 아닌 급격한 변화임을 인식합니다. 또한 '말수가 줄어들었다'라는 표현이 단순히 말을 적게 하는 것을 넘어 의사소통의 변화를 의미한다고 파악합니다.

보통 수준의 문해력은 할머니의 상황을 더 복합적으로 이해합니다. 병원에서 받았을 수 있는 진단이나 치료 과정이 할머니에게 심리적 충격을 주었을 가능성을 생각해봅니다. "나쁜 소식을 들으셨나?"라고 추측하며, 의료진과의 상담이 환자에게 미치는 영향을 인식합니다. 할머니가 말수가 줄어든 것이 가족에게 걱정을 끼치지 않으려는 배려일 수도 있다고 해석합니다. "할머니가 우리 걱정시키기 싫어서 말씀을 안 하시는 것 같아요"라고 말하며, 노인의 희생적 사랑을 이해하기 시작합니다. 동시에 자신들이 할 수 있는 일에 대해 고민합니다. 단순한 위로를 넘어서 "어떻게 하면 할머니가 편안해하실까?"라는 실질적인 방법을 찾으려 합니다. 때로는 "우리가 뭘 잘못했나?"라는 자책감을 느끼기도 합니다.

끝으로 **고차원 수준의 독해력**은 이 문장을 사회학적, 의학적 맥락에서 분석합니다. 고령 사회에서 병원 방문이 갖는 의미, 의료 시스템과 환자의 관계, 진단과 예후가 환자의 심리에 미치는 영향 등을 종합적으로 고려합니다. 언어적으로는 '말수가 줄어들었다'라는 표현이 담고 있는 한국어의 미묘한 뉘앙스를 분석합니다. 이것이 단순한 침묵이 아니라 의도적 자제, 심리적 위축, 또는 소통 의지의 감소 등 다양한 의미를 함의할 수 있음을 이해합니다.

고차원 수준의 문해력은 "할머니는 병원에서 돌아오신 후 말수가 부쩍 줄어들었다"라는 문장에서 현대 의료 시스템과 노인의 소외, 죽음에 대한 각성과 가족 관계의 변화를 읽어냅니다. 이 문장은 표면적으로는 할머니의 행동 변화를 기술하고 있지만, 이면적으로는 고령화 사회의 실존적 문제와 생명의 유한성에 대한 깊은 성찰을 담고 있습니다.

- '병원'이라는 공간의 상징성부터 살펴보면, 이곳은 단순한 치료 기관이 아니라 생과 사의 경계가 가장 명확하게 드러나는 실존적 공간입니다. 특히 고령자에게 병원은 자기의 남은 시간과 직면하게 되는 곳이며, 의학적 진단을 통해 신체의 한계를 구체적으로 확인하는 장소입니다. '돌아오신 후'라는 표현에서 할머니가 병원에서 어떤 결정적인 정보나 깨달음을 얻었음을 암시하며, 그것이 그녀의 내면세계에 근본적인 변화를 가져왔음을 알 수 있습니다.

- '말수가 부쩍 줄어들었다'라는 표현에 담긴 심리적 의미는 복합적입니다. '말수'는 단순히 언어적 표현의 양이 아니라 타인과의 소통 의지, 삶에 대한 적극적 참여 의식, 그리고 미래에 대한 기대감을 포괄하는 개념입니다. '부쩍'이라는 부사가 나타내는 급격한 변화는 할머

니 내면에 일어난 충격의 크기를 짐작하게 합니다. 평소 가족들과 활발히 소통하던 할머니가 갑작스럽게 침묵하게 된 것은, 그녀가 말로 표현하기 어려운 깊은 깨달음이나 두려움에 직면했음을 의미합니다.

- 가족사회학적 맥락에서 이 상황은 현대 가족 구조의 취약성을 드러냅니다. 전통사회에서 할머니는 가족의 정서적 중심이자 지혜의 전달자 역할을 담당했습니다. 그런 할머니의 침묵은 가족 구성원들에게 불안감과 상실감을 조성하며, 기존의 가족 내 역할 분담에 변화를 요구합니다. 또한 할머니의 변화를 지켜보는 가족들은 자신들도 언젠가 같은 상황에 처하게 될 것이라는 불안감을 느끼게 됩니다.

- 실존적 차원에서 할머니의 침묵은 죽음을 앞둔 인간의 고독과 성찰을 상징합니다. 병원에서 받은 진단이나 치료 경험을 통해 할머니는 자신의 유한성을 직면하게 되었고, 이는 말로 표현할 수 없는 깊은 사유의 시간이 필요합니다. 이러한 침묵은 체념이 아니라 생의 의미에 대한 근본적인 재고와 정리의 과정일 수 있습니다. 할머니는 자신이 살아온 시간을 되돌아보고, 남은 시간을 어떻게 보낼 것인지에 대해 깊이 생각하고 있을 것입니다.

- 젠더적 관점에서 보면, 한국 사회에서 할머니 세대는 개인의 욕구보다 가족의 안녕을 우선시하며 살아온 여성들입니다. 그런 할머니의 침묵은 가족에게 걱정을 끼치지 않으려는 배려일 수도 있고, 반대로 평생 타인을 돌보며 살아온 자기의 삶에 대한 회의일 수도 있습니다.

할머니는 자신의 고통이나 두려움을 표현하는 것조차 가족들에게 부담이 될까 염려하여 스스로를 고립시키는 것일 수 있습니다.

• 의료사회학적 측면에서 이 문장은 현대 의료 시스템의 한계를 드러냅니다. 병원은 질병을 치료하는 곳이지만, 환자의 정신적 · 정서적 충격에 대해서는 충분한 돌봄을 제공하지 못하는 경우가 많습니다. 특히 고령 환자들은 복잡한 의료 정보를 이해하고 받아들이는 과정에서 큰 스트레스를 받게 되며, 이는 종종 소통의 단절로 이어집니다.

• 문학적으로 이 문장은 '침묵'이라는 강력한 서사적 장치를 활용합니다. 말하지 않음으로써 오히려 더 큰 의미를 전달하는 여백의 미학이 구현되어 있습니다. 할머니의 침묵은 독자에게 그녀의 내면을 상상하게 하고, 각자의 경험과 연결하여 깊은 공감을 불러일으킵니다. 이는 한국 문학에서 자주 나타나는 '말하지 않음의 힘'과 연결되는 미적 전략입니다.

분석할 문장 5

"아이는 혼자서 그네를 타며 노래를 부르고 있었다."

이 단문을 독해력과 문해력 관점으로 분석해보겠습니다.

📖 독해력의 관점에서 행위 주체인 '아이'가 주어로, 나이나 성별이 구체적으로 명시되지 않은 어린 사람을 지칭합니다. 상황과 조건에서 '혼자서'라는 부사어가 아이가 단독으로 행동하고 있음을 나타냅니다. 다른 사람과 함께 있지 않은 상태입니다. 동시적 행위의 '그네를 타며 노래를 부르고'에서 '-며'라는 연결어미가 두 행위가 동시에 일어나고 있음을 표현합니다. 시간적 상황의 '-고 있었다'라는 과거 진행형이 사용되어, 과거의 어느 시점에서 그 행위가 계속 진행되고 있었음을 나타냅니다.

📖 문해력의 관점에서 이 문장은 풍부한 정서적 의미를 담고 있습니다.

순수한 기쁨에서 그네를 타며 노래를 부르는 행위는 아이의 순수하고 자발적인 즐거움을 나타냅니다. 외부의 강요나 목적 없이 순수하게 즐기는 모습입니다. 자족적 행복에서 '혼자서'라는 표현이 중요합니다. 다른 사람의 관심이나 박수 없이도 스스로 만족하며 즐거워하는 아이의 모습은 자족적 행복을 보여줍니다. 그네의 규칙적인 움직임과 노래의 멜로디가 어우러져 만드는 조화로운 리듬감은 아이 내면의 평온함과 즐거움을 표현합니다. 또한, '있었다'의 과거 진행형은 그 순간이 지속된 아름다운 시간임을 강조하며, 관찰자(화자)의 따뜻한 시선을 담고 있습니다.

이번에는 수준별 독해력과 문해력으로 분석해보겠습니다.

먼저 **기본 수준의 독해력**은 "아이가 혼자 그네 타면서 노래해요"라는 핵심 상황을 쉽게 이해합니다. 그네라는 놀이기구와 노래 부르기라는 행위가 모두 친숙하기 때문에 구체적으로 상상할 수 있습니다. '혼자서'라는 표현에 대해서는 단순히 "다른 친구가 없다"라는 의미로 받아들입니다. '-며'라는 연결어미는 "그네도 타고 노래도 한다"라는 동시성으로 이해하며, 자신도 비슷한 경험이 있어서 쉽게 공감합니다.

기본 수준의 문해력은 이 상황을 매우 긍정적으로 받아들입니다. "아이가 기분이 좋은가 보다", "재미있게 놀고 있네"라고 해석하며, 아이의 즐거운 감정에 공감합니다. 많은 초등학생이 자기의 경험과 연결합니다. "나도 그네 탈 때 노래해요", "혼자 놀아도 재미있어요"라고 말하며, 아이의 행동이 자연스럽고 즐거운 것임을 인식합니다. 일부 학생들은 아이가 혼자라는 점에 주목하여 "친구가 없어서 외로울 것 같은데?"라고 걱정하기도 하지만, 대부분은 "혼자서도 잘 놀고 있네"라고 긍정적으로 봅니다. 이는 초등학생들이 혼자 노는 것을 자연스러운 놀이의 한 형태로 받아들이기 때문입니다. 그네와 노래라는 소재의 자유로움과 즐거움을 느낍니다. "하늘로 올라가는 것 같을 것 같아요", "바람이 시원할 것 같아요"라고 표현하며, 감각적 즐거움을 상상합니다.

이어서 **보통 수준의 독해력**은 문장의 구조와 시제를 더 정확히 분석합니다. '-고 있었다'가 과거 진행형임을 인식하고, 이것이 과거의 특정 순간을 포착한 묘사임을 이해합니다. 관찰자의 시점에서 서술되고 있다는 것도 파악합니다. '아이'라는 호칭이 화자보다 나이가 어린 존재를 지칭하며, 이것이 만드는 시각적 거리감과 정서적 거리감을 인식합니다. 그네와 노래라는 조합이 만드는 장면의 생동감과 리듬감도 이해합니다.

보통 수준의 문해력은 이 장면에서 더 복잡한 감정을 읽어냅니다. 아이의 순수함과 자족적 즐거움에 감동하면서도, 동시에 자신이 잃어버린 순수함에 대한 그리움을 느낍니다. "어릴 때는 저랬는데"라며 과거를 회상합니다. '혼자서'라는 표현에 대해 더 깊이 생각해봅니다. 외로움이 아니라 자유로움의 표현일 수 있다고 해석하며, 타인의 시선이나 평가에 구애받지 않는 아이의 순수함을 부러워합니다. 사회적 맥락도 고려합니다. 요즘 아이들이 스마트폰이나 게임에 몰두하는 것과 대비하여, 이런 자연스럽고 단순한 놀이를 하는 아이의 모습을 더욱 소중하게 여깁니다. 일부 학생들은 이 장면을 문학적으로 해석하기도 합니다. "동화나 소설의 한 장면 같다"라고 말하며, 목가적이고 평화로운 분위기를 느낍니다.

끝으로 **고차원 수준의 독해력**은 이 문장을 문학적 기법의 관점에서 분석합니다. 과거 진행형의 사용이 만드는 서술 효과, 관찰자 시점의 특성, 그리고 이런 장면 묘사가 서사에서 갖는 기능 등을 고려합니다. '아이'라는 일반 명사의 선택이 개별성보다는 보편성을 강조하는 효과를 만든다는 것을 인식하고, 이것이 독자에게 자신의 어린 시절을 투영하게 만드는 장치임을 이해합니다.

고차원 수준의 문해력은 "아이는 혼자서 그네를 타며 노래를 부르고 있었다"라는 문장에서 현대사회의 개인화 현상과 아동의 내적 세계, 그리고 고독 속에서 피어나는 창조적 에너지를 읽어냅니다. 이 문장은 표면적으로는 아이의 평범한 놀이 장면을 묘사하고 있지만, 이면적으로는 현대 아동의 사회적 환경과 정신적 자립의 과정을 깊이 있게 성찰하게 합니다.

- '혼자서'라는 부사가 만들어내는 공간적 상황부터 살펴보면, 이는 단순한 물리적 고립이 아니라 아이의 자발적 선택과 내적 충만함을 의미합니다. 현대사회에서 아이들은 과보호와 과도한 관리 속에서 진정한 혼자만의 시간을 갖기 어려워졌는데, 이 문장의 아이는 그러한 사회적 압박에서 벗어나 자신만의 세계를 창조하고 있습니다. '혼자서'라는 상황이 외로움이 아닌 자유로움으로 읽히는 것은, 아이가 타인의 시선이나 평가에 구애받지 않고 순수한 자아를 표현하고 있기 때문입니다.

- '그네를 타며'라는 행위에 담긴 상징성은 매우 풍부합니다. 그네는 물

리적으로는 앞뒤로 반복되는 단순한 움직임이지만, 심리적으로는 현실과 환상, 땅과 하늘 사이를 오가는 경계적 체험을 제공합니다. 아이는 그네를 타는 순간 중력의 법칙 안에서도 자유로운 비상의 감각을 느낄 수 있으며, 이는 상상력과 창의성이 발현되는 이상적인 조건이 됩니다. 그네의 반복적 운동은 명상적 효과를 가져와 아이의 내면세계를 더욱 깊게 만들어줍니다.

- '노래를 부르고 있었다'라는 표현에서 드러나는 창조적 에너지는 이 문장의 핵심입니다. 노래는 인간의 가장 원초적이고 순수한 표현 방식으로, 언어와 멜로디가 결합한 종합예술입니다. 아이가 혼자서 노래를 부른다는 것은 누군가에게 들려주기 위한 것이 아니라 자기의 내면에서 우러나오는 감정을 자연스럽게 표출하는 행위입니다. 이는 아이의 정서적 건강성과 창의적 잠재력을 보여주는 중요한 신호이기도 합니다.

- 발달심리학적 관점에서 이 상황은 아이의 건강한 자아 발달 과정을 나타냅니다. 혼자 노는 능력은 아이가 독립적인 인격체로 성장하기 위한 필수적 조건이며, 이 과정에서 아이는 자신만의 내적 리듬과 세계관을 형성하게 됩니다. 그네를 타면서 노래를 부르는 행위는 신체적 활동과 정신적 활동이 조화롭게 결합한 형태로, 전인적 발달에 도움이 되는 이상적인 놀이의 모습입니다.

- 사회학적 측면에서 보면, 이 문장은 현대 아동의 놀이 환경 변화에 대

한 향수와 비판을 담고 있습니다. 디지털 기기와 구조화된 교육 프로그램에 둘러싸인 현대 아동들에게 '그네 타기'와 같은 단순하고 자연스러운 놀이는 점점 귀해지고 있습니다. 이 문장 속 아이의 모습은 잃어버린 아동기의 순수함과 자유로움을 상징하며, 현대 교육과 양육 방식에 대한 성찰을 불러일으킵니다.

- 실존적 차원에서 아이의 혼자 노래 부르기는 존재의 근원적 기쁨을 표현합니다. 타인의 승인이나 보상 없이도 단지 살아있음의 자체에서 느끼는 즐거움, 이것이 바로 실존적 충만함입니다. 아이는 그네를 타고 노래를 부르는 순간 완전히 현재에 집중하며, 과거의 걱정이나 미래의 불안 없이 순수한 '지금 여기'를 경험하고 있습니다.

- 문학적으로 이 문장은 순수 서정의 전형을 보여줍니다. 아이와 그네, 그리고 노래라는 소재는 모두 순수함과 자연스러움을 상징하는 전통적인 문학적 모티프들입니다. 특히 '노래를 부르고 있었다'라는 과거 진행형 표현은 그 순간이 일회적이지 않은 지속적인 상태였음을 나타내며, 아이의 내적 평온함과 충만함을 강조합니다.

- 교육철학적 관점에서 이 장면은 진정한 교육의 모습을 제시합니다. 아이는 누군가의 가르침 없이도 스스로 놀이를 만들어내고, 그 속에서 신체적 · 정서적 · 창의적 학습을 동시에 수행하고 있습니다. 이는 주입식 교육이 아닌 자발적 학습의 이상적 모델이며, 아이의 내재적 동기와 창의성을 존중하는 교육 철학과 맞닿아 있습니다.

분석할 문장 6

"비가 그친 후 길가에 웅덩이가 여기저기 생겨났다."

이 단문을 독해력과 문해력 관점으로 분석해보겠습니다.

📖 독해력 관점의 시간적 순서에서 '비가 그친 후'에서 강우 종료 이후의 시점임을 나타냅니다. '후'라는 표현으로 명확한 시간적 선후 관계를 제시합니다. 공간적 배경인 '길가에'는 도로 옆이나 길 주변 공간을 의미합니다. 보행로나 도로변의 구체적 위치를 나타냅니다. '웅덩이가 여기저기 생겨났다'에서 물웅덩이의 형성과 그것이 여러 곳에 산발적으로 분포되어 있음을 나타냅니다. 끝으로 '생겨났다'는 자연스럽게 형성된 결과를 나타내는 동사로, 비와 웅덩이 사이의 인과관계를 보여줍니다.

📖 문해력의 관점에서 비가 내리고 그친 후 웅덩이가 생기는 것은 자연의 물 순환 과정을 보여줍니다. 이는 생명력과 재생의 상징이기도 합니다. 평범한 길가 풍경이 비로 인해 변화하는 모습은 일상 속 작은 변화들이 주는 새로움을 나타냅니다. 정화와 새로움으로 볼 때 비가 그친 후의 상황은 씻김과 정화, 그리고 새로운 시작을 암시합니다. 웅덩이는 비가 남긴 흔적이자 선물입니다. 또한, '여기저기'라는 표현은 자연의 무작위성과 그것이 만드는 예측 불가능한 아름다움을 나타냅니

다.

이번에는 수준별 독해력과 문해력으로 분석해보겠습니다.

먼저 **기본 수준 독해력**은 "비가 끝나고 나서 길에 물웅덩이가 생겼어요"라는 기본 상황을 쉽게 이해합니다. 비와 웅덩이의 관계를 직관적으로 파악하며, '여기저기'라는 표현을 "여러 곳에"라는 의미로 받아들입니다. 대개의 초등학생은 실제로 경험해 본 상황이므로 구체적으로 상상할 수 있습니다. 웅덩이의 크기, 깊이, 모양 등에 대해 궁금해하며, 자신이 본 웅덩이들을 떠올립니다.

기본 수준의 문해력은 웅덩이를 대부분 놀이의 대상으로 인식합니다. "웅덩이에서 물장구치고 싶어요", "종이배 띄워보고 싶어요"라고 말하며, 즉각적이고 활동적인 반응을 보입니다. 비가 그친 후의 상황을 긍정적으로 받아들입니다. "비가 그쳐서 다행이에요", "이제 밖에서 놀 수 있겠어요"라고 말하며, 제약이 해제된 상황으로 이해합니다. 감각적 경험을 중시합니다. "웅덩이 물이 차가울 것 같아요", "비 냄새가 날 것 같아요"라고 표현하며, 오감을 통한 상상을 펼칩니다. 일부 학생들은 "개구리가 나올 것 같아요"라며 생물과의 연관성도 생각합니다. 부모나 교사의 관점을 반영하여 "웅덩이 밟으면 신발이 젖어요"라고 실용적인 걱정을 하기도 하지만, 대부분은 호기심과 재미가 우선합니다.

그리고 **보통 수준의 독해력**은 문장의 인과관계를 더 체계적으로 분석합니다. 비가 내린 양, 땅의 배수 상태, 지형의 특성 등이 웅덩이 형성에 영향을 미쳤을 것이라고 추론합니다. '여기저기'라는 표현에서 웅덩이 분포의 불규칙성을 파악하고, 이것이 지면의 고저의 차이나 배수 시설의 상태와 관련이 있을 것이라고 생각합니다.

보통 수준의 문해력은 이 상황에서 더 복합적인 의미를 읽어냅니다. 비 온 후의 정취와 분위기에 감성적으로 반응하며, "공기가 맑아졌을 것 같아요"라고 말합니다. 환경 문제와 연결하여 생각하기도 합니다. "도로 포장이 잘못되어서 웅덩이가 생기는 건 아닐까?"라며 도시 계획이나 인프라 문제를 고려합니다. 또한 "웅덩이에 모기가 생길 수도 있겠다"라며 위생 문제도 생각합니다. 문학적 감수성을 보이기도 합니다. "웅덩이에 하늘이 비칠 것 같아요"라고 말하며, 반영(reflection)의 아름다움을 인식합니다. 일부 학생들은 "로맨틱한 분위기"라며 감상적 정서를 표현합니다. 계절감과 연결하여 이해합니다. 장마철이나 가을비의 특성을 고려하며, 계절의 변화와 자연 현상의 관계를 생각해봅니다.

끝으로 **고차원 수준의 독해력**은 이 문장을 과학적, 사회학적 맥락에서 분석합니다. 도시화로 인한 아스팔트(시멘트) 포장 면의 증가, 기후 변화로 인한 강우 패턴 변화, 도시 배수 시스템의 한계 등을 종합적으로 고려합니다. 언어적으로는 '생겨났다'라는 동사의 선택이 자연스러운 현상임을 강조하는 효과를 만든다고 분석하며, '여기저기'라는 부사의 반복적 어감이 주는 리듬감도 인식합니다.

고차원 수준의 문해력은 “비가 그친 후 길가에 웅덩이가 여기저기 생겨났다”라는 문장에서 변화와 재생의 자연 철학, 도시 환경의 불완전성과 자연의 침투, 그리고 일상 속에 스며든 시적 순간들을 읽어냅니다. 이 문장은 표면적으로는 비 온 후의 평범한 풍경을 기술하고 있지만, 이면적으로는 자연과 문명의 관계, 그리고 예측할 수 없는 생성의 힘을 깊이 있게 성찰하게 합니다.

- ‘비가 그친 후’라는 시간적 설정에서 드러나는 변화의 철학부터 살펴보면, 이는 단순한 기상 현상의 종료가 아니라 새로운 세계의 시작을 알리는 전환점입니다. 비는 기존의 질서를 흔들고 씻어내는 정화의 과정이었으며, 그것이 그친 후에는 완전히 새로운 지형이 드러납니다. 이러한 자연의 순환은 파괴와 창조가 하나의 과정이라는 동양철학적 사유와 연결되며, 끊임없는 변화 속에서 지속되는 생명력을 보여줍니다.

- ‘길가’라는 공간이 갖는 사회적 의미는 흥미롭습니다. 길은 인간이 만든 문명의 산물이자 질서의 상징이지만, 동시에 수많은 사람의 발길과 바퀴가 지나가며 끊임없이 마모되고 변화하는 역동적 공간이기도 합니다. 특히 ‘길가’는 길의 중심부가 아닌 주변부로, 문명의 통제가 상대적으로 약한 경계 지대입니다. 이곳에서 ‘웅덩이’가 생겨나는 것은 완벽하게 정리된 도시 공간에 자연이 개입하여 예상치 못한 변화를 만들어내는 과정을 상징합니다.

- '웅덩이가 여기저기 생겨났다'라는 표현에 담긴 생성의 무작위성과 다양성이 이 문장의 핵심입니다. '여기저기'라는 부사는 웅덩이들이 어떤 계획이나 규칙 없이 우연적으로 형성되었음을 나타냅니다. 이는 자연의 창조력이 인간의 예측과 통제를 벗어나 자유롭게 작동한다는 것을 의미하며, 완벽한 질서를 추구하는 현대 도시 문명에 대한 은밀한 도전이기도 합니다. 각각의 웅덩이는 크기와 모양, 깊이가 모두 다를 것이며, 이는 획일성에 반대하는 자연의 다양성을 보여줍니다.

- 도시계획학적 관점에서 이 문장은 완벽한 도시 인프라의 불가능성을 시사합니다. 아무리 정교하게 설계된 배수 시설과 포장도로라 하더라도 자연의 힘 앞에서는 한계를 드러낼 수밖에 없습니다. 웅덩이의 생성은 인간의 기술적 완벽성에 대한 자연의 겸손한 교정이며, 우리가 자연과 공존해야 할 필요성을 일깨워줍니다. 동시에 이는 도시 공간에도 야생성과 예측불가능성이 잔존하고 있음을 보여줍니다.

- 생태학적 측면에서 웅덩이는 작지만, 독립적인 생태계의 시작점이 됩니다. 고인 물은 곧 다양한 미생물들의 서식지가 되고, 새들의 목욕탕이 되며, 식물의 씨앗들이 발아하는 공간이 됩니다. 이처럼 웅덩이는 도시라는 인공 환경 속에서 자연이 스스로 회복하고 확장해나가는 거점 역할을 합니다. '생겨났다'는 동사는 단순한 물의 고임이 아닌 새로운 생명 공간의 탄생을 의미합니다.

- 미학적 차원에서 이 문장은 일상적 공간에서 발견되는 우연한 아름

다움을 포착합니다. 웅덩이에 비친 하늘, 그 위로 지나가는 구름의 그림자, 바람에 일렁이는 물결 등은 계획되지 않은 자연스러운 예술작품들입니다. 이는 의도되지 않은 아름다움, 즉 자연 발생적 미의 가치를 일깨워주며, 정형화된 미적 기준에서 벗어난 자유로운 감상의 가능성을 제시합니다.

• 철학적으로 이 문장은 무상함과 영속성의 변증법을 보여줍니다. 웅덩이는 일시적인 현상으로 곧 말라버리거나 다시 정비될 것이지만, 그것이 만들어내는 생태적 · 미적 경험은 지속적인 가치를 갖습니다. 또한 웅덩이의 형성 과정은 작은 변화가 누적되어 질적 전환을 만들어내는 양적-질적 변화의 법칙을 구현하기도 합니다.

• 사회적 관점에서 웅덩이는 도시민들의 일상에 예상치 못한 변화를 가져다줍니다. 평소 습관적으로 걷던 길에 웅덩이가 생기면 사람들은 경로를 바꾸거나 조심스럽게 피해서 가야 합니다. 이러한 작은 불편함은 역설적으로 사람들에게 자신이 걷고 있는 공간을 의식하게 하고, 자동화된 일상에서 벗어나 주변 환경에 주의를 기울이게 만듭니다.

> **분석할 문장 7**
>
> "그는 마지막 페이지를 덮으며 깊은 한숨을 내쉬었다."

이 단문을 독해력과 문해력 관점으로 분석해보겠습니다.

📖 독해력의 관점에서 행위 주체인 '그는'이라는 3인칭 대명사가 주어로 사용되었습니다. 구체적 인물보다는 일반적 독서자를 지칭하는 것으로 보입니다. 순차적 행위의 '마지막 페이지를 덮으며'와 '깊은 한숨을 내쉬었다'가 '-며'라는 연결어미로 연결되어 거의 동시에 일어나는 두 행위를 나타냅니다. 독서 완료로 보면 '마지막 페이지를 덮다'는 책을 끝까지 읽고 책을 닫는 행위를 의미합니다. 독서의 완결을 나타냅니다. 또, 감정 표현에서 '깊은 한숨을 내쉬었다'에서 '깊은'이라는 관형어가 한숨의 정도와 감정의 깊이를 나타냅니다.

📖 문해력의 관점으로는 완독의 성취감과 허탈감에서 책을 끝까지 읽은 성취감과 동시에 이야기가 끝났다는 허탈감이 교차합니다. 깊은 한숨은 이런 복합적 감정의 표현입니다. 몰입에서 현실로의 복귀로 보면 책의 세계에 몰입했던 상태에서 현실로 돌아오는 순간의 당황감이나 아쉬움이 담겨 있습니다. 감정의 카타르시스로는 독서를 통해 경험한 감정적 여정의 정점과 그것의 해소 과정을 나타냅니다. 한숨은 축적된 감정의 배출구 역할을 합니다. 성찰과 여운으로는 읽은 내용에 대한

깊은 생각과 그것이 남긴 여운, 그리고 자기의 삶에 대한 성찰이 시작되는 순간을 의미합니다.

이번에는 수준별 독해력과 문해력으로 분석해보겠습니다.

기본 수준의 독해력은 "책을 다 읽고 한숨을 쉬었어요"라는 기본 상황을 이해합니다. '마지막 페이지'가 책의 끝을 의미한다는 것과 '덮다'가 책을 닫는다는 뜻임을 압니다. '깊은 한숨'이라는 표현에서 '깊은'이 한숨의 정도를 나타낸다는 것을 이해하지만, 왜 깊게 한숨을 쉬는지를 다양하게 해석합니다.

기본 수준의 문해력은 한숨의 의미를 단순하게 해석합니다. "책이 재미있어서 아쉬워하는 것 같아요", "피곤해서 한숨 쉬는 것 같아요"라고 말하며, 직접적이고 명료한 이유를 찾으려 합니다. 책을 읽는 행위에 대해서는 긍정적으로 받아들입니다. "책을 끝까지 읽어서 대단해요"라고 말하며, 완독 자체를 성취로 인식합니다. 자신의 독서 경험과 연결하여 "나도 긴 책 읽을 때 힘들어요"라고 공감하기도 합니다. 감정적으로는 단순한 해석을 선호합니다. "슬픈 이야기여서 슬퍼하는 것 같아요", "기쁜 이야기여서 기뻐하는 것 같아요"라며 책의 내용과 직결시켜 생각합니다. 복합적 감정보다는 하나의 명확한 감정으로 이해하려 합니다.

그리고 **보통 수준의 독해력**은 문장의 구조와 시점을 더 정교하게 분석합니다. '그는'이라는 3인칭 대명사의 사용이 객관적 서술을 만들어내며, 독자에게 관찰자의 관점에서 상황을 바라보게 한다는 것을 이해합니다. '-며'라는 연결어미가 나타내는 동시성을 정확히 파악하고, 이것이 책을 덮는 행위와 한숨 쉬는 행위 사이의 밀접한 연관성을 강조한다고 분석합니다.

보통 수준의 문해력은 독서 후의 복합적 감정을 이해하기 시작합니다. "책이 끝나서 아쉽기도 하고 시원하기도 할 것 같아요"라고 말하며, 양가적 감정의 존재를 인식합니다. 독서가 주는 몰입감과 현실 복귀의 과정을 이해합니다. "책 읽을 때는 다른 세상에 있는 것 같은데, 끝나면 갑자기 현실로 돌아오는 느낌"이라고 표현하며, 독서의 심리적 효과를 인식합니다. 자신의 독서 경험과 비교하기도 합니다. "나도 좋은 책 읽고 나면 뭔가 허전해요"라고 말하며, 개인적 경험을 통한 공감을 보입니다. 또한 "책마다 느낌이 달라요"라며 텍스트에 따른 감정 반응의 차이를 인식합니다. 문학적 감수성을 보이며, "이런 장면이 소설에 나오면 주인공의 심리가 잘 드러날 것 같아요"라고 말합니다. 서술 기법으로서의 가치를 인식하기 시작합니다.

끝으로 **고차원 수준의 독해력**은 이 문장을 문학적 장치의 관점에서 분석합니다. '마지막 페이지를 덮다'라는 행위가 단순한 물리적 동작을 넘어 완결과 종료의 상징적 의미가 있다고 해석합니다. '깊은 한숨'이라는 표현에서 '깊은'이라는 형용사의 선택이 한숨의 물리적 특성뿐만 아니라 감정의 깊이와 복잡성을 동시에 나타내는 중의적 표현임을 인식합니다.

고차원 수준의 문해력은 "그는 마지막 페이지를 덮으며 깊은 한숨을 내쉬었다"라는 문장에서 독서 행위의 실존적 의미와 완결의 아쉬움, 그리고 텍스트와 독자 사이의 깊은 정서적 교감을 읽어냅니다. 이 문장은 표면적으로는 독서의 마무리 장면을 기술하고 있지만, 이면적으로는 인간의 지적 탐구 욕구와 이별의 정서, 그리고 문학적 체험의 본질을 깊이 있게 성찰하게 합니다.

- '마지막 페이지'라는 표현에 담긴 종결성의 의미부터 살펴보면, 이는 단순한 물리적 끝이 아니라 하나의 완결된 세계와의 이별을 상징합니다. 책을 읽는다는 것은 작가가 창조한 허구의 세계에 들어가 그 안의 인물들과 함께 시간을 보내는 것인데, 마지막 페이지에 도달하는 순간은 그 세계로부터 현실로 돌아와야 하는 전환점입니다. 독자는 그 세계의 주민이었다가 다시 방문자의 신분으로 돌아가야 하는 아쉬움을 느끼게 됩니다.

- '덮으며'라는 동사가 나타내는 물리적 행위는 상징적 의미로 확장됩니다. 책을 덮는 것은 단순히 독서를 마치는 것이 아니라 하나의 정신적 여행을 완료하고 그 경험을 내면에 봉인하는 의식적 행위입니다. 이는 종교적 의식에서 성서를 덮거나 전통 예법에서 중요한 문서를 정중히 덮는 행위와 유사한 경외감을 동반합니다. 독자는 작품에 대한 존경심과 감사의 마음으로 책을 덮으며, 동시에 그 작품이 자신에게 남긴 정신적 유산을 소중히 간직하겠다는 다짐을 하게 됩니다.

• '깊은 한숨을 내쉬었다'라는 표현에 담긴 복합적 감정이 이 문장의 핵심입니다. 한숨은 일반적으로 부정적 감정의 표출로 여겨지지만, 여기서는 '깊은'이라는 형용사가 붙어 그 의미가 더욱 복층적이 됩니다. 이는 아쉬움, 감동, 만족감, 허탈감이 뒤섞인 복합적 정서의 표현이며, 깊이 있는 독서 경험 후에만 느낄 수 있는 특별한 감정 상태를 나타냅니다. 독자는 작품 속 인물들의 운명에 깊이 몰입했다가 현실로 돌아오는 과정에서 일종의 감정적 정리 시간이 필요합니다.

• 문학 사회학적 관점에서 이 장면은 현대 디지털 시대에 더욱 특별한 의미를 갖습니다. 빠른 정보 소비와 즉석 만족에 익숙해진 현대인들에게 한 권의 책을 끝까지 읽고, 깊은 여운을 느끼는 경험은 점점 희소해지고 있습니다. 이 문장 속 독자의 모습은 진정한 독서의 가치와 문학적 체험의 소중함을 일깨워주며, 느린 독서와 깊은 사유의 필요성을 제기합니다.

• 심리학적 측면에서 독서 완료 후의 한숨은 인지적 전환과 정서적 조절의 과정을 보여줍니다. 독서 중에는 몰입 상태에서 작품의 세계에 깊이 빠져있다가, 독서가 끝나면서 현실 인식으로 돌아와야 하는 인지적 전환이 일어납니다. 이 과정에서 독자는 작품에서 얻은 감동과 깨달음을 내면화하고 정리하는 시간을 갖게 되며, 한숨은 이러한 내적 작업의 자연스러운 표출입니다.

• 실존적 차원에서 이 문장은 인간의 완결에 대한 욕구와 동시에 완결

의 공허함을 드러냅니다. 책의 끝에 도달하는 것은 하나의 성취감을 주지만, 동시에 그 완결이 가져다주는 허무감도 함께 느끼게 됩니다. 이는 인생의 모든 경험이 갖는 이중적 성격을 반영하며, 완성과 완결에 대한 인간의 복잡한 감정을 보여줍니다.

- 교육철학적 관점에서 이 장면은 진정한 학습의 모습을 제시합니다. 단순히 정보를 습득하는 것이 아니라 텍스트와 깊은 대화를 나누고, 그 과정에서 자기의 내면이 변화하는 것을 경험하는 것이 진정한 교육입니다. 마지막 페이지를 덮으며 한숨을 내쉬는 독자는 지식을 소비한 것이 아니라 지혜를 체득한 것이며, 그 과정에서 자신이 성장했음을 느끼고 있는 것입니다.

- 미학적 차원에서 이 문장은 예술 감상의 완결성과 여운을 다룹니다. 위대한 예술작품은 감상이 끝난 후에도 오래도록 마음속에 남아 삶을 풍요롭게 만드는 힘을 갖습니다. 깊은 한숨은 그러한 예술적 체험의 강도를 나타내는 지표이며, 작품이 독자에게 미친 정신적 영향력의 크기를 짐작하게 해줍니다. 이는 예술의 궁극적 목적이 단순한 오락이 아닌 인간 정신의 고양과 확장에 있음을 보여주는 것입니다.

분석할 문장 8

"식탁 위에 차가운 저녁 식사가 그대로 남아 있었다."

이 단문을 독해력과 문해력 관점으로 분석해보겠습니다.

독해력의 관점에서 공간적 배경의 '식탁 위에'는 구체적인 장소를 나타내며, 가정의 식사 공간임을 알 수 있습니다. 음식의 상태는 '차가운 저녁 식사'에서 '차가운'이라는 형용사가 음식이 식어있는 상태임을 나타냅니다. 이는 시간이 경과했음을 의미합니다. 잔존 상황으로 '그대로 남아 있었다'는 음식이 손대지 않은 채 그 자리에 있었다는 것을 나타냅니다. '그대로'는 변화 없는 상태를, '남아 있었다'는 지속적 존재를 의미합니다. 시간적 함의에서 과거형 '-었다'와 '차가운' 상태는 상당한 시간이 흘렀음을 암시합니다.

문해력의 관점에서 부재와 기다림의 차가워진 음식은 누군가를 기다렸지만 오지 않았음을 의미합니다. 준비된 사랑이 응답받지 못한 상황을 나타냅니다. 외로움과 쓸쓸함에서 혼자 남겨진 식사는 가족의 부재, 소통의 단절, 관계의 소원함 등을 상징합니다. 일상의 붕괴로 볼 때 정상적인 가정생활에서 식사는 중요한 의식인데, 이것이 이루어지지 않았다는 것은 일상 질서의 파괴를 의미합니다. 희망과 절망의 관점에서 음식을 준비했다는 것은 희망과 기대가 있었음을, 그것이 차갑게 남았다는 것은 그 희망의 좌절을 나타냅니다.

이번에는 수준별 독해력과 문해력을 분석해보겠습니다.

기본 수준의 독해력은 "저녁밥이 식탁에 차갑게 놓여 있어요"라는 기본 상황을 이해합니다. '차가운'이 음식이 식었다는 뜻이고, '남아 있었다'가 그냥 있었다는 의미임을 압니다. '저녁 식사'라는 표현에서 저녁 시간의 음식임을 파악하고, 식탁이 집 안의 밥 먹는 곳임을 이해합니다. '그대로'라는 표현을 "바뀌지 않고"라는 의미로 받아들입니다.

기본 수준의 문해력은 이 상황을 주로 실용적 관점에서 해석합니다. "누가 밥을 안 먹었나 보다", "늦게 와서 음식이 식었나 보다"라고 말하며, 직접적인 원인을 찾으려 합니다. 걱정하는 마음을 보입니다. "차가운 밥 먹으면 배 아플 것 같아요", "다시 데워서 먹어야 해요"라고 말하며, 건강에 대한 우려를 표현합니다. 가족에 대한 걱정으로도 연결합니다. "엄마가 어디 갔을까?", "아빠가 늦게 들어오시나?"라고 궁금해하며, 가족 구성원의 안전에 관심을 보입니다. 일부 학생들은 자기의 경험과 연결합니다. "우리 집도 가끔 그래요", "엄마가 늦게 오면 밥이 식어요"라고 말하며, 비슷한 상황을 떠올립니다. 감정적으로는 단순한 슬픔이나 걱정을 표현합니다. "왜 아무도 밥을 안 먹었을까?", "외로워 보여요"라고 말하며, 직관적인 감정 반응을 보입니다.

보통 수준의 독해력은 문장에서 함의되는 시간의 경과와 상황을 더 구체적으로 추론합니다. 음식이 차가워졌다는 것에서 최소 몇 시간은 지났을 것이라고 계산하고, 저녁 시간대의 특수성을 고려합니다. '그대로 남아 있었다'라는 표현에서 아무도 손대지 않았다는 점을 중요하게 여기며, 이것이 단순한 지각이 아닌 다른 문제일 수 있음을 인식합니다.

보통 수준의 문해력은 가족 관계의 문제를 읽어내기 시작합니다. "가족끼리 싸웠나?", "누군가 화가 나서 밥을 안 먹은 것 같아요"라고 말하며, 인간관계의 복잡성을 고려합니다. 현대 사회의 문제와 연결하여 생각합니다. "맞벌이 부부라서 집에 아무도 없었나?", "학원 때문에 가족이 함께 못 먹는 것 같아요"라며, 사회적 맥락을 인식합니다. 감정적으로는 더 복잡한 반응을 보입니다. "외롭고 쓸쓸해 보여요", "뭔가 슬픈 분위기예요"라고 말하며, 분위기나 정서를 읽어냅니다. 문학적 감수성을 보이기도 합니다. "영화나 드라마에서 이런 장면 많이 봤어요"라고 말하며, 서사적 장치로서의 기능을 인식합니다. 일부 학생들은 사회 문제로 확장하여 생각합니다. "1인 가구가 많아져서 이런 일이 생기는 것 같아요"라며, 사회 변화와 연결하여 해석합니다.

고차원 수준의 독해력은 이 문장을 문학적 상징과 은유의 관점에서 분석합니다. '차가운 저녁 식사'가 단순한 물리적 상태를 넘어 감정적 차가움, 관계의 냉각, 사랑의 부재 등을 상징한다고 해석합니다. '그대로 남아 있었다'라는 표현에서 정체성과 무변화의 의미를 읽어내며, 이것이 현대인의 일상적 소외감이나 무력감을 나타낼 수 있다고 분석합니다.

고차원 수준의 문해력은 "식탁 위에 차가운 저녁 식사가 그대로 남아 있었다"라는 문장에서 현대 가족의 해체 현상과 돌봄의 부재, 그리고 음식을 통해 전달되는 사랑과 소통의 단절을 읽어냅니다. 이 문장은 표면적으로는 남겨진 음식에 대한 단순한 묘사이지만, 이면적으로는 가족관계의 변화와 현대인의 정서적 고립을 깊이 있게 성찰하게 합니다.

- '식탁'이라는 공간이 갖는 사회적 상징성부터 살펴보면, 이곳은 단순한 식사 장소가 아니라 가족 구성원들이 모여 소통하고 유대감을 형성하는 핵심적인 공동체 공간입니다. 전통사회에서 식탁은 가족의 위계질서가 확인되고 하루의 경험을 나누는 소통의 장이었습니다. 그런 식탁 위에 혼자 남겨진 음식은 가족 공동체의 결속이 해체되고 개인화가 진행된 현대 가족의 현실을 상징적으로 드러냅니다.

- '차가운'이라는 형용사가 만들어내는 감각적 이미지는 물리적 온도를 넘어 정서적 냉각을 의미합니다. 음식은 본래 따뜻할 때 그 맛과 향이 최고조에 달하며, 이는 요리한 사람의 정성과 배려가 가장 잘 전달되는 순간입니다. 그러나 '차가워진' 음식은 그러한 정성이 전달되지 못한 채 시간이 흘러버린 상황을 나타냅니다. 이는 누군가의 사랑과 노고가 헛되이 되어버린 안타까움을 함축하며, 동시에 그 음식을 받을 사람의 부재나 무관심을 암시합니다.

- '저녁 식사'라는 시간적 맥락이 갖는 의미는 특별합니다. 저녁 시간은 하루의 일과를 마치고 가족들이 모이는 재회의 시간이며, 하루의 피

로를 달래고 내일을 준비하는 재충전의 시간입니다. 한국 문화에서 저녁 식사는 가족애를 확인하는 중요한 의례적 시간이었는데, 이 시간에 혼자 남겨진 음식은 가족 간 시간 불일치와 소통 부재를 드러냅니다. 이는 현대사회의 바쁜 일상과 개별화된 생활 방식이 가족의 전통적 리듬을 해체하고 있음을 보여줍니다.

- '그대로 남아 있었다'라는 표현에 담긴 정적인 상황이 만들어내는 서사적 긴장감도 주목할 점입니다. 과거완료형 표현은 이 상황이 상당한 시간 지속되었음을 나타내며, 아무도 그 음식에 손을 대지 않았다는 사실을 강조합니다. '그대로'라는 부사는 변화 없이 유지된 상태를 의미하지만, 역설적으로 시간의 흐름에 따른 변질과 상실을 함의하기도 합니다.

- 젠더적 관점에서 이 문장은 전통적 돌봄 노동의 가치와 그 변화를 성찰하게 합니다. 누군가 정성스럽게 준비한 저녁 식사가 차갑게 식어버린 상황은, 전통적으로 여성들이 담당해온 돌봄 노동이 제대로 인정받지 못하고 있는 현실을 반영합니다. 요리하고 차려놓은 사람의 수고와 배려가 무시당하거나 당연하게 여겨지는 상황은 가정 내 성역할과 노동 분담의 불균형을 드러냅니다.

- 사회 · 경제적 맥락에서 보면, 이 문장은 현대 사회의 시간 빈곤 현상을 반영합니다. 경제활동에 대한 압박과 경쟁 사회의 구조 속에서 가족 구성원들이 같은 시간에 식탁에 모이는 것이 점점 어려워지고 있

습니다. 야근, 학원, 개인적 활동 등으로 인해 가족의 시간이 파편화되면서, 함께 나누는 식사라는 전통적 가족 문화가 위기를 맞고 있음을 보여줍니다.

- 심리학적 측면에서 혼자 남겨진 음식은 거부감과 소외감의 구체적 표현이 됩니다. 음식을 준비한 사람은 자신의 노력이 무시당했다는 상실감을, 음식을 받을 예정이었던 사람은 그것을 외면함으로써 관계에 대한 거부 의사를 표현하는 것일 수 있습니다. 이는 직접적 갈등보다 더 깊은 상처를 남길 수 있는 소극적 저항의 형태이기도 합니다.

- 문학적으로 이 문장은 '부재의 수사학'을 활용합니다. 이면적으로는 아무도 없고 아무 일도 일어나지 않는 정적인 장면이지만, 그 부재와 정적함 속에서 오히려 강렬한 감정과 상황이 전달됩니다. 차가운 음식은 따뜻했던 관계의 냉각을, 그대로 남아 있는 상태는 시간의 정지와 관계의 경직을 상징적으로 보여줍니다.

- 실존적 차원에서 이 장면은 현대인의 고독과 소외를 상징합니다. 물질적으로는 풍요롭지만, 정서적으로는 메마른 현대 생활의 단면이 차가운 저녁 식사라는 구체적 이미지로 형상화됩니다. 이는 인간이 본질적으로 관계적 존재임에도 불구하고 그 관계가 제대로 작동하지 않을 때 느끼는 실존적 공허감을 드러냅니다.

분석할 문장 9

"그녀는 거울 앞에서 오랫동안 자신을 바라보고 있었다."

이 단문을 독해력과 문해력 관점으로 분석해보겠습니다.

📖 독해력의 관점에서 행위 주체는 '그녀는'이라는 3인칭 여성 대명사가 주어로 사용되어 여성 인물임을 나타냅니다. '거울 앞에서'는 거울이 있는 공간에서의 위치를 나타내며, 주로 화장실이나 침실 등 사적 공간을 암시합니다. '오랫동안'이라는 부사가 상당한 시간 동안 지속된 행위임을 나타냅니다. '자신을 바라보고 있었다'에서 자기 자신을 관찰하는 행위이며, 과거 진행형으로 표현되어 과거의 특정 시점에서 계속 진행되고 있던 행위임을 나타냅니다.

📖 문해력의 관점에서 거울을 통한 자기 관찰은 외모뿐만 아니라 내면의 자아에 대한 성찰과 탐구를 의미합니다. 자신의 정체성에 대한 깊은 사유의 과정입니다. '오랫동안'이라는 표현은 단순한 확인이 아닌 깊은 몰입 상태를 나타냅니다. 무언가 중요한 내적 작업이 진행되고 있음을 의미합니다. 거울 앞에서의 오랜 시간은 인생의 전환점이나 중요한 결정의 순간일 수 있습니다. 자신과의 대면과 화해의 시간입니다. 거울 속 자신을 바라보는 행위는 '나는 누구인가?'라는 근본적 존재의 질문과 연결됩니다. 외적 모습과 내적 정체성 사이의 관계를 탐구하는

과정입니다.

이번에는 수준별 독해력과 문해력으로 분석해보겠습니다.

기본 수준의 독해력은 "여자가 거울 보고 있어요"라는 기본 상황을 이해합니다. '오랫동안'이라는 표현을 "오래"라는 의미로 받아들이고, 거울이 자기의 모습을 보는 도구라는 것을 압니다. '자신을 바라보다'라는 표현에서 자기 자신을 본다는 의미를 정확히 파악하며, 이것이 다른 사람을 보는 것과 다르다는 것을 이해합니다.

기본 수준의 문해력은 이 상황을 주로 실용적 관점에서 해석합니다. "머리를 빗고 있나 봐요", "화장하고 있는 것 같아요", "옷을 입으려고 하는 것 같아요"라고 말하며, 구체적인 행위를 상상합니다. 일부 학생들은 감정적 해석을 시도합니다. "자기가 예쁜지 보고 있나 봐요", "뭔가 걱정이 있는 것 같아요"라고 말하며, 단순한 감정 상태를 추측합니다. 자기의 경험과 연결합니다. "나도 거울 보는 걸 좋아해요", "엄마도 아침에 거울 앞에서 오래 있어요"라고 말하며, 일상적 경험으로 받아들입니다. 호기심을 보입니다. "왜 오래 보고 있을까요?", "뭘 하고 있는 걸까요?"라고 질문하며, 상황에 대한 궁금증을 표현합니다. 감정적으로는 단순하고 직접적인 반응을 보입니다. "외로워 보여요", "심심한 것 같아요."라고 말하며, 명료한 감정으로 해석하려 합니다.

그리고 **보통 수준의 독해력**은 '오랫동안'이라는 표현의 의미를 더 깊이 분석합니다. 이것이 단순한 시간의 길이가 아니라 행위의 특별함을 강조하는 표현임을 인식합니다. 거울 앞이라는 공간의 의미도 고려합니다. 사적이고 개인적인 공간에서의 행위로서, 타인의 시선이 없는 진솔한 순간임을 이해합니다.

보통 수준의 문해력은 외모에 관한 관심이 높아지는 시기이므로 이 상황에 깊이 공감합니다. "자기의 외모를 확인하고 있는 것 같아요", "뭔가 마음에 안 드는 부분이 있나 봐요"라고 말하며, 외모에 대한 고민을 이해합니다. 감정적으로 더 복잡한 해석을 시도합니다. "자신감이 없어 보여요", "뭔가 고민이 있는 것 같아요"라고 말하며, 내면의 갈등을 읽어냅니다. 자아 정체성에 대해 생각하기 시작합니다. "자기가 누군지 생각하고 있는 것 같아요", "자신을 되돌아보고 있나 봐요"라고 말하며, 성찰의 과정으로 이해합니다. 사회적 압박과 연결하여 생각합니다. "요즘 외모 스트레스가 많아서 그런 것 같아요", "SNS 때문에 자기 모습을 자주 확인하게 되는 것 같아요"라며, 현대사회의 문제와 연결합니다. 문학적 장면으로 인식하기도 합니다. "영화나 소설에서 이런 장면 많이 봤어요"라고 말하며, 서사적 의미를 이해합니다.

끝으로 **고차원 수준의 독해력**은 이 문장을 문학적 상징과 철학적 은유의 관점에서 분석합니다. 거울이라는 소재가 서양 문학사에서 어떻게 활용되어왔는지, 자아 인식과 정체성 탐구의 상징으로서 갖는 의미를 고려합니다. '오랫동안'이라는 시간 표현이 만드는 서사적 효과를 분석합니다. 이것이 단순한 행위의 지속이 아니라 내적 변화의 과정을 암시하는 문학적 장치임을 인식합니다.

고차원 수준의 문해력은 "그녀는 거울 앞에서 오랫동안 자신을 바라보고 있었다"라는 문장에서 자아 성찰의 깊이와 정체성 탐구의 과정, 그리고 현대인의 내적 고독과 자기 인식의 복잡성을 읽어냅니다. 이 문장은 표면적으로는 일상적인 행위를 묘사하고 있지만, 이면적으로는 인간의 자아의식과 존재론적 물음, 그리고 타자와의 관계 속에서 형성되는 정체성의 문제를 깊이 있게 성찰하게 합니다.

- '거울'이라는 매개체가 갖는 철학적 의미부터 살펴보면, 이는 단순한 반사 도구를 넘어 자아 인식의 상징적 공간입니다. 거울은 주체와 객체가 같이 있는 특수한 공간으로, 보는 자와 보여지는 자가 같으면서도 다른 존재론적 긴장을 만들어냅니다. 거울 속의 자신은 실제 자신과 같으면서도 좌우가 바뀐 다른 존재이며, 이는 자아에 대한 인식이 항상 어떤 형태의 변형과 거리감을 동반한다는 것을 상징합니다. 또한 거울은 진실을 반영하는 도구이면서 동시에 착시와 환상을 만들어내는 이중적 성격이 있습니다.

- '오랫동안'이라는 시간적 표현이 만들어내는 의미의 깊이가 이 문장의 핵심입니다. 일상적인 거울 보기는 보통 짧은 시간 동안 외모를 확인하는 실용적 목적을 갖지만, '오랫동안' 바라본다는 것은 외형적 점검을 넘어 내면적 성찰로 이행했음을 의미합니다. 시간의 연장은 의

식의 심화를 동반하며, 단순한 관찰에서 깊은 사유로, 표면적 인식에서 존재론적 탐구로 나아가는 과정을 보여줍니다. 이는 일종의 명상적 상태이며, 자기 자신과의 진솔한 대화를 시작하는 순간이기도 합니다.

- '자신을 바라보고 있었다'라는 표현에 담긴 주체성의 복잡함도 주목할 점입니다. 여기서 '바라보는' 주체로서의 자아와 '바라보이는' 객체로서의 자아가 분리되면서, 자기의식의 이중 구조가 드러납니다. 이는 인간만이 가질 수 있는 메타인지적(자신의 인지 과정에 대하여 한 차원 높은 시각에서 관찰 · 발견 · 통제하는 정신 작용) 능력, 즉 자신에 대해 생각하는 자신을 인식하는 능력을 보여줍니다. 동시에 이러한 자기 관찰은 자아의 통일성에 대한 의문을 제기하기도 합니다.

- 젠더적 관점에서 '그녀'라는 주어의 특별한 의미를 살펴보면, 여성과 거울의 관계는 역사적으로 복합적인 함의를 담고 있습니다. 전통적으로 거울은 여성성과 미적 관심사의 상징으로 여겨져 왔지만, 동시에 여성들이 사회적으로 부과된 미의 기준에 자신을 맞추어야 한다는 압박의 도구이기도 했습니다. 하지만 이 문장에서의 오랜 응시는 그러한 외적 기준에서 벗어나 진정한 자기 자신과 마주하려는 용기 있는 행위로 읽힐 수 있습니다.

- 심리학적 측면에서 거울을 통한 자기 관찰은 자아 정체성 형성의 중요한 과정입니다. 특히 현대사회에서 개인들은 다양한 역할과 가면

속에서 진정한 자신을 잃기 쉬운데, 거울 앞에서의 오랜 응시는 그러한 사회적 페르소나('가면'을 의미하는 라틴어에서 유래한 단어로, 사회적 역할이나 타인에게 보여주는 외적 인격을 지칭, 사회적 얼굴로도 번역)를 벗고 본래의 자아를 찾아가는 과정을 상징합니다. 이는 때로는 고통스러운 자기 직면의 과정이기도 하며, 자신의 한계와 불완전함을 인정하고 수용하는 성숙의 순간이기도 합니다.

- 실존적 차원에서 거울 앞의 오랜 응시는 존재에 대한 근본적 물음과 연결됩니다. '나는 누구인가?', '나는 어떤 존재인가?'라는 실존적 질문들이 거울이라는 구체적 매개를 통해 현실화합니다. 이는 자신의 유한성과 고독감을 직면하는 순간이기도 하며, 동시에 자신만의 고유한 존재 가치를 발견하는 계기가 되기도 합니다.

- 사회학적 관점에서 이 장면은 현대 개인주의 사회의 단면을 보여줍니다. 전통사회에서 개인의 정체성은 주로 집단 내에서의 역할과 관계를 통해 형성되었지만, 현대사회에서는 개인이 스스로 자신의 정체성을 구성해야 하는 부담을 지게 되었습니다. 거울 앞에서의 홀로 있는 모습은 그러한 개인화된 정체성 탐구의 상징이며, 현대인의 실존적 고독감을 드러내는 것이기도 합니다.

- 문학적 차원에서 거울은 오랜 문학사를 통해 자기 성찰과 진실 탐구의 상징이었습니다. 이 문장은 그러한 문학적 전통을 계승하면서도 현대적 감수성을 담아내고 있습니다. 과거진행형 '바라보고 있었다'

라는 표현은 그 순간이 일회적이지 않은 지속적 상태였음을 나타내며, 깊은 성찰의 과정이 진행 중임을 보여줍니다.

- 미학적 관점에서 거울 앞의 자기 응시는 자기 자신을 예술작품으로 바라보는 미적 경험이기도 합니다. 자기의 얼굴과 표정, 그리고 내면의 감정들이 거울이라는 프레임 안에서 하나의 완결된 이미지로 구성되는 순간입니다. 이는 자기 자신에 대한 미적 거리 두기를 통해 객관적 성찰을 가능하게 하는 과정이며, 동시에 자신의 존재를 아름다운 현상으로 받아들이는 자기 수용의 과정이기도 합니다.

분석할 문장 10

"배운 것을 때때로 익혀 되새기면, 참으로 기쁘지 아니한가"
(學而時習之 不亦說乎-학이시습지 불역열호, 『논어』 발췌)

이 단문을 독해력과 문해력 관점으로 분석해보겠습니다.

독해력의 관점에서 이 문장을 분석하면 조건문과 수사의문문이 결합한 복문 구조를 확인할 수 있습니다. 전체 문장은 쉼표를 기준으로 조건절 "배운 것을 때때로 익혀 되새기면"과 주절 "참으로 기쁘지 아니한가"로 나뉩니다. 조건절의 내부 구조를 살펴보면 "배운 것을"이라는 목적구, "때때로"라는 시간 부사어, "익혀 되새기면"이라는 서술어와 조건 표현이 순서대로 배열되어 있습니다. "익혀 되새기다"는 두 동사가 연결된 복합 서술어로, '익히다(習)'와 '되새기다'가 의미상으로 점층법을 이루며 학습의 깊이를 강조합니다. 주절은 "참으로 기쁘지 아니한가"로 이루어져 있으며, 이는 수사의문문의 전형적 형태입니다. "참으로"는 정도부사로 감정의 강도를 높이고, "기쁘지 아니한가"는 이중부정의 형태로 강한 긍정의 의미를 나타냅니다. "아니한가"는 고전적 수사의문문 종결어미로, 독자의 동의를 구하면서 동시에 확신을 표현하는 기능을 합니다. 문체적으로는 한문 번역체의 특징을 보입니다. 어순이나 조사 사용에서 한문의 영향이 드러나며, "아니한가"라는 종결어미는 고전 한문의 "不亦~乎"(불역~호) 구문을 직역한 것입니다. 이러한 문체적 선택은 권위와 엄숙함을 부여하며, 교훈적 성격을 강화합니다.

📖 문해력의 관점인 공자의 교육철학과 학습관의 관점에서 이 문장을 읽으면 공자의 핵심 교육철학이 압축적으로 표현되어 있음을 발견할 수 있습니다. 이는 『논어』의 첫 구절로, 유학의 근본정신을 상징하는 문장입니다. 단순히 지식 습득을 넘어서는 진정한 학습의 본질을 제시하고 있습니다. "배우다(學)"는 지식이나 기술을 외부로부터 받아들이는 과정을, "익히다(習)"는 그것을 반복 연습하여 자신의 것으로 만드는 과정을 의미합니다. "되새기다"는 더 나아가 깊이 있는 성찰과 응용을 통해 지혜로 승화시키는 단계를 나타냅니다. 이는 현대 교육학의 지식-이해-적용-분석-종합-평가의 단계적 학습 과정과 유사합니다. "때때로(時)"는 지속적이고 규칙적인 반복을 의미하며, 학습이 일회적 사건이 아닌 평생의 과정임을 강조합니다. 이는 현대의 평생학습(lifelong learning) 개념과 맥을 같이 합니다. "기쁘다(說)"는 단순한 즐거움이 아닌 깊은 만족감과 성취감을 의미합니다. 공자는 학습의 동기를 외적 보상이 아닌 내재적 만족에서 찾았으며, 이는 현대 교육심리학의 내재적 동기 이론과 일치합니다. 진정한 학습은 억지로 하는 것이 아니라 즐거움과 보람을 느끼며 자발적으로 하는 것이라는 교육관을 제시합니다. 이 문장은 또한 유학의 수기치인(修己治人) 이념을 반영합니다. 개인의 학습과 성찰을 통한 자기완성이 사회 개선의 출발점이라는 사상이 담겨 있습니다. 수사의문문 형태는 독자에게 스스로 성찰하게 만드는 교육적 효과를 노립니다.

이번에는 수준별 독해력과 문해력으로 분석해보겠습니다.

기본 수준의 독해력은 이 문장의 기본적인 의미를 파악할 수 있습니다. "공부한 것을 계속 연습하면 기쁘다"하는 핵심 내용을 이해하며, 자신의 학습 경험과 연결하여 받아들입니다. "배우다"와 "익히다"의 차이를 완벽히 구분하지 못하지만, "공부하고 연습한다"라는 정도로 이해합니다. "때때로"라는 표현은 "가끔가끔", "자주자주" 정도로 받아들이며, 반복 학습의 중요성을 어느 정도 인식합니다. "되새기다"는 다소 어려운 표현이지만 "다시 생각해본다.", "복습한다" 정도로 이해합니다. "아니한가"라는 의문문 형태에 대해서는 "맞지 않나요?"라는 의미로 받아들이며, 이것이 강한 긍정의 의미라는 것을 직감적으로 파악합니다. 하지만 수사의문문의 수사학적 기능까지는 이해하지 못합니다. 문체의 고전적 특성은 "어려운 말", "옛날 말" 정도로 인식하며, 이것이 중요하고 격식 있는 말씀이라는 것을 느낍니다. 논어나 공자에 대해서는 "중국의 옛날 선생님", "위대한 분" 정도로 알고 있는 경우가 많습니다.

기본 수준의 문해력은 이 문장을 공부의 중요성을 강조하는 교훈으로 받아들입니다. "열심히 공부해야 한다.", "복습해야 한다"라는 메시지로 이해하며, 학교나 부모님의 학습 지도와 연결합니다. 학습에 대한 기쁨이라는 개념은 새롭게 느끼는 경우가 많습니다. "공부가 재미있을 수 있나?"라는 의문이 생기지만, 자신이 어려운 문제를 해결했을 때의 성취감이나 새로운 것을 알게 되었을 때의 즐거움을 떠올리며 공감하기도 합니다. "배우는 것이 즐거워야 한다"라는 메시지에 대해서는 "공부도 재미있게 할 수 있구나"라고 받아들이며, 게임이나 놀이를 통한 학습에 관해 관심을 보입니다. 하지만 여전히 공부는 해야 하는 일이라는 의무감이 강합니다. 반복 학습의 가치에 대해서는 "계속 연습하면 잘하게 된다"라는 경험과 연결하여 이해합니다. 피아노나 운동, 그림 그리기 등에서의 연습 경험을 떠올리며 "연습하면 늘어요"라고 표현합니다.

보통 수준의 독해력은 문장의 구조를 체계적으로 분석할 수 있습니다. 조건문과 수사의문문의 결합 구조를 파악하며, 국어 시간에 배운 복문의 개념을 적용할 수 있습니다. "익혀 되새기다"가 점층적 표현임도 인식할 수 있습니다. 한문 번역체의 특징도 어느 정도 이해할 수 있으며, "아니한가"가 한문의 "不亦~乎"(불역~호 : 또한 ~하지 아니한가로 번역) 구문에서 온 것임을 알기도 합니다. 한문 시간에 배운 지식을 활용하여 원문과 번역문을 비교해볼 수 있습니다. 수사의문문의 기능도 파악할 수 있어서, 이것이 실제 질문이 아니라 강한 확신을 표현하는 방법임을 이해합니다. "정말 기쁘다"라는 의미로 해석할 수 있습니다. 논어와 공자에 대한 기본 지식이 있어서 이 문장의 출처와 맥락을 이해할 수 있습니다. 유교나 동양 사상에 대한 개략적 정보도 갖고 있어서 더 깊이 있게 접근할 수 있습니다.

보통 수준의 문해력은 학습의 단계적 과정을 이해하기 시작합니다. 단순한 암기가 아닌 이해와 적용의 중요성을 인식하며, "진짜 아는 것"과 "그냥 외우는 것"의 차이를 생각해봅니다. 학습에 대한 내재적 동기의 중요성도 어느 정도 이해할 수 있습니다. 시험이나 성적을 위한 공부와 진정한 배움의 차이를 인식하기 시작하며, "정말 알고 싶어서 하는 공부"의 가치를 생각해봅니다. 반복 학습에 대해서는 상대적 감정을 보입니다. 필요성은 인정하지만 지루함이나 부담감도 느끼며, "어떻게 하면 재미있게 반복할 수 있을까?"를 고민합니다. 자신의 학습 경험을 성찰하기 시작합니다. "언제 공부가 재미있었나?", "진짜 뿌듯했던 순간은 언제였나?"를 돌아보며, 이 문장의 의미를 개인적 경험과 연결하여 이해하려 노력합니다. 평생학습의 개념에 관해서도 관심이 생기기 시작합니다. "어른이 되어서도 계속 배워야 하나?"라고 질문하며, 학습이 학교에서만 하는 것이 아님을 인식하기 시작합니다.

고차원 수준의 독해력은 이 문장의 언어학적, 문체론적 특징을 정밀하게 분석할 수 있습니다. 한문 번역체의 구체적 특징들(어순, 조사 사용, 종결어미 등)을 체계적으로 파악하며, 원문 한자의 의미와 번역어의 관계도 이해할 수 있습니다. 수사의문문의 기능도 정확히 분석할 수 있으며, 이것이 독자와의 소통을 통해 설득 효과를 높이는 수사 기법임을 인식합니다. 공자의 대화법이나 소크라테스의 문답법과 연결하여 이해할 수도 있습니다. 논어의 편찬 과정이나 후대에 미친 영향에 대한 지식도 갖고 있어서, 이 문장이 동아시아 교육 문화에 미친 영향을 이해할 수 있습니다. 과거제도나 서당 교육과의 연관성도 파악할 수 있습니다.

고차원 수준의 문해력은 "배운 것을 때때로 익혀 되새기면, 참으로 기쁘지 아니한가"라는 공자의 명언에서 진정한 학습의 본질과 지적 기뻠의 원천, 그리고 동양적 교육철학의 핵심을 읽어냅니다. 이 문장은 표면적으로는 학습 방법에 대한 단순한 권고처럼 보이지만, 이면적으로는 인간의 지적 성장과 정신적 완성에 대한 깊은 통찰과 평생학습의 철학을 깊이 있게 성찰하게 합니다.

- '배운 것을'이라는 표현에 담긴 학습의 전제부터 살펴보면, 이는 단순한 정보 습득이 아닌 의미 있는 지식의 체득을 전제합니다. 공자 시대의 '배움'은 단순한 암기나 기능 습득이 아니라 인격 형성과 도덕적 성장을 포함하는 전인적 교육을 의미했습니다. '배운 것'은 이미 한번 학습한 내용이지만, 그것이 진정으로 자기 것이 되기 위해서는 추가적인 과정이 필요하다는 것을 시사합니다. 이는 현대 교육학에서 말하는 '의미 학습'과 '전이 학습'의 개념과 연결되며, 단순 암기가 아닌 이해와 적용을 통한 진정한 학습을 강조하는 것입니다.

- '때때로'라는 시간적 표현이 갖는 교육학적 의미는 매우 중요합니다. 이는 학습이 일회적 사건이 아닌 지속적이고 반복적인 과정임을 강조합니다. 현대 인지과학 연구에 따르면 '분산 학습'이 '집중 학습'보다 장기 기억에 더 효과적이라고 증명되었는데, 공자의 이 교훈은 2500년 전에 이미 그러한 학습 원리를 직관적으로 파악한 것입니다. '때때로'는 또한 강제가 아닌 자발성을 암시하며, 학습이 의무가 아닌 기쁨이 되어야 한다는 철학을 담고 있습니다.

- '익혀 되새기면'이라는 두 단계의 학습 과정이 이 명언의 핵심입니다.

'익힌다'는 것은 단순히 알고 있는 상태에서 능숙하게 다룰 수 있는 상태로의 전환을 의미하며, '되새긴다'라는 것은 그 내용을 다시 음미하고 새로운 의미를 발견하는 성찰적 과정을 나타냅니다. 이는 현대 교육학의 기억-이해-적용-분석-종합-평가의 고차원적 사고 과정과 일치합니다. '되새김'은 단순한 반복이 아니라 매번 새로운 관점에서 바라보는 창조적 재해석의 과정입니다.

- '참으로 기쁘지 아니한가'라는 영탄적 표현에 담긴 학습의 정서적 차원이 이 문장의 백미입니다. '기쁨'을 학습의 최종 목표로 설정한 것은 매우 혁명적인 발상입니다. 학습이 고통스러운 의무가 아니라 즐거운 발견의 과정이라는 인식은 현대 교육철학이 추구하는 '학습자 중심 교육'의 선구적 표현입니다. 이 기쁨은 외적 보상에서 오는 것이 아니라 앎 자체에서 나오는 내재적 동기에 기반한 것이며, 이는 평생 학습의 원동력이 됩니다.

- 철학적 관점에서 이 명언은 앎과 삶의 통합을 추구합니다. 공자에게 있어 학습은 단순한 지적 활동이 아니라 인격 완성을 위한 수행의 과정이었습니다. '되새기기'를 통해 지식이 지혜로 승화되고, 지혜가 삶의 실천으로 이어지는 것이 진정한 학습의 완성입니다. 이는 서구의 이론과 실천을 분리하는 이분법적 사고와 대조되는 동양적 통합 사고의 특징을 보여줍니다.

- 심리학적 측면에서 이 과정은 '자기효능감'과 '내재적 동기'의 형성 과

정으로 해석됩니다. 반복적 학습을 통해 자기의 능력이 향상되는 것을 경험하게 되고, 이는 학습에 대한 자신감과 즐거움으로 이어집니다. '되새기기' 과정에서 새로운 통찰을 얻게 되는 경험은 '아하 효과'와 유사하며, 이러한 경험이 누적되면서 학습에서 보상으로의 선순환 구조가 만들어집니다.

- 사회교육학적 관점에서 이 명언은 교육의 민주화와 평등성을 함의합니다. 공자는 '가르침에 차별이 없다'라는 원칙을 세웠는데, 이 학습법은 특별한 재능이나 조건 없이도 누구나 실천할 수 있는 보편적 방법입니다. '때때로'라는 표현은 각자의 상황과 조건에 맞춰 유연하게 적용할 수 있음을 의미하며, 이는 교육 기회의 평등을 추구하는 것입니다.

- 현대 적용의 관점에서 이 명언은 평생교육과 자기주도학습의 중요성을 일찍이 강조한 것으로 볼 수 있습니다. 급변하는 현대사회에서 한 번 배운 지식으로 평생을 살아갈 수 없게 되었고, 지속적인 학습과 자기 계발이 필수가 되었습니다. 공자의 이 교훈은 그러한 평생학습의 태도와 방법론을 제시한 선견지명 있는 통찰로 재평가됩니다.

- 문화적 맥락에서 이 명언은 동아시아 교육 전통의 근간이었습니다. '온고지신'(옛것을 익혀 새로운 것을 배운다)의 정신과 연결되는 이 학습법은 전통과 혁신의 조화를 추구하며, 과거의 지혜를 재해석하여 미래에 적용하는 창조적 계승의 방법론을 제시합니다. 이는 단순한 복고주의가 아닌 창조적 전승의 지혜를 담고 있습니다.

분석할 문장 11

"세상이 어지러울수록 남에게는 엄격해지고 내게는 너그러워 지나 보다" (신경림의 시 '동해바다 - 후포에서' 중에서 발췌)

이 시구를 독해력과 문해력 관점으로 분석해보겠습니다.

독해력의 관점에서 이 시구를 분석하면 대조법을 중심으로 한 복문 구조를 확인할 수 있습니다. 전체 문장은 "세상이 어지러울수록"이라는 이유 부사절과 "남에게는 엄격해지고 내게는 너그러워지나 보다"라는 주절로 구성되어 있습니다. 이유 부사절 "세상이 어지러울수록"은 '-을수록' 구문을 사용하여 정도가 심해질수록 특정 현상이 강화된다는 비례 관계를 나타냅니다. "어지럽다"는 혼란, 무질서, 불안정을 의미하는 형용사로, 사회적 상황의 부정적 변화를 함축합니다. 주절은 "남에게는 엄격해지고 내게는 너그러워지나 보다"로, 여기서 핵심은 "남에게는/내게는"의 대조적 병렬 구조입니다. 조사 '에게는'의 반복은 대상의 차이를 명확히 부각하며, "엄격해지고/너그러워지다"의 상반된 서술어가 인간의 이중적 태도를 드러냅니다. 종결어미 "-나 보다"는 추정을 나타내는 표현으로, 화자가 자신의 관찰을 객관화하려는 성찰적 태도를 보여줍니다. 단정적 서술이 아닌 추정 표현을 사용함으로써 겸손하면서도 보편적 현상에 대한 통찰을 제시합니다. 문체적으로는 구어체의 자연스러운 흐름을 보이면서도 철학적 성찰의 깊이를 담고 있습니다. 시적 언어의 특성상 함축과 여운을 중시하며, 직설적 비판보다는 은근한 자성의 어조를 띱니다.

📖 문해력의 관점인 인간 본성에 대한 냉철한 성찰의 관점에서 이 시구를 읽으면 인간의 도덕적 이중성과 자기합리화 경향에 대한 예리한 통찰이 담겨 있음을 발견할 수 있습니다. 이는 신경림 특유의 현실 인식과 인간에 대한 냉정한 관찰이 압축된 표현입니다. "세상이 어지러울수록"이라는 조건 설정은 위기 상황에서 드러나는 인간의 진면목을 포착합니다. 평상시에는 숨겨져 있던 이기적 본성이 사회적 혼란기에 더욱 적나라하게 드러난다는 사회심리학적 현상을 시적으로 형상화한 것입니다. "남에게는 엄격해지고 내게는 너그러워진다"라는 표현은 도덕적 이중 잣대의 문제를 정확히 지적합니다. 남의 잘못은 그 사람의 성격이나 본성 탓으로 돌리면서(엄격한 판단), 자기의 잘못은 상황이나 환경 탓으로 돌리는(너그러운 판단) 인간의 보편적 경향을 날카롭게 포착한 것입니다. 요즘 흔히 쓰는 '내로남불' (내가 하면 로맨스 남이 하면 불륜의 줄임말로 신조어)과 유사한 의미가 있습니다. 이 시구는 또한 1970-80년대 한국 사회의 혼란기를 배경으로 한 시대적 성찰을 담고 있습니다. 급속한 산업화와 도시화, 군사정권 하의 억압적 현실 속에서 사람들이 보여준 도덕적 해이와 이기주의에 대한 비판적 인식이 반영되어 있습니다. "-나 보다"라는 추정 어미는 화자 자신도 이러한 인간의 한계에서 자유롭지 못하다는 겸손한 자성을 보여줍니다. 타인에 대한 일방적 비판이 아닌 인간 존재 전반에 대한 성찰적 통찰을 제시하고 있습니다.

이번에는 수준별 독해력과 문해력으로 분석해보겠습니다.

기본 수준의 독해력은 이 문장의 기본적인 대조 구조를 파악할 수 있습니다. "남에게는"과 "내게는"이 반대되는 표현임을 인식하며, "엄격하다"와 "너그럽다"가 상반된 태도임을 이해합니다. "세상이 어지럽다"라는 표현도 "세상이 혼란스럽다.", "나쁜 일이 많다"라는 정도로 받아들일 수 있습니다. 하지만 "-을수록" 구문의 비례 관계나 "-나 보다"의 추정 의미는 파악하기 어렵습니다. "더 그렇게 된다"라는 정도로 이해하거나, "그런 것 같다"라는 의미로 받아들입니다. 신경림이나 해당 시에 대한 배경지식은 없지만, 이것이 시에서 나온 문장이라는 것을 알면 "시인이 쓴 멋진 말" 정도로 인식합니다.

기본 수준의 문해력은 이 문장을 기본적인 공정성의 문제로 이해합니다. "남한테는 엄하게 하고 자기한테는 착하게 하는 것"을 불공평하다고 여기며, "그러면 안 되는 일"이라고 판단합니다. 자기의 경험과 연결하여 이해하려 노력합니다. "친구들은 혼내는데 자기는 혼내지 않는다.", "남한테는 화내는데 자기한테는 화내지 않는다." 등의 구체적 상황으로 받아들입니다. 특히 형제자매나 친구들과의 관계에서 경험한 불공평함과 연결하여 생각합니다. 도덕적 판단은 명확합니다. "모든 사람을 똑같이 대해야 한다.", "공평하게 해야 한다."라는 기본적인 정의감을 바탕으로 이런 태도를 비판적으로 봅니다. 하지만 왜 사람들이 그렇게 행동하는지에 대한 복잡한 이유는 이해하기 어려워합니다. "세상이 어지러워진다"라는 상황에 대해서는 "나쁜 일이 많이 생긴다.", "사람들이 싸운다." 정도로 이해하며, 뉴스에서 본 사건이나 사고를 떠올립니다.

보통 수준의 독해력은 문장의 문법적 구조를 체계적으로 분석할 수 있습니다. 이유 부사절과 주절의 관계, 비례 관계를 나타내는 "-을수록" 구문, 추정 어미 "-나 보다"의 기능을 정확히 파악할 수 있습니다. 대조법의 수사 기법도 인식할 수 있으며, 이것이 인간의 이중적 태도를 효과적으로 드러내는 표현 방법임을 이해합니다. 시적 표현의 특성상 함축적 의미를 담고 있다는 것도 인식합니다. 신경림에 대한 기본적 정보나 1970, 80년대 문학의 특징에 대해서도 어느 정도 알고 있어서, 이 문장이 갖는 시대적 배경을 이해할 수 있습니다.

보통 수준의 문해력은 인간의 심리적 특성에 관해 관심을 드러내기 시작합니다. "왜 사람들이 그럴까?"라는 의문을 제기하고, 자기 보호 본능이나 심리적 방어기제와 연결하여 생각해봅니다. 사회 현상에 대한 관심도 높아져서 "어른들의 모순된 행동"에 대해 비판적으로 바라보기 시작합니다. 정치인들의 이중적 태도나 언론의 편파적 보도 등을 경험하면서 이 문장의 의미에 공감합니다. 자기의 행동도 성찰해보기 시작합니다. "나도 그런 적이 있나?"라고 자문하며, 친구 관계나 가족 관계에서 자신도 이중적 잣대를 적용한 경험을 떠올려봅니다. 사춘기 특유의 비판적 시각으로 기성세대의 문제점을 지적하기도 합니다. "어른들은 말과 행동이 다르다.", "자기들은 안 지키면서 우리한테만 강요한다."는 식으로 반발하기도 합니다. 사회적 혼란과 개인의 도덕성 사이의 관계에 대해서도 생각해봅니다. "어려운 상황에서는 사람들이 더 이기적으로 된다."하는 것을 이해하기 시작하며, 코로나19 같은 위기 상황에서 경험한 사회 현상과 연결하여 생각합니다.

고차원 수준의 독해력은 이 문장의 문학적 완성도와 철학적 깊이를 분석할 수 있습니다. 신경림의 문학 세계와 민중문학의 특징, 1970, 80년대 한국 사회의 현실과 연결하여 이해할 수 있습니다. 언어의 함축성과 상징성도 파악할 수 있으며, "어지럽다"라는 표현이 단순한 혼란이 아닌 사회 구조적 모순과 갈등을 의미한다는 것을 이해합니다. 시적 화자의 관찰자적 시선과 성찰적 태도도 분석할 수 있습니다. 현대시의 특징인 산문적 어조와 일상어의 시적 형상화, 직설적 메시지 전달 방식 등도 파악할 수 있으며, 이것이 신경림 특유의 문체적 특징임을 인식합니다.

고차원 수준의 문해력은 신경림의 "세상이 어지러울수록 남에게는 엄격해지고 내게는 너그러워지나보다"라는 구절에서 현대인의 도덕적 이중성과 위기 상황에서 드러나는 인간 본성의 이기적 측면, 그리고 자기 성찰을 통한 도덕적 각성을 읽어냅니다. 이 문장은 표면적으로는 개인적 반성을 담은 고백처럼 보이지만, 이면적으로는 현대 한국 사회의 도덕적 위기와 인간 보편의 심리적 방어기제를 깊이 있게 성찰하게 합니다.

- '세상이 어지러울수록'이라는 조건절에 담긴 시대적 배경과 위기의식

부터 살펴보면, 이는 단순한 사회적 혼란을 넘어 가치관의 붕괴와 질서의 해체를 의미합니다. 신경림이 이 시를 쓴 1970년대는 한국이 급속한 산업화와 서구화를 겪으며 전통적 가치체계가 흔들리던 격동의 시기였습니다. '어지러움'은 물리적 혼란뿐만 아니라 정신적 혼돈, 도덕적 무질서를 포괄하는 개념으로, 개인이 의지할 수 있는 사회적 준거점이 사라진 아노미(문화지체현상) 상태를 나타냅니다. 이러한 상황일수록 인간은 심리적 안정감을 찾기 위해 더욱 경직된 판단 기준을 추구하게 됩니다.

- '남에게는 엄격해지고'라는 표현에 담긴 타자에 대한 도덕적 엄격함은 현대 심리학에서 말하는 '외집단 편향'과 '귀인 오류'의 복합적 발현입니다. 불안한 상황에서 인간은 자신의 정체성을 확보하기 위해 타자와의 경계를 더욱 분명하게 긋고, 타자의 실수나 잘못에 대해서는 그들의 성격이나 도덕성의 문제로 비하하려는 경향이 강해집니다. 이는 자신의 도덕적 우월감을 확인하고 심리적 안정감을 얻으려는 방어기제의 작동입니다. 또한 사회적 혼란 속에서 질서를 회복하려는 욕구가 타자에 대한 강한 규율과 통제의 욕망으로 표출되기도 합니다.

- '내게는 너그러워지나보다'라는 자기 관대함의 고백에서 드러나는 인간 본성의 이중성이 이 시구의 핵심입니다. 심리학의 '자기 봉사 편향' 이론에 따르면, 인간은 자신의 성공은 내적 요인으로, 실패는 외적 요인으로 돌리는 경향이 있습니다. 자기의 잘못이나 실수에 대해

서는 상황적 요인, 불가피한 사정, 선의의 의도 등을 고려하여 관대하게 판단하면서도, 타인에 대해서는 그러한 맥락적 고려 없이 엄격한 기준을 적용하는 이중적 태도를 보입니다. 이는 인간의 보편적 심리 현상이지만, 위기 상황에서는 더욱 극명하게 드러납니다.

- '-나 보다'(어미)라는 표현에 담긴 자기 성찰의 어조가 보여주는 문학적 깊이도 주목할 점입니다. 이 표현은 단순한 서술이 아니라 자기의 행동 패턴에 대한 객관적 관찰과 쓰라린 자각을 담고 있습니다. 화자는 자신의 이중성을 외부에서 바라보는 듯한 거리감을 두고 서술함으로써, 도덕적 자기기만에서 벗어나려는 의지를 보여줍니다. 이는 진정한 성찰의 첫걸음이며, 자기합리화의 덫에서 빠져나오려는 용기 있는 시도입니다.

- 사회심리학적 관점에서 이 구절은 '집단 내 도덕성의 역설'을 보여줍니다. 사회가 불안정할수록 사람들은 도덕적 엄격성을 더욱 강조하지만, 그 엄격성은 주로 타자에게 향하고 자신에게는 예외를 두는 모순적 양상을 보입니다. 이는 도덕성이 진정한 윤리적 실천보다는 사회적 정체성 확보와 심리적 방어의 도구로 사용되고 있음을 시사합니다. 특히 권위주의적 성향이 강한 사회에서는 이러한 경향이 더욱 두드러지게 나타납니다.

- 철학적 차원에서 이 구절은 칸트의 '정언명령'이나 예수의 '황금률'과 같은 보편적 도덕 원리에 대한 반성을 불러일으킵니다. '네가 대접받

고 싶은 대로 남을 대접하라'라는 원칙과 정반대의 현실을 적나라하게 드러냄으로써, 인간의 도덕적 실천이 얼마나 어려운 과제인지를 보여줍니다. 이는 추상적 도덕 원리와 구체적 삶의 실천 사이의 거리감을 드러내며, 진정한 윤리적 삶의 어려움을 성찰하게 합니다.

• 정치 사회학적 맥락에서 이 구절은 권력의 역학관계와 도덕성의 관계를 탐구합니다. 사회적 혼란기에 강자는 약자에게 더욱 엄격한 도덕적 잣대를 들이대면서도 자신의 특권은 당연하게 여기는 경향이 있습니다. 이는 도덕성이 종종 권력관계를 은폐하고 정당화하는 이데올로기적 기능을 수행한다는 비판적 인식과 연결됩니다. 신경림의 이 구절은 그러한 권력의 은밀한 작동 방식을 개인적 차원에서 성찰한 것으로 볼 수 있습니다.

• 문학사적 의미에서 이 구절은 1970년대 한국 문학의 현실 인식과 자기 성찰적 경향을 대표합니다. 급격한 사회 변화 속에서 지식인들이 느꼈던 도덕적 혼란과 자기반성의 정서가 솔직하고 담백한 언어로 표현되었습니다. 이는 거창한 이념이나 미사여구보다는 일상적 경험에서 우러나오는 진솔한 성찰을 중시하는 사실주의 문학의 특징을 보여줍니다.

• 현대적 적용의 관점에서 이 구절은 SNS 시대의 도덕적 이중성을 예견한 통찰로 읽힙니다. 온라인 공간에서 타인에 대한 도덕적 비판은 더욱 가혹해지면서도, 자기의 행동에 대해서는 관대한 해석을 내리

는 현상이 만연해 있습니다. 이는 익명성과 거리감이 주는 심리적 안정감 속에서 더욱 극단적으로 나타나는 인간 본성의 이중성을 보여주는 것입니다.

힘드시죠? 이 세상에 쉬운 일은 없습니다.

지금까지 1개의 문장으로 구성된 예시 문장을 독해력과 문해력의 관점으로,
수준별로 분석해보았습니다.
하나의 문장에 이렇게 다양한 의미로 볼 수 있음에 놀라셨을 것입니다.

저희가 이 책을 집필한 이유이자 목적입니다.

한 번 쭉 읽고 그냥 넘어가는 것보다는 다시 첫 번째 사례부터 천천히 음미하면서
읽어보시길 권합니다.

'학습(學習)'처럼 반복해서 읽어본다면 문해력의 매력을 느끼실 것입니다.

다음은 3개의 문장으로 구성된 글의 예시를 분석해보았습니다.
이제 문장이 길어지니 긴 호흡으로 찬찬히 함께 갑시다.
역시 고차원 수준의 문해력 관점에 집중해 주시기 바랍니다.

자! 이제 다시 시작합니다.

02

복합 문장 이해 사례 분석(문장 3개 구조)

분석할 문장 1 : 할아버지의 마지막 편지

"할아버지가 쓰신 마지막 편지가 서랍에서 발견되었다. 편지에는 가족 모두에게 전하고 싶었던 이야기들이 빼곡히 적혀 있었다. 우리는 그 글씨를 보며 눈물을 흘릴 수밖에 없었다."

이 복합문을 독해력과 문해력 관점으로 분석해보겠습니다.

독해력의 관점

문장별 정보 파악에서

1문장 : 할아버지의 마지막 편지가 서랍에서 발견됨,

2문장 : 편지 내용이 가족에게 전하려던 이야기들로 가득 참,

3문장 : 가족들이 편지를 보고 눈물을 흘림으로 파악할 수 있습니다.

시간적 순서는 '마지막 편지' → '발견' → '내용 확인' → '감정적 반응'의 순차적 흐름을 알 수 있습니다.

인과관계로 편지 발견 → 내용 확인 → 감정적 충격의 연쇄적 관계로 분석할 수 있으며, 공간적 배경은 서랍이라는 사적 공간에서 시작되어 가족 공동체로 확산함을 알 수 있습니다.

📖 문해력의 관점 (삶과 정서 읽기 관점에서)

죽음과 기억의 의미로 볼 때, '마지막 편지'라는 표현은 할아버지의 부재를 암시하며, 죽음 이후에도 지속되는 사랑과 소통의 의미를 담고 있습니다.

세대 간 소통으로 볼 때, 편지라는 매체를 통한 세대 간 소통의 중요성과 그것이 갖는 특별한 의미를 보여줍니다.

발견의 의미 측면으로 볼 때, 서랍에서의 발견은 우연이 아닌 운명적 만남을 암시하며, 때가 되어야 전달되는 메시지의 의미를 담고 있습니다.

집단적 감정으로는 개인이 아닌 '우리'의 반응은 가족 공동체의 결속과 공유된 슬픔의 의미를 나타냅니다.

문자의 힘으로 볼 때, '글씨를 보며'는 내용뿐만 아니라 할아버지의 흔적 자체가 주는 감동을 의미합니다.

이번에는 수준별 독해력과 문해력으로 분석해보겠습니다.

▶ 기본 수준

독해력 관점에서 세 문장의 기본적인 연결 관계를 파악합니다. "할아버지가 편지를 쓰셨는데, 그것을 찾았고, 보니까 슬펐다"라는 단순한 순서로 이해합니다. '마지막'이라는 관형어에서 "제일 나중에 쓴 편지"라는 의미를 파악하고, '발견되었다'에서 "누군가 찾았다"라는 것으로 이해합니다. '빼곡히'라는 부사를 "가득히"라는 의미로 받아들이고, 편지에 내용이 많이 쓰여 있다는 것을 압니다. '눈물을 흘릴 수밖에 없었다'는 표현에서 강한 감정 반응이 있었음을 인식하지만, 그 이유는 단순하게 해석합니다.

문해력 관점에서는 이 상황을 주로 감정적으로 해석합니다. "할아버지가 돌아가셨나 보다"라고 직관적으로 추측하며, '마지막 편지'의 의미를 이해합니다. "할아버지가 사랑하셔서 편지를 쓰신 것 같다"라고 말하며, 긍정적인 감정으로 해석하려 합니다. 눈물의 의미를 단순하게 봅니다. "슬퍼서 울었나 보다", "할아버지가 보고 싶어서 울었을 것 같다"라고 말하며, 복합적 감정보다는 명확한 하나의 감정으로 이해합니다. 자기의 경험과 연결하여 생각합니다. "우리 할아버지도 편지 주셨어요", "가족이 소중해요"라고 말하며, 개인적 경험을 통해 텍스트를 이해합니다. 호기심도 보입니다. "편지에 뭐라고 쓰여 있을까요?", "왜 서랍에 숨겨뒀을까요?"라고 질문하며, 구체적인 내용에 대한 궁금증을 표현합니다. 감정적으로는 따뜻하고 긍정적인 반응을 보입니다. "할아버지가 가족을 사랑하셨나 보다", "좋은 말씀이 쓰여 있을 것 같다"라고 말하며, 사랑과 감사의 메시지로 해석합니다.

▶ 보통 수준

독해력 관점에서는 문장 간의 논리적 연결과 인과관계를 더 정교하게 분석합니다. '마지막 편지'가 단순히 시간적 순서가 아니라 생의 마지막에 쓴 편지라는 의미임을 파악하고, 이것이 전체 텍스트의 핵심 키워드임을 인식합니다. '발견되었다'는 수동형 표현에서 우연성과 숨겨져 있었던 상황을 읽어내며, '빼곡히 적혀 있었다'에서 할아버지의 간

절함과 전달하고자 했던 마음의 크기를 추론합니다. 세 문장의 구조를 '발견 → 내용 확인 → 감정적 반응'의 단계적 전개로 파악하고, 각 단계가 어떻게 연결되어 전체적인 감동을 만들어내는지 이해합니다.

문해력 관점에서는 죽음과 관련된 복합적 감정을 이해하기 시작합니다. "할아버지가 살아계실 때 직접 전하지 못한 마음이 편지에 담겨 있는 것 같다"라고 말하며, 미완의 소통에 관한 아쉬움을 읽어냅니다. 가족 관계의 깊이도 인식합니다. "평소에 표현하지 못했던 사랑을 편지로 전하신 것 같다", "가족에 대한 할아버지의 마음을 알 수 있었을 것 같다"라고 말하며, 세대 간 소통의 어려움과 중요성을 이해합니다. 편지라는 매체의 특별함을 인식합니다. "손글씨로 쓰여 있어서 더 감동적일 것 같다", "할아버지의 마음이 직접 전해지는 느낌"이라고 표현하며, 디지털 시대에 아날로그적 소통이 갖는 의미를 이해합니다. 감정의 복합성도 인식합니다. "슬프기도 하고 감동적이기도 할 것 같다", "아쉽지만 고마운 마음일 것 같다"라고 말하며, 상대적 감정을 이해하기 시작합니다. 문학적 감수성을 보입니다. "이런 이야기가 소설이나 영화에 나올 것 같다"라고 말하며, 서사적 구조와 감동의 요소를 인식합니다.

▶ 고차원 수준

독해력 관점에서는 이 텍스트를 문학적 구조와 수사법의 관점에서 분석합니다. 세 문장의 배치가 '발견–내용–반응'의 완결된 서사 구조를 이루고 있으며, 각 문장이 감정의 고조를 위한 단계적 장치로 기능함을 인식합니다. '마지막 편지'라는 제시부, '빼곡히 적혀 있었다'는 전개부,

'눈물을 흘릴 수밖에 없었다'는 절정부로 이루어진 서사를 파악합니다. 언어의 함축성을 분석합니다. '마지막'의 종료성, '발견'의 우연성, '빼곡히'의 충만함, '눈물을 흘릴 수밖에 없었다'의 필연성 등 각 어휘가 갖는 정서적 무게를 인식합니다.

문해력 관점에서는 이 문장에서 죽음과 기억의 물질성, 미완의 소통에 대한 간절함, 그리고 세대를 잇는 사랑의 지속성을 읽어냅니다. 이 문장들은 표면적으로는 유품 발견에 대한 단순한 서술처럼 보이지만, 이면적으로는 인간의 유한성과 영속성, 그리고 말하지 못한 사랑의 무게를 깊이 있게 성찰하게 합니다.

- **'할아버지가 쓰신 마지막 편지'**라는 표현에서 드러나는 시간의 절대성부터 살펴보면, '마지막'이라는 수식어는 단순한 순서가 아니라 더 이상 기회가 없다는 절망적 종결성을 의미합니다. 할아버지는 이것이 마지막 편지가 될 줄 알고 쓰셨을 수도 있고, 혹은 죽음 이후에야 그것이 마지막이 되어버린 것일 수도 있습니다. 어느 쪽이든 이 편지는 생과 사의 경계에서 쓰인 특별한 텍스트로, 살아있는 자와 죽은 자 사이의 마지막 소통 창구가 됩니다.

- **'서랍에서 발견되었다'**라는 수동적 표현이 만들어내는 우연성과 숨겨짐의 의미도 중요합니다. 편지가 의도적으로 전달되지 못하고 서랍이라는 사적 공간에 머물러 있었다는 것은, 할아버지의 마지막 소통 의지가 무언가에 의해 가로막혔음을 시사합니다. 갑작스러운 죽음이

었을 수도 있고, 가족들에게 부담을 주고 싶지 않으셨던 배려일 수도 있습니다. '발견'이라는 단어는 보물찾기처럼 우연한 만남을 암시하지만, 동시에 그동안 놓쳐버린 할아버지의 마음에 대한 뒤늦은 깨달음을 의미하기도 합니다.

- **'가족 모두에게 전하고 싶었던 이야기들이 빼곡히 적혀 있었다'**라는 표현에 담긴 소통의 간절함이 이 문장의 정서적 핵심입니다. '빼곡히'라는 부사는 단순히 글자가 많다는 의미를 넘어, 할아버지의 절실한 전달 의지를 보여줍니다. 종이의 여백까지 채우며 쓰신 그 글들은 시간의 촉박함과 전하고 싶은 말의 많음을 동시에 드러냅니다. '가족 모두에게'라는 표현은 할아버지가 가족 구성원 각각을 소중히 여기셨음을 보여주며, 개별적 사랑과 집단적 사랑을 통합하려는 의지를 나타냅니다.

- **'우리는 그 글씨를 보며 눈물을 흘릴 수밖에 없었다'**라는 결말에서 드러나는 물질성의 힘은 매우 강렬합니다. '그 글씨'라는 표현은 편지의 내용보다 먼저 할아버지의 손길이 남긴 물질적 흔적에 주목합니다. 필체는 그 사람만의 고유한 정체성을 담고 있는 가장 개인적인 표현이며, 할아버지의 체온과 떨림, 그리고 마지막 순간의 감정까지도 전달하는 매개체입니다. 디지털 시대에 손글씨의 희소성은 더욱 특별한 의미를 갖게 됩니다.

- **'눈물을 흘릴 수밖에 없었다'**라는 표현에 담긴 필연성과 무력감도 주

목할 점입니다. '수밖에 없었다'는 선택의 여지가 없는 자연스러운 감정적 반응을 나타내며, 할아버지의 사랑 앞에서 느끼는 압도적 감동을 보여줍니다. 이는 기쁨과 슬픔이 뒤섞인 복합적 감정으로, 할아버지를 그리워하는 마음과 동시에 그분의 사랑을 뒤늦게 확인하는 안도감이 교차합니다.

- 가족 사회학적 관점에서 이 편지는 현대 가족의 소통 부재와 세대 간 단절의 현실을 반영합니다. 할아버지가 생전에 직접 전하지 못하고 편지로 남겨야 했다는 것은, 현대 가족 구조에서 진솔한 대화의 기회가 부족했음을 의미합니다. 바쁜 일상과 세대 차이로 인해 할아버지의 마음을 제대로 헤아리지 못했던 가족들의 후회도 함께 읽힙니다.

- 실존적 차원에서 이 편지는 인간의 유한성과 사랑의 영속성 사이의 긴장을 보여줍니다. 할아버지는 돌아가셨지만, 그분의 사랑은 편지라는 물질적 형태로 남아 가족들에게 계속 전달됩니다. 이는 죽음이 모든 것을 끝내지는 못한다는 희망의 메시지이면서, 동시에 살아있을 때 더 많은 사랑을 나누지 못한 것에 관한 아쉬움을 불러일으킵니다.

- 문학적으로 이 문장들은 '지연된 소통'의 아이러니를 다룹니다. 가장 중요한 메시지가 가장 늦게 전달되는 역설적 상황을 통해, 인간관계에서 '지금 당장' 사랑을 표현하는 것의 소중함을 일깨워줍니다. 또한 편지라는 아날로그적 매체가 가진 진정성과 영속성을 부각하며, 즉석 메시지에 익숙한 현대인들에게 진정한 소통의 의미를 되새기게 합니다.

분석할 문장 2 : 시험 결과

"성적표를 받아든 순간 다리에 힘이 빠졌다. 석 달 동안 밤을 새워가며 준비했던 시간들이 머릿속을 스쳐갔다. 하지만 이것이 끝이 아니라는 것을 알고 있었다."

이 복합문을 독해력과 문해력 관점으로 분석해보겠습니다.

독해력의 관점

문장별로 정보를 파악해보면,

1문장 : 성적표를 받은 후 충격을 받은 신체 반응,

2문장 : 석 달간의 준비 과정 회상,

3문장 : 미래에 대한 인식과 다짐으로 분석할 수 있습니다.

시간적 구조로 현재(결과 확인) → 과거(준비 과정) → 미래(앞으로의 각오)로 분석하며, 인과관계로는 시험 준비 → 결과 확인 → 감정적 충격 → 성찰의 과정으로 분석합니다.

또한, 대조 구조로는 '석 달 동안의 노력' vs '실망스러운 결과' vs '포기하지 않는 의지'를 파악할 수 있습니다.

문해력의 관점

실패와 좌절의 경험인 '다리에 힘이 빠졌다'는 표현은 단순한 실망을 넘어 존재적 충격과 무력감을 나타냅니다.

노력의 가치와 의미의 관점에서 '석 달 동안 밤을 새워가며'라는 표현은 단순한 시간 투자가 아니라 희생과 헌신의 의미를 담고 있습니다.

회복력과 성장에서는 '끝이 아니라는 것을 알고 있었다'는 좌절에서 희망으로, 절망에서 의지로의 전환을 보여줍니다.

시간의 재구성으로 볼 때 과거의 노력이 현재의 실패로 무의미해 보이지만, 미래의 성공을 위한 발판으로 재해석되는 과정을 나타냅니다.

이번에는 수준별 독해력과 문해력으로 분석해보겠습니다.

▶ 기본 수준

독해력 관점으로 볼 때, "시험 점수를 받았는데 좋지 않아서 놀랐고, 열심히 공부했던 것을 생각했고, 다시 열심히 하겠다고 생각했다"라는 기본적인 흐름을 이해합니다. '다리에 힘이 빠졌다'를 "많이 놀랐다" 또는 "힘들었다"라는 의미로 받아들입니다. '석 달 동안'을 "오랫동안"으로, '밤을 새워가며'를 "늦게까지"라는 의미로 이해합니다. '스쳐갔다'는 표현은 "생각났다"라는 의미로 받아들입니다.

문해력 관점으로 볼 때, 이 상황을 주로 공부와 시험이라는 친숙한 맥락에서 해석합니다. "시험을 못 봐서 속상할 것 같아요", "열심히 공부했는데 안 나와서 억울할 것 같아요"라고 말하며, 직접적인 감정으로 이해합니다. 노력의 의미를 표면적으로 봅니다. "열심히 공부했으니까 다음에는 잘할 수 있을 거예요", "포기하면 안 되니까 계속 공부해야 해요"라고 말하며, 노력과 결과의 직선적 관계를 믿습니다. 자기의 경험과 연결합니다. “나도 시험 못 본 적 있어요”, “공부하기 싫을 때도 있지만 해야 해요”라고 말하며, 개인적 경험을 통해 공감합니다. 미래에 대해서는 낙관적입니다. “다음에는 더 열심히 하면 잘할 수 있을 거예요”, “포기하지 않으면 성공할 수 있어요”라고 말하며, 희망의 메시지로 받아들입니다.

▶ 보통 수준

독해력 관점으로 볼 때, 이 문장들의 감정적 구조와 시간적 흐름을 더 정교하게 분석합니다. ‘다리에 힘이 빠졌다’는 관용적 표현의 의미를 정확히 파악하고, 이것이 단순한 실망을 넘어선 충격적 경험임을 이해합니다. ‘석 달 동안 밤을 새워가며’라는 표현에서 지속적이고 강도 높은 노력을 했음을, ‘스쳐갔다’는 표현에서 빠르고 연속적인 회상의 과정을 파악합니다. ‘하지만’이라는 접속어의 기능을 정확히 인식하고, 이것이 앞선 실망과 대조되는 의지를 나타내는 전환점임을 이해합니다.

문해력 관점으로 볼 때, 글쓴이가 학업 스트레스와 성취 압박을 경험하는 시기에 있는 이 상황에 깊이 공감합니다. “열심히 해도 결과가 안 나올 때의 절망감을 알 것 같다”, “노력이 배신당한 느낌일 것 같다”라고 말하며, 복잡한 감정을 이해합니다. 그리고 현실적인 관점을 보입니다. “공부한다고 해서 무조건 좋은 결과가 나오는 건 아니니까”, “때로는 운도 따라야 하는 것 같다”라고 말하며, 노력과 결과 사이의 복잡한 관계를 인식합니다. 성장과 성숙의 의미를 읽어냅니다. “실패를 통해서 더 강해질 수 있을 것 같다”, “이런 경험이 나중에 도움이 될 것 같다”라고 말하며, 실패의 교육적 가치를 이해합니다. 미래에 대한 현실적 인식을 보입니다. "다음에는 다른 방법으로 준비해야 할 것 같다", "단순히 시간만 투자하는 게 아니라 효율적으로 해야 할 것 같다"라고 말하며, 전략적 사고를 보입니다. 그리고 사회적 맥락을 고려합니다. "요즘 경쟁이 치열해서 이런 일이 많을 것 같다", "성적만으로 평가받는 것이 문제인 것 같다"라며, 교육 현실에 대한 비판적 인식을 보입니다.

▶ 고차원 수준

독해력 관점으로 볼 때, 이 문장들을 수사법과 문학적 기법의 관점에서 분석합니다. '다리에 힘이 빠졌다'는 신체적 은유를 통한 정서 표현, '스쳐갔다'는 시각적 은유를 통한 의식의 흐름 묘사 등을 정확히 파악합니다. 텍스트의 시간 구조를 '현재-과거-미래'의 삼중 구조로 분석하고, 각 시간대가 갖는 의미적 기능을 이해합니다. 특히 '하지만'이라는 역접 표지가 만드는 극적 전환의 효과를 인식합니다.

문해력 관점으로 볼 때, 이 문장들에서 노력과 결과의 불일치에 대한 실존적 충격과 성과 중심 사회의 잔혹성, 그리고 좌절 속에서도 꺾이지 않는 인간 의지의 본질을 읽어냅니다. 이 문장들은 표면적으로는 시험 결과에 대한 개인적 실망을 서술하고 있지만, 이면적으로는 현대 교육 시스템의 모순과 인간의 회복탄력성에 대한 깊은 통찰을 담아내고 있습니다.

• **'성적표를 받아든 순간 다리에 힘이 빠졌다'**라는 시작에서 드러나는

신체적 반응의 즉시성과 충격의 강도부터 살펴보면, 이는 단순한 실망을 넘어 존재론적 타격을 의미합니다. '받아든 순간'이라는 표현은 기대와 현실이 충돌하는 결정적 찰나를 포착하며, 시간의 정지 같은 극적 순간을 보여줍니다. '다리에 힘이 빠졌다'는 신체적 은유는 정신적 충격이 물리적 현실로 전환되는 과정을 생생하게 드러냅니다. 다리는 인간이 세상에 서 있게 해주는 근본적 지지대인데, 그 힘이 빠진다는 것은 자신이 믿고 의지해 온 모든 것이 무너지는 절망감을 의미합니다.

- **'석 달 동안 밤을 새워가며 준비했던 시간들이 머릿속을 스쳐갔다'**라는 회상에 담긴 시간의 허무함과 노력의 부조리가 이 문장의 정서적 핵심입니다. '석 달'이라는 구체적 기간은 상당한 희생과 헌신을 의미하며, '밤을 새워가며'라는 표현은 수면과 휴식을 포기한 극한의 노력을 보여줍니다. '준비했던 시간들'에서 '시간들'이라는 복수형은 무수히 많은 개별적 순간들의 누적을 의미하며, 각각의 시간이 모두 소중하고 치열했음을 암시합니다. '머릿속을 스쳐갔다'는 표현은 그 모든 시간들이 영화의 한 장면처럼 빠르게 지나가는 회상의 순간을 포착하며, 동시에 그 노력들이 헛되이 되어버린 것에 관한 안타까움을 담고 있습니다.

- **'하지만 이것이 끝이 아니라는 것을 알고 있었다'**라는 결말에서 드러나는 인간 의지의 불굴성과 미래 지향적 사고가 보여주는 회복탄력성의 본질은 깊이가 있습니다. '하지만'이라는 역접 접속사는 앞선 좌

절과 완전히 다른 차원의 인식을 도입하며, 감정적 충격과 이성적 판단 사이의 긴장감을 만들어냅니다. '이것이 끝이 아니라는 것'에서 '이것'은 단순히 성적이 아니라 자신의 전체 인생과 가능성을 지칭하며, 한 번의 시험 결과가 모든 것을 결정하지는 않는다는 성숙한 관점을 보여줍니다. '알고 있었다'는 과거형은 이미 내재화된 신념임을 나타내며, 이는 일시적 감정에 휩쓸리지 않는 내적 강인함을 의미합니다.

• 교육 사회학적 관점에서 이 문장들은 현대 한국 사회의 성과중심주의와 시험 지옥의 현실을 적나라하게 보여줍니다. 성적표가 가져다주는 즉각적 충격은 개인의 가치가 숫자로 환원되는 교육 시스템의 폭력성을 드러냅니다. '석 달 동안 밤을 새워가며'라는 표현에서 보이는 극한의 노력은 정상적인 교육과정이 아닌 입시 경쟁의 병리적 현상을 보여주며, 학생들이 건강과 일상을 희생하며 살아가야 하는 구조적 모순을 폭로합니다.

• 심리학적 측면에서 이 장면은 좌절과 회복의 심리적 메커니즘을 보여줍니다. 신체적 반응으로 나타나는 급성 스트레스 반응에서 시작하여, 과거 노력에 대한 회상을 거쳐, 미래에 대한 희망으로 이어지는 과정은 인간의 적응적 대처 능력을 단계별로 보여줍니다. 특히 '알고 있었다'는 표현에 담긴 인지적 재평가는 스트레스 상황에서 감정을 조절하고 동기를 유지하는 중요한 심리적 자원임을 보여줍니다.

• 실존적 차원에서 이 경험은 노력과 결과 사이의 불일치라는 인간 조건

의 부조리를 드러냅니다. 최선을 다했음에도 원하는 결과를 얻지 못하는 상황은 공정성에 대한 믿음을 흔들고 세상에 대한 근본적 의문을 제기합니다. 하지만 그럼에도 포기하지 않는 의지는 부조리한 현실 앞에서도 자신의 길을 개척해 나가는 실존적 용기를 보여줍니다.

• 문학적으로 이 문장들은 '신체적 은유'를 통한 감정의 구현화와 '시간의 몽타주' 기법을 훌륭하게 활용하고 있습니다. '다리에 힘이 빠졌다'는 추상적인 실망감을 구체적인 신체 경험으로 전환하여 독자의 공감을 이끌어 내며, '머릿속을 스쳐갔다'는 표현을 통해 과거와 현재가 교차하는 의식의 흐름을 시각적으로 형상화합니다. 또한 절망에서 희망으로의 전환을 '하지만'이라는 단순한 접속사로 연결함으로써 인간 정신의 복원력을 간결하면서도 강력하게 드러내고 있습니다.

• 사회문화적으로 이 문장들은 '노력' 담론에 대한 비판적 성찰을 담고 있습니다. 개인의 노력만으로는 극복할 수 없는 구조적 한계가 존재함을 인정하면서도, 포기하지 않는 인간의 존재론적 의지를 긍정합니다. 이는 성숙한 현실 인식을 보여줍니다.

분석할 문장 3 : 엄마의 도시락

"점심시간이 되어 도시락을 열었을 때 반찬이 평소보다 많이 들어 있었다. 어젯밤 늦게까지 준비하느라 수고하신 엄마 생각이 났다. 감사한 마음으로 한 입 한 입 천천히 먹었다."

이 복합문을 독해력과 문해력 관점으로 분석해보겠습니다.

독해력의 관점

문장별로 정보를 파악해보면,

1문장 : 점심시간에 도시락을 열어보니 반찬이 많음,

2문장 : 엄마가 늦게까지 준비하신 것을 떠올림,

3문장 : 감사한 마음으로 천천히 식사함을 알 수 있습니다.

시간적 구조로는 점심시간(현재) → 어젯밤(과거) → 식사 시간(현재)로 분석할 수 있으며, 인과관계로 도시락 확인 → 준비 과정 연상 → 감사 인식 → 행동 변화를 알 수 있습니다. 비교 구조로 '평소보다 많이'라는 비교를 통한 특별함을 인식할 수 있습니다.

문해력의 관점

무언의 사랑으로 볼 때 도시락이라는 매개체를 통해 전달되는 모성애와 그것을 인식하는 자녀의 성숙함을 보여줍니다.

'늦게까지 준비하느라'는 표현에서 어머니의 희생적 돌봄과 그것이

지닌 사회적 의미를 읽을 수 있습니다. 인식에서 그치지 않고 '천천히 먹는' 행동으로 이어지는 감사의 구체적 실천도 보여줍니다. 평범한 일상 속에서 특별한 의미를 발견하는 성찰적 태도를 나타냅니다.

이번에는 수준별 독해력과 문해력으로 분석해보겠습니다.

▶ 기본 수준

독해력 관점으로 볼 때, 이 글을 "도시락에 반찬이 많이 들어있었고, 엄마가 늦게까지 준비하셨고, 고마워서 천천히 먹었다"라는 기본적인 흐름을 이해합니다. '평소보다 많이'라는 비교 표현을 "다른 때보다 더"라는 의미로 받아들입니다. '수고하신'이라는 표현을 "힘들게 일하신"이라는 의미로 이해하고, '한 입 한 입 천천히'를 "조금씩 느리게"라는 의미로 파악합니다.

문해력 관점으로 볼 때, 이 상황을 가족 사랑의 맥락에서 해석합니다. "엄마가 사랑해서 맛있는 것을 많이 넣어주신 것 같다", "고마운 마음이 들 것 같다"라고 말하며, 직접적인 사랑의 표현으로 이해합니다. 자기의 경험과도 연결합니다. "우리 엄마도 도시락 싸주세요", "맛있는 반찬 들어있으면 기뻐요"라고 말하며, 개인저 경험을 통해 공감합니다. 감사의 마음을 단순하게 표현합니다. "엄마한테 고맙다고 말해야 해요", "엄마가 해주시는 걸 소중히 여겨야 해요"라고 말하며, 구체적이고 직접적인 감사 표현을 중시합니다. 그리고 음식에 관한 관심을 보입니다. "어떤 반찬이 들어있을까요?", "맛있을 것 같아요"라고 말하며,

감각적이고 구체적인 관심을 표현합니다.

▶ 보통 수준

독해력 관점으로 볼 때, 글의 감정적 구조와 의미의 층위를 더 정교하게 분석합니다. '평소보다 많이'라는 표현에서 어머니의 특별한 배려나 상황을 추론하고, '어젯밤 늦게까지'에서 시간과 노력의 투자를 정확히 파악합니다. '수고하신'이라는 높임 표현에서 자녀의 예의와 존경심을 읽어내며, '감사한 마음으로'에서 단순한 기쁨을 넘어선 깊은 감사의 의미를 이해합니다.

문해력 관점으로 볼 때, 이 글에서 가족 관계의 복잡성과 세대 간 사랑을 이해하기 시작합니다. "평소에는 당연하게 여겼던 것들을 다시 생각하게 되는 것 같다", "엄마의 마음을 알아주는 것이 중요한 것 같다"라고 말하며, 관계의 깊이를 인식합니다. 일상의 의미도 발견합니다. "작은 것에서도 사랑을 느낄 수 있는 것 같다", "매일의 도시락이 얼마나 소중한지 알 것 같다"라고 표현하며, 일상의 가치를 재평가합니다. 성장과 성숙의 사고도 보입니다. "어렸을 때는 몰랐지만 이제는 엄마의 마음을 알 것 같다", "감사할 줄 아는 것이 어른이 되는 것 같다"라고 말하며, 정서적 성숙을 나타냅니다. 현실적 관점도 고려합니다. "맞벌이 부모님이 힘드실 텐데도 챙겨주시는 것 같다", "요즘은 도시락 싸주는 엄마가 많지 않아서 더 고마울 것 같다"라며, 사회적 맥락을 인식합니다.

▶ **고차원 수준**

독해력 관점으로 볼 때, 이 글을 문학적 구조와 상징적 의미의 관점에서 분석합니다. 도시락이라는 구체적 사물이 추상적 사랑을 전달하는 매개체로 기능하며, 세 문장이 '발견-연상-실천'의 완결된 감사 서사를 이룬다는 것을 파악합니다. '한 입 한 입 천천히'라는 표현이 갖는 의식적 성격을 인식하고, 이것이 단순한 식사를 넘어 성찰적 행위로 전환하는 언어적 장치임을 이해합니다.

문해력 관점으로 볼 때, 이 문장들에서 돌봄 노동의 은밀한 숭고함과 사랑의 물질적 구현, 그리고 일상 속 작은 배려가 만들어내는 정서적 순환 구조를 읽어냅니다. 이 문장들은 표면적으로는 도시락을 먹는 평범한 일상을 기술하고 있지만, 이면적으로는 현대 가족 관계의 소통 방식과 여성의 돌봄 노동, 그리고 감사라는 감정의 실천적 의미를 깊이 있게 성찰하게 합니다.

- **'점심시간이 되어 도시락을 열었을 때'**라는 시작에서 드러나는 발견의 순간성과 일상의 의례성부터 살펴보면, 이는 단순한 식사 준비가 아니라 매일 반복되는 사랑의 확인 의식을 의미합니다. '열었을 때'라는 표현은 선물 상자를 여는 것 같은 기대감과 긴장감을 내포하며, 도시락이 단순한 음식 용기가 아니라 어머니의 마음을 담은 편지 같은 존재임을 암시합니다. 점심시간이라는 일상적 시간대가 특별한 만남의 순간으로 전환되는 것은, 평범한 일상 속에 숨어있는 작은 기적들을 발견하는 감수성을 보여줍니다.

- **'반찬이 평소보다 많이 들어있었다'**라는 발견에 담긴 차이의 감지와 배려의 코드 해석이 이 문장의 핵심입니다. '평소보다 많이'라는 비교 표현은 화자가 어머니의 일상적 패턴을 세심하게 관찰하고 기억하고 있음을 보여주며, 이는 가족 간의 깊은 유대감을 의미합니다. 어머니는 말로 표현하지 않고 반찬의 양으로 자신의 마음을 전달하는 은밀한 소통 방식을 사용하셨고, 화자는 그 암호를 정확히 해독할 수 있는 감수성을 갖고 있습니다. 이는 언어를 넘어선 가족만의 고유한 소통 체계가 작동하고 있음을 보여줍니다.

- **'어젯밤 늦게까지 준비하느라 수고하신 엄마 생각이 났다'**라는 회상에서 드러나는 노동의 시간성과 돌봄의 헌신성이 보여주는 사랑의 구체성은 매우 감동적입니다. '어젯밤 늦게까지'라는 시간적 표현은 어머니가 자신의 휴식 시간을 희생하여 자녀를 위해 준비하셨음을 나타내며, 이는 단순한 의무가 아닌 자발적 사랑의 실천임을 보여줍니다. '준비하느라 수고하신'에서 '수고'라는 표현은 단순한 요리가 아니라 정성과 노고가 담긴 노동임을 인식하는 성숙한 시각을 드러냅니다. '엄마 생각이 났다'는 자연스러운 연상은 음식을 통해 어머니의 존재를 느끼는 깊은 연결감을 의미합니다.

- **'감사한 마음으로 한 입 한 입 천천히 먹었다'**라는 결말에서 나타나는 의식적 섭취와 감사의 실천이 보여주는 정서적 성숙함의 깊이는 주목할 만합니다. '감사한 마음으로'라는 표현은 단순한 감정이 아니라 적극적인 태도의 선택을 나타내며, 받은 사랑에 대한 의식적 인식과

응답을 의미합니다. '한 입 한 입'이라는 반복적 표현은 급하게 배를 채우는 것이 아니라 음식 자체와 그 안에 담긴 마음을 음미하는 과정을 보여줍니다. '천천히'라는 부사는 현대인의 빠른 일상 속에서 의도적으로 시간을 늦추는 명상적 행위를 나타내며, 이는 감사의 감정을 온전히 체험하려는 의지를 보여줍니다.

- 젠더적 관점에서 이 문장들은 전통적 돌봄 노동의 현실과 그에 대한 인식의 변화를 동시에 보여줍니다. '어젯밤 늦게까지 준비'한다는 것은 여성들이 가사 노동을 본업과 별개의 시간에 수행해야 하는 이중 부담의 현실을 드러냅니다. 하지만 동시에 화자가 그 노고를 '수고'로 인식하고 '감사'로 응답하는 것은 돌봄 노동의 가치를 제대로 인정하려는 성찰적 태도를 보여주며, 이는 성역할에 대한 성숙한 인식의 발전을 의미합니다.

- 사회학적 측면에서 이 도시락 경험은 현대사회에서 점점 사라져가는 가족의 정서적 유대감과 전통적 돌봄 문화를 상징합니다. 편의점 도시락이나 급식이 일반화된 현실에서 손수 만든 도시락은 특별한 의미를 갖게 되었으며, 이는 가족애의 구체적 실천이자 개인화하는 사회 속에서도 지속되는 친밀성의 증거가 됩니다.

- 심리학적으로 이 경험은 '감사 심리학'에서 말하는 긍정적 감정의 순환 구조를 보여줍니다. 어머니의 배려를 인식하고 감사하는 마음은 화자의 정서적 웰빙을 높이며, 동시에 그 감사가 실천으로 이어질 때

가족 관계의 질을 향상시키는 선순환을 만들어냅니다. '천천히 먹는다'는 행위는 마음챙김의 실천이기도 하며, 이는 일상의 작은 순간들에서 행복을 발견하는 능력과 연결됩니다.

• 문학적으로 이 문장들은 '일상의 서정성'을 훌륭하게 구현하고 있습니다. 거창한 사건이나 극적인 상황 없이도 도시락을 여는 순간의 작은 발견과 감동을 통해 깊은 정서적 울림을 만들어냅니다. 특히 '한 입 한 입 천천히'라는 표현은 독자에게 그 느린 섭취의 리듬을 함께 경험하게 하며, 감사의 감정을 체감적으로 전달하는 탁월한 문학적 기법입니다.

• 실존적 차원에서 이 경험은 인간이 타자의 사랑을 통해 자신의 존재가치를 확인하는 과정을 보여줍니다. 어머니의 배려는 화자가 사랑받을 만한 존재임을 증명해주며, 그에 대한 감사는 그 사랑을 받을 자격이 있는 사람이 되려는 실존적 다짐으로 이어집니다. 이는 사랑 받음과 사랑함의 변증법적 관계를 일상의 구체적 경험 속에서 구현한 것입니다.

분석할 문장 4 : 졸업식 풍경

"마지막으로 교실에서 친구들과 함께 사진을 찍었다. 3년간 함께했던 추억들이 주마등처럼 스쳐 지나갔다. 이제 각자 다른 길을 걸어가겠지만 우정은 영원할 것이라고 믿었다."

이 복합문을 독해력과 문해력 관점으로 분석해보겠습니다.

독해력의 관점

문장별로 정보를 파악해보면,

1문장 : 마지막으로 교실에서 친구들과 사진 촬영,

2문장 : 3년간의 추억들이 빠르게 회상됨,

3문장 : 헤어지지만, 우정의 영원함을 믿음을 알 수 있습니다.

시간적 구조로 현재(사진 촬영) → 과거(3년간의 추억) → 미래(각자의 길, 영원한 우정)로 파악할 수 있으며, 공간적 배경으로 학교 교실이라는 공동의 기억 공간으로 인식하며, 대조 구조의 '각자 다른 길' vs '영원한 우정'의 대비로 분석합니다.

문해력의 관점

통과의례의 의미로 졸업이라는 사회적 통과 의례와 그것이 갖는 상징적 의미를 보여줍니다. '주마등처럼'이라는 은유를 통해 기억과 시간이 압축되는 순간의 특별함을 나타냅니다. 물리적 분리와 정신적 연결의 변증법적 관계를 보여줍니다. '영원할 것이라고 믿었다'는 표현에서 젊음의 이상주의와 순수함을 읽을 수 있습니다.

이번에는 수준별로 독해력과 문해력을 분석해보겠습니다.

▶ 기본 수준

독해력 관점으로 볼 때, 이 문장들을 "마지막 날에 친구들과 사진을 찍고, 그동안 있었던 일들을 생각하고, 친구들과 계속 친하게 지낼 거라고 생각했다."는 기본적 흐름을 이해합니다. '마지막으로 교실'에서 "졸업하는 날"이라는 상황을 파악합니다. '주마등처럼'이라는 표현은 다소 어려워하지만 "빨리빨리"라는 의미로 받아들입니다. '스쳐 지나갔다'를 "생각났다"는 의미로 이해합니다.

문해력 관점으로 볼 때, 이 상황을 이별의 슬픔과 우정의 소중함으로 해석합니다. "친구들이랑 헤어져서 슬플 것 같아요", "친구들과 계속 만날 수 있을 것 같아요"라고 말하며, 감정적으로 직접 반응합니다. 그리고 사진의 의미를 이해합니다. "추억을 남기려고 사진을 찍는 것 같아요", "나중에 보고 생각날 것 같아요"라고 말하며, 기념의 의미로 파악합니다. 자기의 경험과도 연결합니다. "우리도 졸업하면 이럴 것 같아요", "친구들이 다른 학교로 가면 보고 싶을 것 같아요"라고 말하며, 미래의 자신을 투영합니다. 우정에 대해서도 순수하게 생각합니다. "친한 친구는 계속 친구예요", "만나지 못해도 마음으로는 친구예요"라고 말하며, 우정의 영원성을 자연스럽게 받아들입니다.

▶ 보통 수준

독해력 관점으로 볼 때, 문장의 상징적 의미와 은유적 표현을 더 정확히 파악합니다. '주마등처럼'이라는 은유의 의미를 이해하고, 이것이 죽음의 순간이나 중요한 전환점에서 경험하는 압축적 회상을 나타낸다는 것을 압니다. '각자 다른 길'과 '영원한 우정'의 대조적 구조를 인식하고, 이것이 만드는 감정적 긴장과 희망의 메시지를 파악합니다.

문해력 관점으로 볼 때, 글쓴이의 입장이 자신들의 경험 또는 미래의 일과 직결되는 상황이므로 깊이 공감할 수 있습니다. "곧 우리도 졸업하게 될 텐데 이런 기분일 것 같다", "친구들과 헤어지는 것은 정말 슬플 것 같다"라고 말하며, 절실한 공감을 보입니다. 그리고 성장과 변화의 의미를 이해합니다. "학교에서 많이 컸구나. 하는 생각이 들 것 같다", "어른이 되어가는 과정인 것 같다"라고 말하며, 발달적 의미를 인식합니다. 현실적 관점도 고려합니다. "이면적으로는 친구들과 자주 못 만날 수도 있을 것 같다", "시간이 지나면 관계가 변할 수도 있다"라고 말하며, 이상과 현실 사이의 갈등을 인식합니다. 그리고 사진과 기억의 관계를 이해합니다. "사진은 그 순간을 영원히 간직할 수 있게 해주는 것 같다", "나중에 보면 그때의 마음이 생각날 것 같다"라고 말하며, 기억 매체의 의미를 파악합니다. 우정의 복잡성도 인식합니다. "진짜 친한 친구들과는 계속 연락할 것 같다", "모든 친구와 똑같이 지낼 수는 없을 것 같다"라고 말하며, 관계의 층위를 이해합니다.

▶ **고차원 수준**

독해력 관점으로 볼 때, 이 글을 문학적 장치와 상징적 구조의 관점에서 분석합니다. '주마등'이라는 은유가 갖는 문화적 맥락과 문학사적 전통을 이해하고, 이것이 시간의 압축과 기억의 소환을 효과적으로 나타내는 수사법임을 인식합니다. 세 문장의 시제 변화('찍었다'-과거, '스쳐 지나갔다'-과거, '믿었다'-과거)가 모두 과거형으로 통일되어 있어, 이것이 회상의 서사임을 파악합니다.

문해력 관점으로 볼 때, 이 문장들에서 청춘의 종결성과 시간의 비가역성, 사진이라는 매체를 통한 영원성에 대한 갈망, 그리고 이별 앞에서도 굴복하지 않는 인간관계에 대한 신념을 읽어냅니다. 이 문장들은 표면적으로는 졸업을 앞둔 학생들의 마지막 순간을 서술하고 있지만, 이면적으로는 성장과 이별의 실존적 의미, 그리고 변화하는 세상 속에서도 지키고 싶은 소중한 가치에 대한 깊은 성찰을 담아내고 있습니다.

- **'마지막으로 교실에서 친구들과 함께 사진을 찍었다'**는 시작에서 드러나는 종결성의 의식화와 기억의 물질화 욕구부터 살펴보면, 이는 사진을 찍는 행위를 넘어 시간을 정지하려는 시도를 의미합니다. '마지막으로'라는 부사는 다시는 돌아올 수 없는 절대적 종결점을 강조하며, 이 순간이 일회성의 소중함을 갖고 있음을 부각합니다. '교실에서'라는 공간적 배경은 단순한 장소가 아니라 3년간의 청춘이 펼쳐진 무대이자 성장의 증인 역할을 한 상징적 공간입니다. '사진을 찍었다'

는 행위는 덧없이 지나가는 시간을 물리적 형태로 붙잡아두려는 인간의 원초적 욕망을 보여주며, 죽음과 망각에 대항하는 작은 승리의 시도입니다.

- **'3년간 함께했던 추억들이 주마등처럼 스쳐 지나갔다'**는 회상에 담긴 시간의 압축성과 기억의 특수한 작동 방식이 이 문장의 정서적 핵심입니다. '3년간'이라는 구체적 기간은 한 인간의 생애에서 결정적인 성장기를 의미하며, 특히 청소년기의 3년은 정체성 형성과 인간관계 학습의 황금기였음을 암시합니다. '함께 했던'이라는 과거완료형은 공유된 경험의 완결성을 나타내며, 더 이상 새로운 공통 기억을 만들 수 없다는 아쉬움을 담고 있습니다. '주마등처럼 스쳐 지나갔다'는 비유는 죽음을 앞둔 순간의 회상과 같은 강렬함을 나타내며, 이별 앞에서 느끼는 일종의 '청춘의 죽음'을 의미합니다. 이는 선형적으로 흘러가던 시간이 순간적으로 순환적 구조로 전환되는 신비로운 체험을 보여줍니다.

- **'이제 각자 다른 길을 걸어가겠지만'**이라는 현실 인식에 담긴 개별화와 분화의 필연성이 보여주는 성장의 양면성은 깊은 통찰을 담고 있습니다. '이제'라는 시간 부사는 과거와 미래를 가르는 명확한 경계선을 설정하며, 더 이상 미룰 수 없는 현실적 전환점임을 강조합니다. '각자'라는 표현은 지금까지의 집단적 정체성에서 개별적 정체성으로의 이행을 나타내며, 이는 성인이 되어가는 과정의 필수적 단계임을 보여줍니다. '다른 길을 걸어가겠지만'에서 '길'이라는 은유는 각자의

인생 행로를 의미하며, '다른'이라는 형용사는 분화와 다양성의 불가피함을 담고 있습니다.

- **'우정은 영원할 것이라고 믿었다'**라는 결말에서 나타나는 신념과 의지의 표명이 보여주는 인간관계에 대한 본질적 갈망은 매우 감동적입니다. '우정은 영원할 것이라고'에서 '영원'이라는 절대적 시간 개념은 유한한 인간이 무한에 대해 품는 근본적 동경을 나타내며, 변화와 이별의 현실 앞에서도 포기하고 싶지 않은 소중한 가치임을 보여줍니다. '믿었다'는 과거형은 이것이 단순한 희망이 아니라 적극적인 신념의 선택이었음을 나타내며, 현실의 불확실성에도 불구하고 의지적으로 택한 태도임을 강조합니다.

- 발달심리학적 관점에서 이 경험은 청소년기에서 성인기로의 전환기적 특성을 잘 보여줍니다. 집단 소속감에서 개별적 정체성으로의 이행, 안전한 환경에서 불확실한 미래로의 모험, 의존적 관계에서 독립적 관계로의 발달이 모두 이 짧은 순간에 압축되어 있습니다. 특히 '믿었다'는 표현에 담긴 의지적 선택은 인지적 성숙함을 보여주는 중요한 지표입니다.

- 사회학적 측면에서 이 장면은 현대사회의 개인화와 유동성 증가라는 거시적 변화를 개인 차원에서 경험하는 과정을 보여줍니다. 전통사회에서는 태어난 공동체에서 평생을 보내는 것이 일반적이었지만, 현대사회에서는 교육, 취업, 결혼 등으로 인한 지리적 · 사회적 이동

이 불가피해졌습니다. '각자 다른 길'이라는 표현은 이러한 사회 구조적 변화를 반영합니다.

- 문학적으로 이 문장들은 '시간의 서사학'을 훌륭하게 구현하고 있습니다. 과거-현재-미래가 하나의 순간에 응축되는 시간적 몽타주 기법을 사용하여 졸업이라는 통과의례의 복합적 의미를 형상화합니다. 특히 '주마등'이라는 전통적 비유를 통해 현대적 경험을 시적으로 표현한 것은 뛰어난 문학적 감각을 보여줍니다.

- 실존적 차원에서 이 경험은 인간 존재의 근본적 고독과 연대의 변증법을 다룹니다. 결국 각자의 길을 걸어가야 하는 존재론적 고독감을 인정하면서도, 타자와의 연결을 포기하지 않으려는 의지를 보여줍니다. '영원한 우정'에 대한 믿음은 유한한 존재가 무한에 대해 품는 실존적 도전이자, 죽음과 망각에 대한 인간적 저항입니다.

잠시 쉬어가시죠~~

이제부터는 '수준별 독해력과 문해력'으로만 분석해보도록 하겠습니다.

같은 내용의 반복으로 읽기가 불편하고 힘드실 겁니다.
'학문(학습)의 길'은 어렵다고 했습니다.

'이렇게 어렵게 배워야 하나?'하고 생각하실 수도 있습니다만
'알아가는' 재미도 있습니다.

다시 출발하겠습니다~~

책은 우리의 사고를 확장하는 창문이다.
- 스티븐 킹

분석할 문장 5 : (문학작품) 봄날의 약속

"벚꽃이 흩날리는 교정에서 그녀는 마지막 인사를 건넸다. 약속했던 재회는 아직 이루어지지 않았지만, 그 기다림 속에서 우리는 서로를 더 깊이 사랑하게 되었다. 언젠가 다시 만날 그날을 위해 각자의 자리에서 최선을 다하며 살아가고 있다."

이 글을 수준별 독해력과 문해력으로 분석해보겠습니다.

기본 수준의 독해력은 "벚꽃이 피는 학교에서 헤어졌고, 다시 만나지 못했지만, 더 사랑하게 되었고, 언젠가 만나기 위해 열심히 살고 있다"라는 기본적인 이야기 구조를 이해합니다. '교정'을 '학교'로, '재회'를 '다시 만나는 것'으로 이해하지만 엄마의 도움을 받습니다. '마지막 인사'라는 표현에서 "헤어지는 것"이라는 의미를 파악하고, '흩날리는'이라는 표현을 "떨어지는" 정도로 이해합니다. 시간의 흐름을 단순한 순서로 파악하며, 복잡한 시제보다는 '전에-지금-나중에'의 개념으로 받아들입니다.

기본 수준의 문해력은 이 글을 주로 친구 관계의 맥락에서 해석합니다. "친구와 헤어져서 슬펐지만, 더 좋아하게 되었다"라고 말하며, 단순하고 직접적인 감정으로 이해합니다. 벚꽃의 아름다움에 주목합니다. "벚꽃이 예쁘게 떨어지는 학교에서 헤어졌나 보다", "봄이라서 더 예쁠 것 같다"라고 말하며, 감각적이고 구체적인 이미지에 집중합니다. 자기의 경험과 연결합니다. "우리도 전학 간 친구가 있어요", "나중에 다시 만날 수 있을 것 같아요"라고 말하며, 개인적 경험을 통해 공감합니다. 기다림의 의미를 단순하게 해석합니다. "기다리면 다시 만날 수 있어요", "포기하지 않으면 돼요"라고 말하며, 희망적이고, 긍정적인 메시지로 받아들입니다. 감정적으로는 따뜻하고 순수한 반응을 보입니다. "사랑하는 마음이 더 커진 것 같아요", "친구를 소중히 여기는 것 같아요"라고 표현하며, 순수한 우정이나 사랑의 감정으로 해석합니다.

보통 수준의 독해력은 문학적 기법과 표현 방식을 더 정교하게 분석합니다. '벚꽃이 흩날리는'이라는 표현에서 계절적 배경과 분위기 조성 효과를 인식하고, '교정'이라는 어휘 선택이 만드는 문학적 격조를 파악합니다. '약속했던 재회'에서 과거완료의 의미를 정확히 이해하고, '아직 이루어지지 않았지만'에서 현재진행형의 상황을 파악합니다. 시제의 변화와 그것이 만드는 서사적 효과를 인식합니다. '우리'라는 복수형 주어의 의미를 이해하고, 이것이 개인의 경험을 집단적 경험으로 확장하는 효과를 파악합니다.

보통 수준의 문해력은 이별과 성장의 관계를 이해하기 시작합니다. "헤어지는 것이 슬프지만 성장하는 과정인 것 같다", "거리가 멀어져도 마음은 더 가까워질 수 있다"라고 말하며, 복합적인 감정과 성장의 의미를 인식합니다. 그리고 시간의 의미를 더 깊이 사고합니다. "기다리는 시간도 의미가 있는 것 같다", "재회하기 위해서는 각자가 노력해야 한다"라고 말하며, 능동적 기다림의 의미를 이해합니다. 문학적 상징도 인식합니다. "벚꽃이 청춘과 아름다움을 나타내는 것 같다", "교정이 추억과 성장의 공간을 의미하는 것 같다"라고 해석하며, 상징적 의미를 파악합니다. 그리고 자신의 미래와 연결하여 생각합니다. "우리도 고등학교 가면 친구들과 헤어지게 될 것 같다", "지금의 우정을 소중히 해야겠다"라고 말하며, 개인적 성찰로 연결합니다. 문학적 감동도 표현합니다. "시적이고 아름다운 표현이다", "마음이 따뜻해지는 이야기다"라고 말하며, 문학적 미감을 드러냅니다.

고차원 수준의 독해력은 이 글을 문학사적, 수사기법적 관점에서 정밀하게 분석합니다. 벚꽃과 교정이라는 소재가 한국 문학에서 어떻게 활용되어왔는지, 이별과 재회의 서사가 갖는 문학적 전통을 이해합니다. '흩날리는'이라는 현재진행형과 '건넸다'라는 과거형의 대비, '아직 이루어지지 않았지만'이라는 현재완료형의 활용이 만드는 시간적 층위를 정확히 파악합니다. 문체적 특징도 분석합니다. 서정적 산문체의 특성, 감정의 절제와 여운, 상징적 표현의 효과 등을 종합적으로 이해합니다.

고차원 수준의 문해력은 이 문장들에서 덧없음과 영원성의 미학적 대조, 부재를 통한 사랑의 역설적 심화, 그리고 기다림이 만들어내는 삶의 의미 구조를 읽어냅니다. 이 문장들은 표면적으로는 연인 간의 이별과 재회 약속을 기술하고 있지만, 이면적으로는 시간과 공간을 초월하는 사랑의 본질과 인간 존재의 시간성에 대한 깊은 철학적 성찰을 담아내고 있습니다.

• **'벚꽃이 흩날리는 교정에서'**라는 배경 설정에 담긴 자연과 감정의 조응, 그리고 덧없음의 미학부터 살펴보면, 이는 단순한 장소 묘사를 넘어 이별의 정서적 분위기를 완벽하게 형상화한 시공간적 은유입니다. '벚꽃이 흩날리는'이라는 표현은 우리 가요('벚꽃 엔딩')의 미의식을 담고 있으며, 아름다움이 절정에 달하는 순간 동시에 사라져가는 인생의 무상함을 상징합니다. 벚꽃잎이 바람에 흩날리는 모습은 시각적 아름다움과 동시에 이별의 아픔을 자연스럽게 연결하며, '교정'이라는 학교 공간은 청춘과 성장, 그리고 새로운 출발을 암시하는 상징적 무대가 됩니다.

• **'그녀는 마지막 인사를 건넸다'**라는 이별의 순간에서 드러나는 주체성과 종결성의 의미는 매우 중요합니다. '그녀는'이라는 주어의 선택은 이별을 주도하는 것이 여성임을 나타내며, 이는 전통적인 피동적 여성상과는 다른 적극적 주체성을 보여줍니다. '마지막 인사를 건넸다'에서 '건넸다'는 동사는 일방적 통보가 아닌 상호적 소통의 의지를 담고 있으며, '마지막'이라는 수식어는 이후의 만남에 대한 불확실성을 강조합니다. 이는 영원한 이별이 아닌 일시적 분리임을 암시하면서도, 그 재회가 보장되지 않은 상황의 불안감을 함께 전달합니다.

• **'약속했던 재회는 아직 이루어지지 않았지만'**이라는 현실 인식에 담긴 시간의 지속성과 기다림의 구조가 이 문장의 정서적 핵심입니다.

'약속했던'이라는 과거완료형은 그 약속이 이미 완결된 사건임을 나타내며, 두 사람 사이의 확실한 합의가 있었음을 강조합니다. '재회는 아직 이루어지지 않았지만'에서 '아직'이라는 부사는 현재의 부재 상황을 인정하면서도 미래의 가능성을 열어두는 희망의 언어입니다. 이는 절망과 희망 사이의 미묘한 균형을 보여주며, 기다림이라는 감정 상태의 복합성을 드러냅니다.

- **'그 기다림 속에서 우리는 서로를 더 깊이 사랑하게 되었다'**라는 역설적 발견에서 나타나는 부재의 변증법적 의미는 매우 철학적입니다. '기다림 속에서'라는 표현은 기다림이 단순한 시간적 경과가 아니라 적극적인 사랑의 실천 공간임을 보여줍니다. '더 깊이 사랑하게 되었다'는 과거완료형은 물리적 거리가 오히려 정신적 친밀감을 증진하는 역설적 결과를 나타냅니다. 이는 현대 심리학의 '심리적 거리 이론'과도 연결되며, 부재가 만들어내는 그리움과 상상이 현실의 만남보다 더 강렬한 감정적 경험을 제공할 수 있음을 시사합니다.

- **'언젠가 다시 만날 그날을 위해 각자의 자리에서 최선을 다하며 살아가고 있다'**라는 결말에서 드러나는 목적 지향적 삶의 구조와 개별적 성장의 의지가 보여주는 성숙한 사랑의 모습은 감동적입니다. '언젠가'라는 불확정적 시간 표현은 구체적 계획보다는 믿음에 기반한 희망을 나타내며, '다시 만날 그날을 위해'는 미래의 재회가 현재 삶의 동기와 의미를 제공하는 목적론적 구조를 보여줍니다. '각자의 자리에서'라는 표현은 물리적 분리를 인정하면서도, '최선을 다하며'는 그

분리를 소극적 기다림이 아닌 적극적 자기완성의 시간으로 전환하는 의지를 나타냅니다.

- 심리학적 관점에서 이 글은 '지연된 만족'과 '희망 이론'의 실제적 구현을 보여줍니다. 즉각적인 만족을 포기하고 더 큰 미래의 행복을 위해 현재의 노력을 지속하는 것은 성숙한 성격의 중요한 지표이며, 이는 개인의 심리적 성장과 관계의 질적 향상에 기여합니다.

- 문학적으로 이 문장들은 '시간의 서정성'과 '공간의 상징성'을 훌륭하게 결합하고 있습니다. 벚꽃-교정-이별-기다림-재회라는 일련의 모티프는 한국 근현대 서정문학의 전통적 정서를 현대적 감성으로 재해석한 것이며, 특히 '흩날리는' 벚꽃과 '흩어져 사는' 연인들의 상황적 대응은 뛰어난 시적 상상력을 보여줍니다.

- 실존적 차원에서 이 경험은 인간 존재의 시간성과 관계성을 동시에 탐구합니다. 현재의 부재를 통해 과거의 소중함을 재발견하고, 미래의 가능성을 통해 현재의 의미를 창조하는 것은 시간적 존재로서의 인간이 가진 고유한 능력입니다. 또한 타자를 위한 자기완성이라는 개념은 개인주의와 관계주의를 변증법적으로 통합하는 성숙한 사랑관을 보여줍니다.

분석할 문장 6 : (수학 교과) 확률의 의미

"동전을 던질 때 앞면이 나올 확률은 1/2이다. 이는 동전을 많이 던질수록 앞면이 나오는 횟수가 전체 던진 횟수의 절반에 가까워진다는 의미이다. 확률은 불확실한 상황에서 일어날 가능성을 수치로 나타낸 것으로, 우리 생활의 여러 상황에서 합리적 판단을 도와준다."

이 글을 수준별 독해력과 문해력으로 분석해보겠습니다.

기본 수준의 독해력은 "동전을 던지면 앞면이 나올 가능성이 반반이고, 많이 던지면 절반 정도 나오고, 확률은 일어날 가능성을 숫자로 나타낸 것"이라는 기본적인 내용을 이해합니다. '1/2'을 "반"이라는 의미로 받아들이고, '절반'과 연결하여 이해합니다. '확률'이라는 용어는 생소하지만 "일어날 가능성"이라는 설명을 통해 대략적인 의미를 파악합니다. '불확실한 상황'을 "모르는 상황"이나 "확실하지 않은 상황"으로 이해합니다.

기본 수준의 문해력은 이 내용을 주로 게임이나 놀이의 맥락에서 이해합니다. "동전 던지기 게임에서 공정하게 하는 방법", "가위바위보에서 이길 가능성" 등과 연결하여 생각합니다. 구체적인 경험과도 연결합니다. "동전을 10번 던지면 앞면이 5번 나올 것 같다", "주사위도 비슷할 것 같다"라고 말하며, 직관적으로 이해합니다. 공정성의 개념도 이해합니다. "반반이니까 공평하다", "누구도 유리하지 않다"라고 말하며, 확률과 공정성의 관계를 인식합니다. 일상생활과도 연결하여 생각합니다. "비 올 확률", "시험에서 맞힐 확률" 등을 언급하며, 실생활에서의 적용을 이해합니다.

보통 수준의 독해력은 확률의 수학적 개념을 더 정확하게 이해합니다. '1/2'라는 분수 표현의 의미와 '절반'이라는 비율의 관계를 정확히 파악하고, 대수의 법칙(큰 수의 법칙)의 개념을 이해합니다. '많이 던질수록'이라는 조건부 표현과 '가까워진다'는 극한 개념을 어느 정도 이해하며, 이론적 확률과 실험적 확률의 차이를 인식합니다. 확률의 정의도 이해합니다. "가능성을 수치로 나타낸 것"이라는 추상적 정의를 받아들이고, 0부터 1 사이의 값을 갖는다는 특성을 이해합니다.

보통 수준의 문해력은 확률을 통계와 연결하여 이해합니다. "설문조사 결과", "시청률 조사" 등에서 확률과 통계가 어떻게 활용되는지 생각해봅니다. 그리고 불확실성에 대한 수학적 접근을 이해합니다. "모르는 것을 숫자로 나타낼 수 있다는 것이 신기하다", "확률로 미래를 예측할 수 있다"라고 말하며, 수학적 사고의 힘을 인식합니다. 합리적 의사결정과도 연결합니다. "확률을 알면 더 좋은 선택을 할 수 있다", "도박은 확률상 불리하다"라고 말하며, 실생활에서의 적용을 이해합니다. 과학적 사고와도 연결합니다. "과학 실험에서도 확률이 중요할 것 같다", "날씨 예보도 확률을 이용하는 것 같다"라고 말하며, 확률의 과학적 활용을 인식합니다.

고차원 수준의 독해력은 이 글을 확률론과 통계학의 이론적 배경과 연결하여 분석합니다. 베르누이 시행, 큰 수의 법칙, 중심극한정리 등의 개념을 활용하여 이해합니다. 그리고 확률의 정의에 대한 다양한 접근을 이해합니다. 고전적 확률, 통계적 확률, 주관적 확률의 차이점과 각각의 장단점을 파악합니다.

고차원 수준의 문해력은 이 문장들에서 불확실성에 대한 인간의 인식론적 도전과 수량화를 통한 세계 이해 방식, 그리고 과학적 사고가 일상적 판단에 미치는 영향을 읽어냅니다. 이 문장들은 표면적으로는 확률의 기본 개념을 설명하고 있지만, 이면적으로는 인간이 불확실한 현실을 어떻게 인식하고 대처하는지에 대한 깊은 인식론적 성찰을 담아내고 있습니다.

- **'동전을 던질 때 앞면이 나올 확률은 1/2이다'**라는 시작에서 드러나는 이상화된 모델과 현실의 관계부터 살펴보면, 이는 복잡한 현실을 단순화하여 이해하려는 과학적 사고의 전형을 보여줍니다. '동전을 던질 때'라는 상황 설정은 많은 변수(바람의 세기, 던지는 힘, 동전의 무게 분포 등)들이 작용하는 복잡한 물리적 현상을 의도적으로 단순화한 것입니다. '1/2이다'라는 단정적 표현은 수학적 확실성을 나타내지만, 역설적으로 이는 불확실한 현실에 대한 인간의 인식 도구일 뿐입니다. 이러한 수량화 과정은 갈릴레이 이후 근대 과학이 자연을 수학의 언어로 기술하려는 시도의 일환이며, 동시에 불확실성을 통제가 가능한 영역으로 전환하려는 인간의 인식적 욕망을 반영합니다.

• **'이는 동전을 많이 던질수록 앞면이 나오는 횟수가 전체 던진 횟수의 절반에 가까워진다는 의미이다'**라는 설명에 담긴 대수의 법칙과 무한의 개념이 보여주는 확률론적 사고의 핵심은 매우 철학적입니다. '많이 던질수록'이라는 표현은 유한한 경험을 통해 무한의 패턴을 파악하려는 귀납적 추론의 한계와 가능성을 동시에 보여줍니다. '가까워진다'는 점근적 접근의 개념은 절대적 확실성에 도달할 수 없는 인간 인식의 한계를 인정하면서도, 그 한계 내에서 최선의 근사치를 추구하는 과학적 겸손함을 나타냅니다. 이는 라이프니츠와 베르누이가 발전시킨 확률론이 단순한 수학적 도구가 아니라 불확실성과 더불어 살아가는 인간의 실존적 조건에 대한 성찰임을 보여줍니다.

• **'확률은 불확실한 상황에서 일어날 가능성을 수치로 나타낸 것으로'**라는 정의에서 드러나는 질적 경험의 양적 전환과 객관화 과정이 이 문장의 인식론적 핵심입니다. '불확실한 상황에서'라는 전제는 확률이 완전한 지식이 불가능한 조건에서만 의미를 갖는 역설적 개념임을 보여줍니다. 만약 모든 것을 알 수 있다면 확률은 불필요해질 것입니다. '일어날 가능성을 수치로 나타낸 것'에서 '가능성'이라는 추상적 개념을 '수치'라는 구체적 형태로 변환하는 과정은 근대 이후 서구 문명이 추구해온 수량화와 객관화의 전형적 사례입니다. 이는 베이컨의 경험주의와 데카르트의 수학적 방법론이 결합한 근대 과학의 방법론적 토대를 반영하며, 동시에 주관적 직관을 객관적 지식으로 전환하려는 계몽주의적 기획의 연장선상에 있습니다.

• **'우리 생활의 여러 상황에서 합리적 판단을 도와준다'**라는 실용적 가

치에 대한 강조에서 나타나는 과학 지식의 일상화와 합리성 담론의 확산이 보여주는 현대사회의 특성은 주목할 만합니다. '우리 생활의 여러 상황에서'라는 표현은 확률이 학문적 영역을 벗어나 일상생활의 도구가 되었음을 나타내며, 이는 과학 지식의 대중화와 생활 세계의 과학화라는 현대성의 중요한 특징을 반영합니다. '합리적 판단을 도와준다'에서 '합리적'이라는 수식어는 확률적 사고를 비확률적 사고보다 우월하다는 가치 판단을 내포하며, 이는 베버가 지적한 근대 사회의 '합리화' 과정과 연결됩니다.

- 철학적 관점에서 이 글은 데이비드 흄의 '귀납의 문제'와 직결됩니다. 과거의 관찰을 통해 미래를 예측하는 것이 논리적으로 정당화될 수 있는가 하는 근본적 회의는 확률론의 철학적 기초를 흔들지만, 동시에 확률적 사고가 인간의 실용적 필요에서 출발한 도구적 합리성임을 보여줍니다. 또한 라플라스의 '결정론적 세계관'과 하이젠베르크의 '불확정성 원리' 사이에서 확률은 인간 인식의 한계를 보완하는 방법론적 장치로서의 의미를 지니게 됩니다.

- 사회문화적으로 확률적 사고의 확산은 위험사회론과 연결됩니다. 울리히 벡이 지적한 '위험사회'에서 개인들은 끊임없이 확률적 계산을 통해 의사결정을 내려야 하며, 이는 전통사회의 직관적이고 경험적인 판단 방식을 대체하는 새로운 인지 양식이 됩니다. 보험, 투자, 의료 진단 등 현대인의 삶 전반에 확률적 사고가 침투한 것은 불확실성을 관리하려는 현대 문명의 핵심적 전략입니다.

분석할 문장 7 : (과학 교과) 지구 온난화

"지구온난화는 인간 활동으로 인한 온실가스 증가가 주요 원인이다. 이산화탄소, 메탄, 아산화질소 등의 온실가스가 대기 중에 축적되어 지구 표면 온도를 상승시킨다. 이로 인해 빙하가 녹고 해수면이 상승하며, 생태계 파괴와 이상기후 현상이 나타나고 있다."

이 글을 수준별 독해력과 문해력으로 분석해보겠습니다.

기본 수준의 독해력은 "사람들이 나쁜 가스를 많이 만들어서 지구가 뜨거워지고, 그래서 얼음이 녹고 바다가 높아진다"라는 기본적인 내용을 이해합니다. '온실가스'를 "나쁜 가스"나 "더위를 만드는 가스"로 이해합니다. '이산화탄소', '메탄', '아산화질소'라는 용어는 어려워하지만, "여러 가지 가스"로 이해합니다. '축적'을 "쌓인다"라는 의미로 받아들입니다.

기본 수준의 문해력은 이 내용을 주로 환경 보호의 맥락에서 이해합니다. "지구를 아껴야 한다", "환경을 보호해야 한다"라고 말하며, 도덕적 실천 과제로 받아들입니다. 구체적인 실천 방안을 생각합니다. "쓰레기를 줄여야 한다", "전기를 아껴야 한다", "나무를 심어야 한다"라고 말하며, 일상생활에서의 환경 실천을 연결합니다. 동물과 식물에 관한 관심을 보입니다. "북극곰이 위험하다", "꽃과 나무가 아플 것 같다"라고 말하며, 생태계에 관한 관심을 표현합니다. 미래에 대한 걱정을 표현합니다. "나중에 지구가 어떻게 될까?", "우리가 어른이 되어서도 지구가 괜찮을까?"라고 말하며, 미래에 대한 불안감을 나타냅니다.

보통 수준의 독해력은 온실효과의 과학적 메커니즘을 더 정확하게 이해합니다. 태양 복사 에너지, 지구 복사 에너지, 온실가스의 흡수와 재방출 과정을 이해합니다. 온실가스의 종류와 특징을 구분합니다. 이산화탄소의 주요 배출원, 메탄의 온실효과 강도, 아산화질소의 특성 등을 이해합니다. 기후변화의 구체적 영향을 파악합니다. 지역별 기온 변화, 강수량 변화, 극한 기상 현상의 증가 등을 이해합니다.

보통 수준의 문해력은 과학과 사회의 연결을 이해합니다. "과학적 발견이 사회 문제 해결에 중요하다", "과학자들의 연구가 정책 결정에 영향을 준다"라고 말하며, 과학의 사회적 역할을 인식합니다. 국제적 협력의 필요성도 이해합니다. "지구온난화는 전 세계 문제이다", "여러 나라가 함께 해결해야 한다"라고 말하며, 글로벌 이슈로 인식합니다. 개인과 사회의 책임을 생각합니다. "개인의 작은 실천도 중요하다", "정부와 기업의 역할이 크다"라고 말하며, 다층적 접근의 필요성을 인식합니다. 그리고 과학적 증거의 중요성을 이해합니다. "과학적 데이터가 중요하다", "객관적 근거가 필요하다"라고 말하며, 과학적 방법론의 가치를 인식합니다.

고차원 수준의 독해력은 이 글을 지구과학, 화학, 생물학의 통합적 관점에서 분석합니다. 복사 평형, 온실효과의 양적 모델, 탄소 순환, 생태계 변화 등을 종합적으로 이해합니다. 기후 시스템의 복잡성도 이해합니다. 대기-해양-육지-생물권의 상호작용, 피드백 메커니즘, 임계점(tipping point) 등을 파악합니다.

고차원 수준의 문해력은 이 문장들에서 인간과 자연의 관계 역전과 지구 시스템의 복잡성, 그리고 되돌릴 수 없는 변화에 대한 인류의 집단적 책임을 읽어냅니다. 이 문장들은 표면적으로는 지구온난화의 과학적 메커니즘을 설명하고 있지만, 이면적으로는 인간이 지질학적 시간 규모의 변화를 일으킬 수 있는 존재가 되었다는 '인류세'의 실존적 의미와 미래 세대에 대한 윤리적 책임을 깊이 있게 성찰하게 합니다.

- **'지구온난화는 인간 활동으로 인한 온실가스 증가가 주요 원인이다'** 라는 인과관계 설정에서 드러나는 인간 주체의 지구적 영향력과 책임의 무게부터 살펴보면, 이는 인간과 자연의 전통적 관계를 근본적으로 뒤바꾸는 선언입니다. '인간 활동으로 인한'이라는 표현은 자연현상으로 여겨져 온 기후변화가 이면적으로는 인간의 의도적 · 비의도적 행위의 결과임을 명확히 하며, 이는 인간이 자연의 부분에서 자연의 지배자로, 그리고 이제는 자연의 파괴자가 되었다는 역사적 전환을 보여줍니다. '주요 원인'이라는 판단은 과학적 객관성을 가장하고 있지만, 이면적으로는 인간 문명 전체에 대한 근본적 성찰을 요구하는 도덕적 고발장이기도 합니다. 이는 베이컨 이후 근대 과학이 추

구해온 '자연에 대한 지배' 프로젝트의 아이러니한 결과를 보여주는 것입니다.

- **'이산화탄소, 메탄, 아산화질소 등의 온실가스가 대기 중에 축적되어'** 라는 과학적 서술에 담긴 보이지 않는 위험의 누적성과 시간 지연의 함정이 이 문장의 핵심적 위험성을 보여줍니다. '이산화탄소, 메탄, 아산화질소 등'의 나열은 각각이 인간의 구체적 활동(화석연료 연소, 축산업, 농업)과 직결되어 있음을 암시하며, 일상의 평범한 행위들이 누적되어 지구적 재앙을 만들어내는 복잡계 시스템의 특성을 드러냅니다. '대기 중에 축적되어'라는 표현에 담긴 '축적'의 개념은 온실가스가 즉각적으로 사라지지 않고 수십 년에서 수백 년간 대기 중에 머물며 영향을 미친다는 시간적 지연 효과를 의미하며, 이는 현재의 행동과 미래의 결과 사이의 시차로 인해 발생하는 윤리적 복잡성을 보여줍니다.

- **'지구 표면 온도를 상승시킨다'**라는 결과에서 드러나는 전 지구적 규모의 변화와 통제 불가능성의 공포는 인간의 한계를 적나라하게 보여줍니다. '지구 표면 온도'라는 표현은 지구 전체를 하나의 시스템으로 보는 가이아 가설적 관점을 반영하며, 인간의 국지적 행위가 전 지구적 결과를 낳는다는 규모의 불일치를 드러냅니다. '상승시킨다'는 현재형 표현은 이 과정이 현재 진행 중이며 멈출 수 없는 상태임을 강조하며, 인간이 시작한 변화가 이제는 인간의 통제를 벗어난 자율적 과정이 되었음을 시사합니다.

- **'이로 인해 빙하가 녹고 해수면이 상승하며, 생태계 파괴와 이상기후 현상이 나타나고 있다'**라는 연쇄 반응의 서술에서 나타나는 되돌릴 수 없는 변화의 가속화와 복합 위기의 전개는 묵시록적 상상력을 자극합니다. '빙하가 녹고 해수면이 상승하며'라는 연쇄 반응은 물리적 변화가 단계적으로 확산하는 과정을 보여주며, 이는 작은 변화가 거대한 시스템 전체를 변화시키는 '나비 효과'의 실제적 구현입니다. '생태계 파괴와 이상기후 현상'이라는 병렬 구조는 생물학적 위기와 기상학적 위기가 동시에 진행되는 복합 재난의 성격을 드러내며, '나타나고 있다'는 현재진행형은 이것이 미래의 가능성이 아닌 현재의 현실임을 강조합니다.

- 환경 철학적 관점에서 이 글은 인간중심주의의 비판을 내포하고 있습니다. 인간 활동이 지구 전체 생태계에 미치는 파괴적 영향은 인간을 자연의 지배자로 보는 전통적 세계관의 근본적 한계를 드러내며, 인간과 자연의 공존을 위한 새로운 존재론적 전환을 요구합니다.

- 정치 · 경제학적으로 이 문장들은 자본주의적 성장 모델의 구조적 한계를 암시합니다. 온실가스 증가는 산업화와 대량 소비를 통한 경제성장의 필연적 결과이며, 이는 무한 성장을 추구하는 자본주의 시스템과 유한한 지구 생태계 사이의 근본적 모순을 보여줍니다.

- 세대 간 정의론의 관점에서 이 현상은 현재 세대가 미래 세대의 생존조건을 담보로 하여 풍요를 누리는 시간적 식민주의의 성격을 갖습

니다. '나타나고 있다'는 현재형은 피해가 이미 시작되었음을 의미하며, 이는 미래 세대뿐만 아니라 현재의 취약 계층이 먼저 그 피해를 입는다는 환경 정의의 문제를 제기합니다.

- 과학사회학적으로 이 서술은 과학적 지식과 정치적 행동 사이의 간극을 보여줍니다. 기후변화에 대한 과학적 합의가 형성되었음에도 효과적인 대응이 지연되는 현실은 지식의 정치적 활용과 사회 변화의 복잡성을 드러냅니다.

지금까지 3개의 문장으로 구성된 글을 분석해봤습니다.

1개의 문장에 비해 좀 더 복잡하고 어려워짐을 체감하실 것입니다.

우리는 문장의 개수가 늘어나면 하나의 단락이 되고
하나의 단락이 되면 '주제'가 형성됨을 알 수 있습니다.
모든 글은 반드시 '주제'를 향해 서술됩니다.
여기서 분석한 내용들도 결국은 '주제'와 연결되어 있습니다.
우리가 아무리 깊게 글을 분석하더라도 '주제'를 벗어날 수 없으며,
그래서도 안 됩니다.

여러분은 귀한 '말'이고 저는 그 말을 이끄는 '마부(말뚝이)'일 뿐입니다.

이제부터는 5문장으로 구성된 글의 사례를 분석할 것입니다.
더 어렵게 느끼실 수 있겠지만 '아, 이렇게도 생각할 수 있구나!' 하고
이해하면서 읽으시면 됩니다.

자~ 다시 출발하겠습니다.

오늘 배우지 않으면 내일의 '나'를 만들 수 없다.
- 짐 론

03

단락 독해 사례 분석(문장 5개 구조)

분석할 문장 1 : (문학) 가을 편지

"단풍잎 하나가 창가에 떨어져 있었다. 그것은 마치 누군가가 남긴 편지처럼 보였다. 나는 그 잎을 조심스럽게 들어 올렸다. 잎맥 사이로 스며든 햇살이 투명한 추억을 만들어내고 있었다. 그제야 나는 가을이 내게 전하고 싶었던 메시지를 읽을 수 있었다."

이 글을 수준별 독해력과 문해력으로 분석해보겠습니다.

기본 수준의 독해력은 "단풍잎 하나가 떨어져 있었고, 편지 같아 보였고, 들어 올렸고, 햇살이 예뻤고, 가을의 메시지를 알았다"라는 기본적인 순서를 이해합니다. 5문장의 연결 관계를 시간 순서로 파악하며, 각 문장의 행동과 상황을 구체적으로 상상합니다. '마치 누군가가 남긴 편지처럼'이라는 직유법을 "편지 같다"라는 비교의 의미로 이해하고, '조심스럽게'라는 부사를 통해 화자의 세심한 마음을 파악합니다. '투명한 추억'이라는 표현은 어려워하지만 "예쁘고 좋은 기억"정도로 이해합니다.

기본 수준의 문해력은 이 글을 주로 자연의 아름다움과 발견의 즐거움으로 해석합니다. "단풍잎이 예쁘게 떨어져 있었나 보다", "가을이 아름다운 계절이라는 것을 알았나 보다"라고 말하며, 직접적이고 감각적인 아름다움에 집중합니다. 그리고 상상력을 발휘하여 이야기를 확장합니다. "단풍잎에 무슨 메시지가 적혀 있었을까?", "가을이 뭐라고 말하고 싶었을까?"라고 궁금해하며, 구체적인 내용을 상상하려 합니다. 자기의 경험과도 연결합니다. "나도 예쁜 나뭇잎을 주워본 적이 있어요", "가을에 나뭇잎이 많이 떨어져요"라고 말하며, 개인적 체험을 통해 공감합니다. 감정적으로는 따뜻하고 평화로운 반응을 보입니다. "마음이 따뜻해질 것 같아요", "가을이 좋아질 것 같아요"라고 표현하며, 긍정적인 정서를 느낍니다. 호기심도 보입니다. "왜 단풍잎을 편지라고 했을까?", "햇살이 어떻게 추억을 만들어?"라고 질문하며, 은유적 표현에 대한 순수한 궁금증을 나타냅니다.

보통 수준의 독해력은 5개 문장의 논리적 구조와 문학적 기법을 더 정교하게 분석합니다. 발견 → 인식 → 행동 → 체험 → 깨달음의 단계적 전개를 파악하고, 각 단계가 어떻게 연결되어 전체적인 주제 의식을 형성하는지 이해합니다. 은유법과 직유법도 구분하여 이해합니다. '편지처럼'은 직유법이고, '투명한 추억'은 은유법임을 인식하며, 이런 비유법이 만드는 시적 효과를 이해합니다. 그리고 감각적 이미지의 역할을 파악합니다. 시각적 이미지(단풍잎, 햇살)와 촉각적 이미지(조심스럽게)가 어떻게 생생한 현장감을 만들어내는지 이해합니다. 의인법의 효과도 인식합니다. 가을이 메시지를 전한다는 표현이 자연을 의인화하여 친근하고 신비로운 분위기를 만든다는 것을 파악합니다.

보통 수준의 문해력은 자연과 인간의 교감이라는 주제를 읽어냅니다. “자연도 우리에게 말을 걸고 있다”, “자연의 소리에 귀 기울이는 것이 중요하다”라고 말하며, 자연과의 소통 가능성을 이해합니다. 그리고 시간과 기억의 의미를 생각해봅니다. “가을이 지나간 시간을 생각하게 한다”, “단풍잎에 여러 기억이 담겨 있을 것 같다”라고 해석하며, 시간의 흐름과 기억의 소중함을 인식합니다. 감수성과 관찰력의 중요성도 깨닫습니다. “작은 것에서도 의미를 찾을 수 있다”, “세심하게 관찰하는 것이 중요하다”라고 말하며, 섬세한 감수성의 가치를 이해합니다. 문학적 상상력도 발휘합니다. “시인의 눈으로 세상을 보는 것 같다”, “평범한 것에서 특별한 의미를 찾는 것이 문학인 것 같다”라고 표현하며, 문학적 사고의 특징을 인식합니다. 그리고 내적 성찰의 과정을 이해합니다. “자신을 돌아보는 시간을 갖는 것 같다”, “조용한 성찰의 시간이 필요하다”라고 말하며, 내면적 성장의 의미를 파악합니다.

고차원 수준의 독해력은 문학사적, 미학적 관점에서 정밀하게 분석합니다. 자연과의 교감이라는 주제가 동서양 문학사에서 어떻게 다뤄져 왔는지, 특히 한국 문학의 자연관과 어떻게 연결되는지 이해합니다. 문장의 미적 구조도 분석합니다. 5개의 문장이 만드는 리듬과 호흡, 각 문장의 길이와 구조가 전체적인 미적 효과에 미치는 영향을 파악합니다. 상징체계로도 해석합니다. 단풍잎(시간과 변화), 편지(소통과 메시지), 햇살(희망과 깨달음), 창가(내부와 외부의 경계) 등이 갖는 상징적 의미를 분석합니다.

고차원 수준의 문해력은 자연과 인간 의식의 교감 과정과 일상적 사물의 시적 전환, 그리고 시간의 층위가 만들어내는 존재론적 깨달음을 읽어냅니다. 이 문장들은 표면적으로는 단풍잎을 발견하는 평범한 경험을 묘사하고 있지만, 이면적으로는 현대인이 잃어버린 자연과의 원초적 소통 능력의 회복과 일상 속에서 발견되는 초월적 순간에 대한 깊은 미학적 성찰을 담아내고 있습니다.

- **'단풍잎 하나가 창가에 떨어져 있었다'**라는 시작에서 드러나는 우연적 만남의 소중함과 경계 공간의 상징성부터 살펴보면, 이는 예기치 못한 발견을 통한 일상의 전환을 의미합니다. '단풍잎 하나가'에서 '하나'라는 수식어는 개별성과 유일성을 강조하며, 무수히 많은 낙엽 중에서도 이 특별한 잎과의 만남이 갖는 운명적 성격을 부각합니다. '창가에 떨어져 있었다'에서 '창가'는 내부와 외부, 자연과 문명, 의식과 무의식을 잇는 경계 공간으로, 이러한 경계에서 일어나는 만남은 일상적 의식 상태에서 시적 의식 상태로의 전환을 가능하게 합니다. '떨어져 있었다'는 과거완료형은 이미 완료된 자연의 행위를 나타내며, 인간이 개입하기 이전에 자연이 먼저 메시지를 준비해두었다는 의미를 담고 있습니다.

- **'그것은 마치 누군가가 남긴 편지처럼 보였다'**라는 은유적 인식에서 나타나는 자연의 주체화와 소통에 대한 갈망이 이 문장의 정서적 핵

심입니다. '누군가가 남긴 편지처럼'이라는 직유는 단순한 수사 기법을 넘어 자연을 의사소통의 주체로 인식하는 애니미즘(자연 현상이나 무생물, 생물 모두에 영혼이나 영적 존재가 있다고 믿는 원시 신앙)의 세계관을 보여줍니다. 이는 근대적 주객 분리의 사고방식에서 벗어나 자연과 인간의 상호 주체적 관계를 회복하려는 생태적 감수성을 반영합니다. '편지'라는 은유는 단풍잎이 단순한 자연물이 아니라 의미를 담은 텍스트임을 시사하며, 이를 해독하는 것은 자연의 언어를 이해하는 해석학적 행위가 됩니다. '보였다'는 지각 동사는 객관적 사실이 아닌 주관적 해석임을 나타내지만, 동시에 그 해석이 새로운 현실을 창조하는 창조적 인식 행위임을 의미합니다.

- **'나는 그 잎을 조심스럽게 들어 올렸다'**라는 행위에서 드러나는 경외감과 의례적 태도가 보여주는 성스러운 것에 대한 인식은 매우 종교적입니다. '조심스럽게'라는 부사는 단순한 주의가 아니라 성스러운 대상을 다루는 경건한 태도를 나타내며, 이는 일상적 사물이 특별한 의미를 갖는 순간 그것이 성물로 전환되는 종교 현상학적 체험을 보여줍니다. '들어 올렸다'는 동작은 물리적 행위이면서 동시에 상징적 수용 의식을 의미하며, 자연의 선물을 받아들이는 겸손한 자세를 드러냅니다. 이러한 의례적 행위는 일상의 산문적 시간에서 제의적 시간으로의 전환을 보여줍니다.

- **'잎맥 사이로 스며든 햇살이 투명한 추억을 만들어내고 있었다'**라는 감각적 체험에서 나타나는 공감각적 인식과 시간의 공존성이 이 문

장의 시적 절정을 이룹니다. '잎맥 사이로 스며든 햇살'은 미시적 자연 현상에 대한 세밀한 관찰을 보여주며, 빛과 생명 구조의 만남이 만들어내는 신비로운 아름다움을 포착합니다. '투명한 추억'이라는 공감각적 표현은 시각적 투명성과 시간적 기억을 결합하여 과거와 현재가 동시에 존재하는 시적 순간을 창조합니다. '만들어내고 있었다'는 과거진행형은 그 순간에 새로운 의미와 감정이 지속적으로 생성되고 있음을 나타내며, 예술적 창조의 과정이 바로 그 현장에서 일어나고 있음을 보여줍니다.

- **'그제야 나는 가을이 내게 전하고 싶었던 메시지를 읽을 수 있었다'**라는 깨달음의 순간에서 드러나는 자연과의 소통 완성과 계절의 철학적 의미가 보여주는 시간 의식의 성숙함은 깊은 감동을 줍니다. '그제야'라는 부사는 지금까지 놓치고 있던 것을 비로소 발견했다는 깨달음의 순간성을 강조하며, 이는 일종의 개오(開悟 : 지혜를 얻어 진리를 깨달음) 체험을 의미합니다. '가을이 내게 전하고 싶었던'이라는 의인법은 계절을 하나의 주체로 인식하는 관점을 보여주며, 자연이 인간에게 능동적으로 메시지를 전달한다는 상호소통적 자연관을 반영합니다. '메시지를 읽을 수 있었다'는 표현은 자연의 언어를 해독하는 능력의 획득을 의미하며, 이는 과학적 분석과는 다른 직관적이고 시적인 인식 방식의 회복을 나타냅니다.

- 현상학적 관점에서 이 글은 체험적 인식을 보여줍니다. 단풍잎과의 만남은 개념적 사고 이전의 원초적 지각 경험이며, 이를 통해 주체와

객체의 경계가 해소되는 체험이 일어납니다.

- 생태 철학적으로 이 경험은 인간과 자연의 소외된 관계를 치유하는 생태적 감수성의 회복을 보여줍니다. 자연을 정복과 이용의 대상이 아닌 소통과 교감의 상대로 인식하는 것은 환경 위기 시대에 필요한 의식 전환의 단초가 됩니다.

- 문학적으로 이 문장들은 상징주의 시학의 정수를 구현하고 있습니다. 일상적 사물이 초월적 의미를 획득하는 과정, 감각적 체험이 정신적 깨달음으로 승화되는 과정, 그리고 개별적 경험이 보편적 진리와 만나는 과정이 완벽하게 형상화되어 있습니다.

분석할 문장 2 : (사회 교과(철학)) 존재의 의미

"인간은 끊임없이 '나는 누구인가?'라는 질문을 던진다. 이 질문은 단순한 호기심이 아니라 존재의 근본적 문제에 대한 탐구이다. 소크라테스는 '너 자신을 알라'고 했고, 데카르트는 '나는 생각한다, 고로 존재한다'고 말했다. 현대에 와서 사르트르는 '존재가 본질에 앞선다'며 인간의 자유와 책임을 강조했다. 결국 존재의 의미는 각자가 스스로 만들어가는 것이며, 이것이 인간다운 삶의 핵심이다."

이 글을 수준별 독해력과 문해력으로 분석해보겠습니다.

기본 수준의 독해력은 "사람들이 '나는 누구인가?'라는 질문을 하고, 이것은 중요한 질문이고, 옛날 철학자들이 여러 말을 했고, 요즘 철학자도 다른 말을 했고, 결국 자기가 정하는 것이다"라는 기본적인 내용을 이해합니다. 철학자들의 이름과 말을 기억하려 하지만, 그 의미는 어려워합니다. '너 자신을 알라'를 "자기를 알아야 한다"라는 정도로, '나는 생각한다, 고로 존재한다'를 "생각하는 것이 중요하다"라는 의미로 단순화해서 이해합니다.

기본 수준의 문해력은 이 내용을 주로 자기소개나 자기 이해의 맥락에서 해석합니다. "자기가 누구인지 알아야 한다", "자기를 잘 알면 좋다"라고 말하며, 도덕적 교훈으로 받아들입니다. 그리고 구체적인 예시를 들어 이해하려 합니다. "내 이름은 뭐고, 좋아하는 것은 뭐고..."라고 말하며, 구체적이고 일상적인 자기 정보와 연결합니다. 질문하는 것의 중요성도 이해합니다. "궁금한 것이 있으면 질문해야 한다", "모르는 것을 물어보는 것이 좋다"라고 말하며, 질문의 가치를 인식합니다. 또한 자기 결정의 중요성을 단순하게 받아들입니다. "내가 결정해야 한다", "남이 시키는 것만 하면 안 된다"라고 말하며, 자율성의 기본 개념을 이해합니다. 철학자들에 대한 호기심도 보입니다. "소크라테스는 어떤 사람이었을까?", "옛날 사람들은 어떻게 생각했을까?"라고 질문하며, 역사적 인물에 관한 관심을 나타냅니다.

보통 수준의 독해력은 철학적 개념을 더 정확하게 이해합니다. 존재와 본질의 차이를 어느 정도 파악하고, 각 철학자의 핵심 사상을 구분하여 이해합니다. 또한 시대적 흐름을 인식합니다. 고대 그리스 철학에서 근세 철학, 현대 철학으로의 발전 과정을 이해하고, 각 시대별 특징을 파악합니다. 철학적 방법론도 이해합니다. 소크라테스의 문답법, 데카르트의 방법적 회의, 사르트르의 실존적 분석 등 각각의 접근 방법을 구분합니다.

보통 수준의 문해력은 자아 정체성의 문제를 깊이 있게 생각합니다. "나는 정말 누구인가?", "내가 원하는 것은 무엇인가?"라는 질문을 진지하게 받아들이며, 청소년기의 정체성 탐색과 연결합니다. 자유와 책임의 관계도 생각합니다. "자유롭게 선택할 수 있다는 것은 좋지만 책임도 져야 한다", "자유에는 대가가 따른다"라고 말하며, 자유의 양면성을 인식합니다. 그리고 사회적 기대와 개인적 욕구의 갈등을 생각합니다. "부모님이 원하는 것과 내가 원하는 것이 다를 때", "사회의 기준과 내 기준이 다를 때"를 고민하며, 현실적 딜레마를 철학적으로 접근합니다. 철학의 실용성에 대해 회의적이면서도 호기심을 보입니다. "철학이 실제 생활에 도움이 될까?"라고 의문을 제기하면서도, "깊이 생각해보는 것은 의미가 있을 것 같다"라고 말합니다. 미래에 대한 불안과도 연결합니다. "앞으로 무엇이 될지 모르겠다", "내 인생을 내가 결정해야 한다는 것이 부담스럽다"라고 말하며, 실존적 불안을 경험합니다.

고차원 수준의 독해력은 이 글을 서양 철학사의 맥락에서 체계적으로 분석합니다. 소크라테스의 철학적 무지의 지(知), 데카르트의 근대 철학의 출발점, 사르트르의 실존주의 철학을 정확히 이해합니다. 또한 존재론과 인식론의 차이도 파악합니다. 존재 자체의 문제와 존재를 아는 문제의 구분, 그리고 이 둘의 관계를 이해합니다. 철학적 논증의 구조에도 관심을 가집니다. 각 철학자의 전제와 논리적 추론 과정, 그리고 결론의 타당성을 비판적으로 검토합니다.

고차원 수준의 문해력은 이 문장들에서 인간 존재의 근본적 불안과 자기 창조의 실존적 부담, 그리고 철학사를 관통하는 주체성 문제의 진화 과정을 읽어냅니다. 이 문장들은 표면적으로는 철학자들의 사상을 소개하고 있지만, 이면적으로는 인간이라는 존재가 갖는 독특한 자기 의식의 구조와 그것으로 인해 감당해야 하는 실존적 고독감, 그리고 현대인이 직면한 정체성 위기의 본질을 깊이 있게 성찰하게 합니다.

- **'인간은 끊임없이 나는 누구인가? 라는 질문을 던진다'**라는 시작에서 드러나는 자기의식의 순환적 구조와 실존적 불안의 근원부터 살펴보면, 이는 인간만이 가진 독특한 존재론적 조건을 보여줍니다. '끊임없이'라는 부사는 이 질문이 일회적 호기심이 아니라 인간 존재의 구조적 특징임을 강조하며, 인간이 다른 동물과 달리 자신의 존재를 문제로 삼는 '문제적 존재'임을 드러냅니다. '나는 누구인가?'라는 질문에서 '나'를 묻는 '나' 자신의 이중적 구조는 주체와 객체가 동시에 되는 자기의식의 역설적 특성을 보여주며, 이는 피히테 이후 독일 관념론이 탐구한 자아의 자기 정립 문제와 연결됩니다. 이러한 자기 탐구의 강박적 반복성은 인간 존재가 본질적으로 자기 자신에게 투명하지 않다는 불투명성의 조건을 반영합니다.

- **'이 질문은 단순한 호기심이 아니라 존재의 근본적 문제에 대한 탐구이다'**라는 규정에서 나타나는 철학적 사유의 본질과 일상적 궁금증의 구별이 보여주는 사유의 층위는 중요합니다. '단순한 호기심이 아니라'는 부정을 통한 강조는 이 질문이 표면적 정보 수집이 아닌 존재론적 근거에 대한 탐구임을 분명히 합니다. '존재의 근본적 문제'라는 표현은 하이데거가 말한 '존재 질문'의 근본성을 연상시키며, 인간이 단순히 존재하는 것이 아니라 자신의 존재를 문제로 삼는 특별한 존재임을 강조합니다. '탐구'라는 용어는 이것이 수동적 의문이 아닌 능동적 추구임을 나타내며, 철학적 사유가 갖는 실존적 절박함을 드러냅니다.

- **'소크라테스는 너 자신을 알라고 했고, 데카르트는 나는 생각한다, 고로 존재한다고 말했다'**라는 철학사적 전개에서 드러나는 자기 인식 방법론의 변화와 근대적 주체성의 탄생이 이 문장의 역사철학적 핵심입니다. 소크라테스의 '너 자신을 알라'는 외부적 권위나 관습에 의존하지 않고 자기 자신의 내면을 성찰하라는 계몽적 명령이며, 이는 서구 철학의 출발점이 되는 주체적 사유의 각성을 의미합니다. 데카르트의 '나는 생각한다, 고로 존재한다'는 중세적 신 중심 사고에서 근대적 인간 중심 사고로의 코페르니쿠스적 전환을 보여주며, 사유하는 주체로서의 '나'를 모든 확실성의 토대로 설정하는 근대 철학의 출발점이 됩니다. 이 두 명제는 고대에서 근대로 이어지는 서구 정신사의 연속성과 동시에 그 안에서 일어난 근본적 전환을 압축적으로 보여줍니다.

- **'현대에 와서 사르트르는 존재가 본질에 앞선다며 인간의 자유와 책임을 강조했다'**라는 실존주의적 전환에서 나타나는 본질주의 철학의 해체와 실존적 자유의 발견이 보여주는 현대적 인간관의 혁명성은 매우 급진적입니다. '존재가 본질에 앞선다'는 명제는 전통 형이상학이 전제해온 고정된 인간 본질의 개념을 뒤집는 철학적 혁명이며, 인간이 미리 정해진 본질을 갖고 태어나는 것이 아니라, 살아가면서 자신의 본질을 만들어간다는 급진적 발상입니다. '인간의 자유와 책임을 강조했다'는 설명은 이러한 존재론적 우선성이 단순한 철학적 유희가 아니라 구체적인 윤리적 함의를 갖는다는 점을 보여주며, 자유는 곧 책임이라는 실존주의의 핵심이 드러납니다. 이는 결정론적 세계관에서 자유의지론적 세계관으로의 전환을 의미하며, 인간을 운명

의 피동적 객체에서 자기 창조의 능동적 주체로 격상시킵니다.

- **'결국 존재의 의미는 각자가 스스로 만들어가는 것이며, 이것이 인간다운 삶의 핵심이다'**라는 결론에서 드러나는 의미 창조의 개별성과 인간다움의 정의가 보여주는 현대적 휴머니즘의 특징은 깊은 통찰을 담고 있습니다. '각자가 스스로 만들어가는 것'이라는 표현은 의미가 외부로부터 주어지는 것이 아니라 개인의 주체적 선택과 행동을 통해 창조되는 것임을 강조하며, 이는 전통적인 종교적 · 형이상학적 의미 부여 방식의 해체를 의미합니다. '이것이 인간다운 삶의 핵심이다'라는 규정은 자기 창조적 실존을 인간성의 본질로 설정하는 것으로, 인간을 다른 존재와 구별하는 고유한 특징이 바로 이러한 자기 의미화 능력에 있다는 인간학적 정의를 제시합니다.

- 실존 분석학적 관점에서 이 글은 인간 존재의 근본적 구조를 드러냅니다. 인간은 자신의 존재 가능성을 끊임없이 기획해야 하는 '기획 존재'이며, 이러한 기획의 부담이 바로 실존적 불안의 근원이 됩니다. 동시에 이 부담을 회피하려는 경향이 바로 하이데거가 말한 '일상성으로의 도피'나 사르트르가 말한 '자기기만'의 근본 동기가 됩니다.

- 심리학적으로 이러한 정체성 탐구는 현대 사회의 급속한 변화와 전통적 역할 모델의 해체는 개인에게 더욱 절실하게 자기 자신을 정의해야 하는 상황에 놓이게 하며, 이는 정체성 형성의 어려움을 가중하기도 합니다.

• 사회문화적으로 이 철학적 여정은 개인주의 문화 발전 과정과 밀접하게 연결됩니다. 집단 정체성에서 개인 정체성으로, 주어진 역할에서 자기 선택적 역할로의 이행은 현대 서구 문명의 핵심적 특징을 이루고 있습니다. 그리고 동시에 이것이 가져오는 자유의 무게와 고독감도 현대인이 감당해야 할 실존적 조건이 되고 있습니다.

분석할 문장 사례 3 : (감성적 주제) 추억 속의 할머니

"할머니의 마지막 겨울이었다. 병상에 누워 계신 할머니는 창밖의 눈을 바라보시며 어린 시절 이야기를 들려주셨다. 마치 시간이 거꾸로 흘러가는 것처럼 할머니의 목소리는 점점 더 맑아졌다. 나는 할머니의 손을 잡고 그 따뜻함을 기억 속에 새겨 넣었다. 그날 밤, 할머니는 조용히 눈을 감으셨고, 나는 비로소 이별의 의미를 깨달았다."

이 글을 수준별 독해력과 문해력으로 분석해보겠습니다.

기본 수준의 독해력은 "할머니의 마지막 겨울에 병에 걸려서 어린 시절 이야기해 주시고, 목소리가 맑아졌고, 손을 잡았고, 그날 밤에 돌아가셨다"라는 기본적인 사건의 순서를 이해합니다. '마지막 겨울'이라는 표현에서 할머니의 죽음을 예감하고, '병상에 누워 계신'에서 할머니가 아프다는 것을 파악합니다. '시간이 거꾸로 흘러가는 것처럼'이라는 표현은 어려워하지만 "이상한 느낌"정도로 받아들입니다.

기본 수준의 문해력은 이 글을 주로 슬픔과 그리움의 감정으로 해석합니다. "할머니가 돌아가셔서 슬플 것 같다", "많이 그리울 것 같다"라고 말하며, 직접적인 감정 반응을 보입니다. 자기의 경험과도 연결합니다. "우리 할머니도 아프실 때가 있어요", "할머니가 옛날 이야기해 주실 때가 있어요"라고 말하며, 개인적 경험을 통해 공감합니다. 또한 죽음에 대한 순수한 질문을 던집니다. "할머니는 어디로 가셨을까?", "다시 만날 수 있을까?"라고 궁금해하며, 죽음에 대한 자연스러운 호기심을 나타냅니다. 기억의 소중함도 인식합니다. "할머니 이야기를 잊으면 안 될 것 같다", "할머니가 해주신 말씀을 기억해야 할 것 같다"라고 말하며, 기억의 중요성을 이해합니다. 가족의 소중함도 깨닫습니다. "할머니를 더 사랑해야겠다", "가족이 정말 소중하다"라고 표현하며, 가족 사랑의 의미를 인식합니다.

보통 수준의 독해력은 글의 상징적 의미와 감정적 층위를 더 깊이 이해합니다. '마지막 겨울'이 단순한 시간 표시가 아니라 인생의 종료를 의미한다는 것을 파악하고, '시간이 거꾸로 흘러가는 것처럼'이라는 표현에서 회상의 특별한 성질을 이해합니다. '목소리가 점점 더 맑아졌다'는 표현에서 죽음을 앞둔 순간의 신비로운 변화를 인식하고, '따뜻함을 기억 속에 새겨 넣었다'에서 의도적 기억화 과정을 파악합니다.

보통 수준의 문해력은 죽음과 이별에 대한 복합적 감정을 이해합니다. "슬프지만 아름다운 이별", "죽음이 끝이 아닐 수도 있다"라고 말하며, 죽음에 대한 양가적 인식을 보입니다. 그리고 시간의 상대성을 인식합니다. "중요한 순간에는 시간이 다르게 느껴진다", "기억 속에서는 시간이 멈춘다"라고 해석하며, 시간 인식의 주관성을 이해합니다. 세대 간 연결의 의미도 생각합니다. "할머니의 이야기가 나에게 전해진다", "할머니의 사랑이 계속 이어진다"라고 말하며, 세대 간 전승의 가치를 인식합니다. 성장과 성숙을 인식합니다. "이별을 통해 더 성숙해질 것 같다", "죽음을 경험하면서 인생을 더 깊이 이해하게 될 것 같다"라고 말하며, 경험을 통한 성장을 이해합니다. 인생의 유한성도 깨닫습니다. "시간이 얼마 남지 않았다는 것을 알고 더 소중히 여겨야 한다", "언젠가는 모든 것이 끝난다"라고 말하며, 삶의 유한성을 인식합니다.

고차원 수준의 독해력은 이 글을 문학적 기법과 철학적 함의의 관점에서 분석합니다. 점층법을 통한 감정의 고조, 대조법을 통한 생과 사의 대비, 상징법을 통한 의미의 심화 등을 파악합니다. 시간의 다층적 구조도 이해합니다. 객관적 시간(마지막 겨울, 그날 밤)과 주관적 시간(거꾸로 흘러가는 시간), 기억 시간(어린 시절 이야기)의 교차를 분석합니다.

고차원 수준의 문해력은 이 문장들에서 죽음의 존재론적 의미와 시간의 순환적 구조, 그리고 기억을 통한 영속성의 추구와 세대 간 전승의 신성함을 읽어냅니다. 이 문장들은 표면적으로는 할머니의 임종 과정을 서술하고 있지만, 이면적으로는 죽음이 단순한 소멸이 아닌 변화와 전환의 과정이며, 개별적 죽음을 통해 보편적 생명이 지속된다는 깊은 생명철학적 통찰을 담아내고 있습니다.

- **'할머니의 마지막 겨울이었다'**라는 시작에서 드러나는 계절과 생명주기의 조응, 그리고 종결성의 예감부터 살펴보면, 이는 자연의 리듬과 인간 생애의 동조를 보여주는 상징적 설정입니다. '마지막 겨울'이라는 표현은 단순한 시간적 순서가 아니라 생명의 마지막 계절이라

는 존재론적 의미를 담고 있으며, 겨울이 죽음의 계절이면서 동시에 새로운 생명을 위한 준비의 계절이라는 순환적 시간 의식을 반영합니다. 이러한 계절적 은유는 죽음을 절대적 종말이 아닌 자연의 순환 과정 중 하나로 인식하게 하며, 한국 문화의 오랜 자연주의적 세계관을 보여줍니다. '할머니의'라는 소유격은 이 겨울이 다른 누구의 것도 아닌 할머니만의 고유한 시간임을 강조하며, 죽음의 개별성과 유일성을 부각합니다.

- **'병상에 누워 계신 할머니는 창밖의 눈을 바라보시며 어린 시절 이야기를 들려주셨다'**라는 장면에서 나타나는 임종자의 의식 상태와 회상의 패턴이 보여주는 심리학적 현상은 매우 의미가 깊습니다. '병상에 누워 계신'이라는 상황은 물리적 제약 속에서도 정신적 활동이 지속되는 인간 의식의 특성을 보여주며, '창밖의 눈을 바라보시며'라는 행위는 내부와 외부, 현재와 과거를 연결하는 관조적 태도를 드러냅니다. 눈이라는 자연 현상이 기억의 매개체가 되는 것은 감각적 경험이 의식 작용의 출발점이 된다는 현상학적 인식을 반영하며, 동시에 순수함과 평화로움의 상징인 눈이 죽음을 앞둔 할머니의 심리 상태와 조응하고 있음을 보여줍니다. '어린 시절 이야기를 들려주셨다'는 행위는 임종을 앞둔 사람들에게 나타나는 회고적 의식의 전형적 패턴을 보여주며, 이는 생의 전체를 통합하고 의미를 부여하려는 자연스러운 심리적 과정입니다.

- **'마치 시간이 거꾸로 흘러가는 것처럼 할머니의 목소리는 점점 더 맑아졌다'**라는 역설적 현상에서 드러나는 죽음의 변증법적 특성과 의식의 초월적 순간이 이 문장의 신비주의적 핵심입니다. '시간이 거꾸로 흘러가는 것처럼'이라는 표현은 선형적 시간 의식에서 순환적 시간 의식으로의 전환을 보여주며, 죽음을 앞둔 순간에 과거와 현재, 미래가 하나로 수렴되는 영원의 체험을 암시합니다. 이는 시간 체험의 변화를 의미합니다. '할머니의 목소리는 점점 더 맑아졌다'는 현상은 물리적 쇠약과 정신적 맑음의 역설적 관계를 보여주며, 이는 많은 종교적 전통에서 보고되는 임종 직전의 의식 각성 현상과 일치합니다. 목소리가 맑아진다는 것은 단순한 음성의 변화가 아니라 존재 전체의 순화 과정을 상징하며, 죽음이 소멸이 아닌 정화와 승화의 과정임을 시사합니다.

- **'나는 할머니의 손을 잡고 그 따뜻함을 기억 속에 새겨 넣었다'**라는 접촉 행위에서 나타나는 신체적 소통의 원초성과 기억의 의지적 구성이 보여주는 사랑의 실천은 깊은 감동을 줍니다. '할머니의 손을 잡고'라는 행위는 언어를 초월한 신체적 소통이며, 생명과 생명이 직접 만나는 가장 원초적이고 친밀한 접촉 방식입니다. 손은 인간의 모든 활동과 감정이 집약된 신체 부위로, 할머니의 손을 잡는 것은 그분의 전 생애와 사랑을 받아들이는 상징적 행위가 됩니다. '그 따뜻함을 기억 속에 새겨 넣었다'는 표현에서 '새겨 넣었다'는 능동적 동사는 기억이 피동적 보존이 아닌 의식적 구성 행위임을 보여주며, 사랑하는 사람과의 이별을 앞두고 그 존재의 흔적을 영원히 간직하려는 절실한

의지를 드러냅니다. 따뜻함이라는 감각적 경험을 기억한다는 것은 추상적 개념이 아닌 구체적 체험을 통해 타자를 기억한다는 것을 의미하며, 이는 몸을 가진 존재로서의 인간의 특성을 반영합니다.

- **'그날 밤, 할머니는 조용히 눈을 감으셨고, 나는 비로소 이별의 의미를 깨달았다'**라는 결말에서 드러나는 죽음의 정숙함과 깨달음의 순간적 특성이 보여주는 성장의 계기는 매우 철학적입니다. '그날 밤'이라는 시간적 설정은 죽음이 밤의 정적함 속에서 일어나는 자연스러운 현상임을 보여주며, 밤이 갖는 평화로움과 신비로움이 죽음의 분위기와 조응하고 있음을 나타냅니다. '조용히 눈을 감으셨고'라는 서술에서 '조용히'라는 부사는 죽음이 폭력적이거나 극적인 사건이 아닌 고요한 전환임을 강조하며, '눈을 감으셨고'라는 존경어 사용은 죽음을 맞는 할머니에 대한 경외심을 드러냅니다. 눈을 감는다는 것은 외부 세계와의 관계를 끊고 내면의 세계로 향하는 것이며, 동시에 영원한 잠에 드는 것을 의미합니다. '비로소 이별의 의미를 깨달았다'는 깨달음은 이별이 단순한 헤어짐이 아니라 존재론적 변화이며, 죽은 자와 산 자 모두에게 새로운 존재 양식을 부여하는 변환적 경험임을 인식하는 성숙의 순간을 의미합니다.

- 실존 분석학적 관점에서 이 글은 죽음을 통한 실존적 각성의 과정을 보여줍니다. 타자의 죽음을 목격하는 것은 자신의 유한성을 깨닫게 하는 근본적 체험이며, 이를 통해 삶의 의미와 가치에 대한 새로운 인식이 가능해집니다.

• 종교 현상학적으로 할머니의 임종 과정은 많은 종교적 전통에서 말하는 '선종'의 모습을 보여줍니다. 평화로운 죽음, 의식의 맑아짐, 과거에 대한 회상과 정리는 모두 영성적 관점에서 이상적인 죽음의 과정으로 여겨져 왔습니다.

• 문학적으로 이 문장들은 '계절감'과 '감각적 이미지'를 통한 정서적 울림을 만들어내는 서정문학의 전형을 보여줍니다. 겨울-눈-따뜻함-밤이라는 일련의 이미지들이 죽음이라는 무거운 주제를 아름답고 숭고한 경험으로 승화시키고 있습니다.

분석할 문장 4 : (이성적 주제) 인공지능과 인간의 미래

"인공지능 기술의 발전은 인간 사회에 근본적인 변화를 가져오고 있다. 기계학습과 딥러닝을 통해 인공지능은 이미 의료 진단, 자율주행, 번역 등 다양한 분야에서 인간의 능력을 넘어서고 있다. 하지만 인공지능의 급속한 발전은 일자리 대체, 프라이버시 침해, 알고리즘 편향 등의 문제를 야기하고 있다. 이러한 문제들을 해결하기 위해서는 기술 개발과 함께 윤리적 기준과 법적 규제가 필요하다. 인공지능과 인간이 공존하는 미래를 위해서는 기술의 혜택을 극대화하면서도 인간의 존엄성을 보장하는 균형점을 찾아야 한다."

이 글을 수준별 독해력과 문해력으로 분석해보겠습니다.

기본 수준의 독해력은 "인공지능이 사회를 변화시키고 있고, 좋은 점도 있고 나쁜 점도 있고, 문제를 해결해야 하고, 인간과 함께 살아야 한다"는 기본적인 내용을 이해합니다. '기계학습'과 '딥러닝'은 어려운 용어이지만 "컴퓨터가 배우는 것"이라는 정도로 이해하고, '알고리즘'을 "컴퓨터가 일하는 방법"으로 받아들입니다. '윤리적 기준'과 '법적 규제'를 "옳고 그름을 정하는 것"과 "법으로 정하는 것"으로 이해합니다.

기본 수준의 문해력은 이 내용을 주로 로봇과 컴퓨터의 맥락에서 해석합니다. "로봇이 사람 일을 도와준다", "컴퓨터가 똑똑해져서 많은 일을 할 수 있다"라고 말하며, 구체적이고 친숙한 이미지로 이해합니다. 좋은 점과 나쁜 점을 단순하게 구분합니다. "병을 고치는 데 도움이 되어서 좋다", "사람들이 일자리를 잃어서 나쁘다"라고 말하며, 명확한 선악 구분을 선호합니다. 미래에 대한 호기심도 보입니다. "미래에는 로봇이 더 많아질까?", "로봇과 함께 살게 될까?"라고 질문하며, 미래에 대한 순수한 관심을 나타냅니다. 그리고 인간의 특별함을 강조합니다. "사람이 더 중요하다", "로봇은 사람을 도와주는 것이다"라고 말하며, 인간 중심적 사고를 보입니다. 규칙의 필요성도 이해합니다. "나쁘게 쓰면 안 되니까 규칙이 필요하다", "어른들이 잘 정해야 한다"라고 말하며, 규제의 기본 개념을 인식합니다.

보통 수준의 독해력은 인공지능의 기술적 개념을 더 정확하게 이해합니다. 기계학습과 딥러닝의 차이, 알고리즘의 작동 원리, 빅데이터와의 관계 등을 어느 정도 파악합니다. 논증의 구조도 인식합니다. 긍정적 측면과 부정적 측면을 균형 있게 제시하는 양면적 접근법과 문제-해결 구조를 이해합니다. 구체적 사례를 통한 이해도 시도합니다. 의료진단에서 AI의 활용, 자율주행차의 원리, 번역 프로그램의 발전 등을 구체적으로 이해하려 합니다.

보통 수준의 문해력은 기술과 사회의 관계를 더 깊이 생각합니다. "기술이 발전하면 사회가 바뀐다", "기술 발전에는 항상 좋은 점과 나쁜 점이 있다"라고 말하며, 기술의 사회적 영향을 인식합니다. 일자리 문제에 대해서도 현실적으로 고민합니다. "부모님 일자리가 없어질 수도 있다", "새로운 직업이 생길 수도 있다"라고 말하며, 미래에 대한 현실적 우려를 표현합니다. 그리고 프라이버시 문제를 이해합니다. "개인 정보가 노출될 수 있다", "감시당하는 기분이 들 수 있다"라고 말하며, 개인의 권리와 자유에 관한 관심을 보입니다. 윤리적 문제도 인식합니다. "AI가 차별을 할 수 있다", "공정하지 않을 수 있다"라고 말하며, 기술의 윤리적 차원을 이해합니다. 또한 미래 사회에 대한 준비를 생각합니다. "AI와 함께 살아야 하니까 준비해야 한다", "새로운 능력을 키워야 한다"라고 말하며, 적응의 필요성을 인식합니다.

고차원 수준의 독해력은 이 글을 과학기술학(STS)과 미래학의 관점에서 분석합니다. 인공지능의 기술적 원리, 사회적 영향, 정책적 대응 등을 체계적으로 이해합니다. 그리고 논증의 논리적 타당성을 평가합니다. 제시된 근거의 충분성, 논리적 연결의 적절성, 결론의 타당성 등을 비판적으로 검토합니다. 개념 간의 관계도 파악합니다. 기술 발전, 사회 변화, 윤리적 문제, 정책적 대응 등의 개념들이 어떻게 상호 연결되는지 이해합니다.

고차원 수준의 문해력은 이 문장들에서 기술 결정론과 인간 주체성의 근본적 갈등, 그리고 포스트휴먼(포스트휴먼은 과학기술 발전으로 인해 인간과 기계의 경계가 흐려지는 존재를 의미합니다. 생명공학, 인공지능, 가상현실 등 첨단 기술이 인간의 신체와 정신을 조작하거나 확장하면서 등장한 개념입니다) 시대의 존재론적 재구성과 효율성과 인간성 사이의 변증법적 긴장을 읽어냅니다. 이 문장들은 표면적으로는 인공지능 기술의 현황과 과제를 서술하고 있지만, 이면적으로는 인간이라는 존재의 본질에 대한 근본적 도전과 문명사적 전환점에서 요구되는 새로운 윤리적 패러다임의 필요성을 깊이 있게 성찰하게 합니다.

- **'인공지능 기술의 발전은 인간 사회에 근본적인 변화를 가져오고 있다'**라는 진단에서 드러나는 기술 결정론적 세계관과 사회 변화의 구조적 성격부터 살펴보면, 이는 기술이 단순한 도구를 넘어 사회 전체를 재구성하는 독립적 힘으로 작동하고 있음을 보여줍니다. '근본적인 변화'라는 표현은 표면적 개선이나 점진적 발전이 아닌 존재 조건 자체의 질적 전환을 의미하며, 이는 하이데거가 말한 '기술의 본질'이 인간 존재 방식을 규정하는 현대적 상황을 반영합니다. 인공지능이 가져오는 변화는 단순히 새로운 도구의 등장이 아니라 인간이 세계를 인식하고 행동하는 방식 자체를 변화시키는 인식론적이고 존재론적인 혁명을 의미합니다. 이는 구텐베르크 인쇄술이나 산업혁명과 같은 역사적 전환점들과 비교될 수 있지만, 그 변화의 속도와 범위에서 전례 없는 특성을 보여줍니다.

- **'기계학습과 딥러닝을 통해 인공지능은 이미 의료 진단, 자율주행, 번역 등 다양한 분야에서 인간의 능력을 넘어서고 있다'**라는 현실 인식에서 나타나는 인간 고유성의 해체와 기계적 초월의 충격이 이 문장의 철학적 핵심입니다. '인간의 능력을 넘어서고 있다'는 표현은 단순한 성능 비교를 넘어 인간 중심적 세계관의 근본적 도전을 의미합니다. 전통적으로 사고, 판단, 창조는 인간만의 고유한 영역으로 여겨져 왔지만, 인공지능의 발전은 이러한 경계를 무너뜨리고 있습니다. '의

료 진단, 자율주행, 번역' 등의 구체적 사례들은 각각 전문 지식, 공간 인식, 언어 능력이라는 고도의 인지적 영역들을 포괄하며, 이는 인간의 정신적 활동 전반이 기계적 모방과 초월의 대상이 되고 있음을 보여줍니다. 이러한 현상은 데카르트 이후 서구 문명이 전제해온 인간의 특별함에 대한 근본적 회의를 불러일으키며, 인간이란 무엇인가라는 존재론적 질문을 새롭게 제기합니다.

- **'하지만 인공지능의 급속한 발전은 일자리 대체, 프라이버시 침해, 알고리즘 편향 등의 문제를 야기하고 있다'**라는 우려에서 드러나는 기술 발전의 이중성과 사회적 불평등의 심화 가능성이 보여주는 디스토피아적 전망은 매우 현실적입니다. '일자리 대체'는 단순히 경제적 문제를 넘어 노동을 통한 자아실현과 사회적 정체성 확립이라는 인간의 근본적 욕구를 위협하는 실존적 위기를 의미합니다. 마르크스가 말한 노동을 통한 인간의 자기실현이 기계에 의해 대체될 때, 인간은 자신의 존재 의미를 어디서 찾아야 하는가 하는 철학적 문제가 제기됩니다. '프라이버시 침해'는 개인의 내밀한 영역까지 데이터화 하고 분석되는 투명사회의 전체주의적 위험을 보여주며, 이는 푸코가 분석한 '감시 사회'의 극단적 형태를 의미합니다. '알고리즘 편향'은 기계적 중립성에 대한 환상을 깨뜨리며, 인간의 편견과 불평등이 기술을 통해 더욱 정교하고 은밀하게 재생산될 수 있음을 경고합니다.

- **'이러한 문제들을 해결하기 위해서는 기술 개발과 함께 윤리적 기준과 법적 규제가 필요하다'**라는 대안 제시에서 나타나는 기술과 규범의 공

진화 필요성과 거버넌스의 새로운 패러다임이 이 문장의 정치 철학적 함의를 보여줍니다. '기술 개발과 함께'라는 표현은 기술과 윤리가 사후적으로 결합하는 것이 아니라 처음부터 함께 발전해야 한다는 '가치 민감 설계' 개념을 반영하며, 이는 기술 개발 과정 자체에 윤리적 성찰이 내재화되어야 함을 의미합니다. '윤리적 기준과 법적 규제'의 병렬 구조는 도덕적 자율성과 강제적 타율성의 이중적 접근이 필요함을 보여주며, 이는 현대적 윤리학의 과제를 제시합니다. 그러나 전례 없는 속도로 발전하는 기술에 대해 상대적으로 느린 제도적 대응이 과연 효과적일 수 있을지에 대한 근본적 의문도 제기됩니다.

- **'인공지능과 인간이 공존하는 미래를 위해서는 기술의 혜택을 극대화하면서도 인간의 존엄성을 보장하는 균형점을 찾아야 한다'**라는 결론에서 드러나는 공존의 변증법과 존엄성의 재정의 필요성이 보여주는 미래 비전의 복합성은 깊은 성찰을 요구합니다. '공존하는 미래'라는 표현은 인공지능과 인간의 관계를 제로섬 게임이 아닌 상생의 관계로 설정하려는 의지를 보여주지만, 동시에 그 공존의 구체적 형태가 무엇인지는 여전히 불분명합니다. '기술의 혜택을 극대화하면서도 인간의 존엄성을 보장하는'이라는 이중 과제는 효율성과 인간성 사이의 근본적 긴장을 드러내며, 이는 단순한 타협이 아닌 새로운 종합을 요구하는 변증법적 과제입니다. '인간의 존엄성'이라는 개념 자체도 인공지능 시대에 새롭게 정의되어야 할 문제이며, 전통적인 인간중심주의적 존엄성 개념이 포스트휴먼 시대에도 유효할지에 대한 근본적 검토가 필요합니다.

- 미래학적 관점에서 이 글은 기술적 특이점 이후의 사회를 준비하는 담론의 부분으로 볼 수 있습니다. 인간보다 뛰어난 인공지능이 등장했을 때 인간 사회가 어떻게 대응할 것인가는 단순한 기술적 문제가 아닌 문명사적 과제가 됩니다.

분석할 문장 5 : (이성적 주제) 기후변화와 지속 가능한 발전

"기후변화는 21세기 인류가 직면한 가장 심각한 도전 중 하나이다. 산업혁명 이후 화석연료 사용 증가로 인한 온실가스 배출은 지구 평균 기온을 1.1도 상승시켰다. 이로 인해 극지방 빙하가 녹고, 해수면이 상승하며, 극한 기상 현상이 빈발하고 있다. 국제사회는 파리 협정을 통해 지구 온도 상승을 1.5도 이하로 제한하기 위한 노력을 기울이고 있다. 하지만 이 목표를 달성하기 위해서는 에너지 전환, 탄소 중립, 지속 가능한 발전 모델로의 근본적 변화가 필요하다."

이 글을 수준별 독해력과 문해력으로 분석해보겠습니다.

기본 수준의 독해력은 "기후변화가 심각한 문제이고, 공장에서 나오는 가스 때문에 지구가 뜨거워졌고, 얼음이 녹고 바다가 높아지고, 여러 나라가 함께 노력하고 있고, 더 좋은 방법을 찾아야 한다"는 기본적인 내용을 이해합니다. '온실가스'를 "지구를 뜨겁게 만드는 가스"로, '파리협정'을 "나라들이 약속한 것"으로 이해합니다. 1.1도, 1.5도 같은 수치는 "조금"이라는 의미로 받아들이지만, 그 심각성은 잘 이해하지 못합니다.

기본 수준의 문해력은 이 내용을 주로 환경 보호의 맥락에서 해석합니다. "지구를 아껴야 한다", "환경을 보호해야 한다"라고 말하며, 도덕적 실천 과제로 받아들입니다. 구체적인 실천 방안도 생각합니다. "전기를 아껴야 한다", "쓰레기를 줄여야 한다", "나무를 심어야 한다"라고 말하며, 일상생활에서의 환경 실천을 연결합니다. 그리고 동물과 자연에 대한 걱정을 표현합니다. "북극곰이 살 곳이 없어질 것 같다", "바다에 사는 동물들이 힘들 것 같다"라고 말하며, 생물에 대한 공감을 보입니다. 또한 미래에 대한 걱정을 나타냅니다. "나중에 지구가 너무 뜨거워질까?", "우리가 어른이 되어서도 지구가 괜찮을까?"라고 말하며, 미래에 대한 불안감을 표현합니다. 국제 협력의 필요성도 단순하게 이해합니다. "모든 나라가 함께 해야 한다", "혼자서는 안 되고 다 같이 해야 한다"라고 말하며, 협력의 기본 개념을 인식합니다.

보통 수준의 독해력은 기후변화의 과학적 메커니즘을 더 정확하게 이해합니다. 온실효과의 원리, 탄소 순환, 기후 피드백 등의 개념을 어느 정도 파악합니다. 수치의 의미도 이해합니다. 1.1도 상승과 1.5도 제한 목표가 갖는 과학적 의미와 그 차이가 미치는 영향을 인식합니다. 또한 국제 정치적 맥락을 이해합니다. 파리협정의 배경과 의미, 각국의 온실가스 감축 목표, 국제 협력의 어려움 등을 파악합니다.

보통 수준의 문해력은 기후변화를 글로벌 이슈로 인식합니다. "전 세계가 함께 해결해야 할 문제", "한 나라만의 문제가 아니다"라고 말하며, 글로벌 차원의 사고를 보입니다. 경제와 환경의 관계도 생각합니다. "경제 발전과 환경 보호 사이의 균형", "개발도상국의 딜레마" 등을 언급하며, 복합적 관계를 이해합니다. 그리고 미래 세대에 대한 책임감을 느낍니다. “우리가 지금 행동하지 않으면 다음 세대가 더 힘들어진다”라고 말하며, 세대 간 책임 의식을 보입니다. 기술의 역할도 인식합니다. “신재생 에너지”, “친환경 기술” 등을 언급하며, 기술을 통한 해결 가능성을 이해합니다. 그리고 개인의 역할을 생각합니다. “개인의 작은 실천도 중요하다”, “생활 방식을 바꿔야 한다”라고 말하며, 개인적 실천의 의미를 인식합니다.

고차원 수준의 독해력은 이 글을 지구과학, 환경학, 국제정치학의 관점에서 종합적으로 분석합니다. 기후 시스템의 복잡성, 탄소 예산, 티핑포인트(티핑포인트는 작은 변화가 누적되어 임계점에 도달하면 급격한 변화로 이어지는 현상을 의미합니다. 이 개념은 사회, 경제, 환경 등 다양한 분야에서 적용되며, 특히 네트워크 효과, 사회적 전염, 소수의 영향력이 있는 인물(커넥터, 마케터, 영업사원)이 변화를 주도하는 경우가 많습니다.) 등의 고급 개념을 이해합니다. 또한 정책과 경제의 연관성을 파악합니다. 탄소세, 배출권 거래제, 녹색 성장 정책 등 구체적인 정책 수단을 이해합니다.

고차원 수준의 문해력은 이 글에서 과학적 사실과 정치적 현실의 복합적 담론 구조, 지구적 차원의 집단행동 문제와 세대 간 윤리적 책임, 그리고 발전주의 패러다임에 대한 근본적 성찰을 읽어냅니다. 이 문장들은 표면적으로는 기후변화 현상에 대한 과학적 정보를 전달하고 있지만, 이면적으로는 현대 문명의 지속가능성에 대한 실존적 위기의식과 인류가 직면한 딜레마의 복잡성을 깊이 있게 담아내고 있습니다.

- **“기후변화는 21세기 인류가 직면한 가장 심각한 도전 중 하나이다”**라는 첫 문장에서 드러나는 문제 설정의 담론적 전략과 우선순위의 정치학적 함의를 살펴보면, 이는 단순한 사실 진술이 아닙니다. ‘가장 심각한 도전 중 하나’라는 표현은 기후변화를 빈곤, 전쟁, 질병 등 다른 글로벌 이슈들과 비교 평가하는 가치 판단을 담고 있으며, 독자에게 자원 배분과 정책 우선순위에 대한 사회적 합의를 요구합니다. 이는 아젠다 세팅 이론에서 말하는 미디어와 권력의 담론 구성 과정을 보여줍니다. 아젠다 세팅이란 사회가 어떤 문제에 관심을 집중할지 결정하는 과정을 말하며, 글쓴이는 독자들이 기후변화를 최우선 과제로 받아들이도록 유도하고 있습니다.

- **“산업혁명 이후 화석연료 사용 증가로 인한 온실가스 배출은 지구 평균 기온을 1.1도 상승시켰다”**라는 인과관계 설정에서 나타나는 근대성의 비판적 성찰과 세계관의 전환 필요성이 이 문장의 핵심입니다. 산업혁명은 단순한 역사적 사건이 아니라 인간과 자연의 관계를 근본적으로 변화시킨 문명사적 전환점으로 제시됩니다. 생태학적 관점에서 보면, 이는 인간중심주의에서 생태중심주의로의 패러다임 전환을 요구하는 메시지입니다. 인간중심주의는 인간을 자연의 주인으로 보고 자연을 이용 대상으로 여기는 세계관이며, 생태중심주의는 인간을 생태계의 부분으로 보는 통합적 관점입니다. “1.1도 상승”이라는 수치는 과학적 정밀성을 보여주지만, 동시에 이러한 정량적 접근이 기후변화의 질적 변화와 복잡성을 충분히 담아내지 못할 수 있다는 한계도 암시합니다.

- **"이로 인해 극지방 빙하가 녹고, 해수면이 상승하며, 극한 기상 현상이 빈발하고 있다"**라는 연쇄 반응의 묘사에서 드러나는 시스템 사고와 복잡성 이론의 적용이 보여주는 생태계의 상호연관성은 매우 중요합니다. 복잡성 이론은 작은 변화가 예측할 수 없는 큰 결과를 가져올 수 있다는 비선형적 시스템의 특성을 설명하는 이론입니다. 마치 나비 효과처럼, 기온의 작은 변화가 전 지구적 환경 변화를 불러일으키는 것입니다. 이 문장은 기후 시스템이 단순한 선형적 인과관계가 아닌 복잡한 피드백 루프와 임계점을 가진 시스템임을 보여줍니다. 임계점이란 되돌릴 수 없는 변화가 시작되는 지점을 말하며, 각각의 현상들이 독립적이 아니라 상호작용하며 악순환을 만들어가는 구조를 드러냅니다.

- **"국제사회는 파리협정을 통해 지구 온도 상승을 1.5도 이하로 제한하기 위한 노력을 기울이고 있다"**는 글로벌 거버넌스(공동의 목표를 달성하기 위하여, 다양한 이해 당사자들이 주체적인 행위자로 투명하게 협의하고 의사 결정을 수행할 수 있도록 하는 사회적 시스템이다)의 현실에서 나타나는 집단행동의 딜레마와 국제정치학적 복잡성이 이 문장의 정치적 차원을 보여줍니다. 집단행동의 딜레마란 개별 행위자들이 합리적으로 행동할 때 집단 전체에게는 비합리적 결과가 나타나는 현상을 말합니다. 각 나라가 자국의 경제적 이익만 추구하면 지구 전체는 위험해지는 상황이 바로 이런 딜레마의 대표적 사례입니다. "노력을 기울이고 있다"는 현재진행형 표현은 의지를 보여주지만, 동시에 구체적 성과에 대한 불확실성을 내포하고 있습니다.

- **“하지만 이 목표를 달성하기 위해서는 에너지 전환, 탄소 중립, 지속 가능한 발전 모델로의 근본적 변화가 필요하다”**라는 결론에서 드러나는 패러다임 전환의 필요성과 구조적 변화에 대한 요구가 보여주는 문명 비판적 성찰은 깊은 철학적 함의를 담고 있습니다. “하지만”이라는 전환 접속어는 국제적 합의와 실제 필요한 조치 사이의 근본적 간극을 명시적으로 드러내며, 기존의 점진적 개선으로는 해결할 수 없는 구조적 문제임을 시사합니다. “근본적 변화”라는 표현은 기술적 해결책을 넘어선 사회경제 시스템의 전면적 재편을 의미합니다.

- 사회학적 관점에서 이 글은 울리히 베크의 ‘위험사회’ 이론과 직접 연결됩니다. 위험사회 이론은 현대 사회가 과학기술 발전의 부작용으로 인해 예측할 수 없는 위험에 노출되어 있다는 이론입니다. 기후변화는 국경을 초월하고 계층을 가리지 않는 글로벌 위험의 대표적 사례이며, 이에 대한 대응은 전통적인 정치적, 경제적 경계를 넘어선 새로운 거버넌스를 요구합니다.

- 또한 환경 정의의 관점에서 보면, 환경에 대한 위험과 혜택이 사회적으로 공정하게 분배되지 않는다는 문제가 있습니다. 환경 정의란 환경 위험과 혜택이 사회적으로 공평하게 나누어져야 한다는 개념으로, 선진국의 산업 발전이 지구 전체의 기후변화를 야기했지만, 그 피해는 주로 개발도상국이 받는다는 불평등 구조를 지적합니다.

이 글은 과학적 정보 전달을 넘어서 독자에게 현재의 발전 모델과 생활 방식에 대한 근본적 성찰을 요구하는 비판적 담론으로 기능하고 있습니다.

지금까지 5개의 문장으로 구성된 글을 분석해봤습니다.

이제 문해력에 조금은 적응이 되셨으리라 생각합니다.

문장의 개수가 7개로 늘어나 이제 '단락'을 넘어 한편의 '글'에 가까워집니다.
다음의 7개 문장으로 된 글 역시 하나의 '주제'를 위한 서술입니다.

휴식을 끝내셨으면 다시 출발해 보도록 하겠습니다.

이제부터는 긴 글을 많이하게 되어 전보다 더 힘들게 느끼실 수 있습니다.
하지만 우리에게 '포기'란 없습니다.

자~ 출발합니다.

많은 실패자들은 포기하기 때문에
성공이 얼마나 가까웠는지 깨닫지 못합니다.

- 토마스 에디슨

04

단락 연결 독해 사례 분석(문장 7개 구조)

분석할 문장 1 : (사회 교과(인문)) 문화와 정체성

"문화는 한 사회의 구성원들이 공유하는 생활양식, 가치관, 신념의 총체이다. 개인은 태어나면서부터 특정 문화 속에서 성장하며, 그 문화를 통해 자신의 정체성을 형성해 나간다. 하지만 현대 사회는 세계화와 정보화로 인해 다양한 문화가 만나고 섞이는 다문화 사회로 변화하고 있다. 이러한 변화 속에서 개인들은 때로는 문화적 갈등과 혼란을 경험하기도 한다. 그러나 문화의 다양성은 인류의 소중한 자산이며, 서로 다른 문화 간의 대화와 소통을 통해 더 풍부한 삶을 만들어갈 수 있다. 중요한 것은 자신의 문화적 뿌리를 유지하면서도 다른 문화에 대한 열린 마음을 갖는 것이다. 이를 통해 우리는 진정한 글로벌 시민으로서 문화적 공존과 상호 이해의 새로운 길을 열어갈 수 있을 것이다."

이 글을 수준별 독해력과 문해력으로 분석해보겠습니다.

기본 수준의 독해력은 "문화는 사람들이 함께 사는 방식이고, 사람은 문화 속에서 자라나고, 요즘은 여러 문화가 섞이고 있고, 때로는 문제가 생기고, 문화가 다양한 것은 좋은 것이고, 자기 문화도 지키고 다른 문화도 받아들여야 하고, 그래야 세계 시민이 될 수 있다"는 기본적인 내용을 이해합니다. '생활양식', '가치관', '신념'을 "사는 방법", "생각하는 것", "믿는 것"으로 이해하고, '세계화'와 '정보화'를 "전 세계가 가까워지는 것"과 "컴퓨터와 인터넷이 발달하는 것"으로 받아들입니다.

기본 수준의 문해력은 이 내용을 주로 다른 나라와 우리나라의 차이로 해석합니다. "외국 사람들은 우리와 다르게 산다", "여러 나라의 문화를 알아야 한다"라고 말하며, 국가 간 문화 차이에 관심을 보입니다. 다양성의 가치도 단순하게 이해합니다. "다른 것이 나쁜 것이 아니다", "여러 가지가 있으면 더 재미있다"라고 말하며, 차이에 대한 긍정적 태도를 보입니다. 구체적인 문화 경험과도 연결합니다. "외국 음식을 먹어봤어요", "다른 나라 친구가 있어요"라고 말하며, 개인적 경험을 통해 이해합니다. 친구 관계로도 연결하여 생각합니다. "친구마다 다르지만 모두 좋은 친구다", "다른 친구도 사귀고 싶다"라고 말하며, 또래 관계에서의 다양성을 인식합니다. 그리고 미래에 대한 호기심을 보입니다. "세계 시민이 되면 뭘 할 수 있을까?", "다른 나라에서도 살 수 있을까?"라고 질문하며, 미래에 관한 관심을 나타냅니다.

보통 수준의 독해력은 문화와 정체성의 복합적 관계를 더 정확하게 이해합니다. 문화가 개인에게 미치는 영향, 정체성 형성 과정, 문화적 갈등의 원인과 양상 등을 구체적으로 파악합니다. 다문화 사회의 특징도 이해합니다. 이주 노동자, 국제결혼, 유학생 증가 등 구체적 현상과 연결하여 다문화 사회의 변화를 인식합니다. 문화 갈등의 현실도 인식합니다. 편견, 차별, 갈등의 구체적 사례를 이해하고, 그 원인과 해결 방안을 생각해봅니다.

보통 수준의 문해력은 자신의 정체성과 문화의 관계를 깊이 생각합니다. "내가 누구인지는 내가 어떤 문화에서 자랐는지와 관련이 있다", "문화가 나를 만들기도 하고 내가 문화를 만들기도 한다"라고 해석합니다. 또한 문화적 갈등을 현실적으로 이해합니다. "다문화 가정 친구들이 겪는 어려움", "외국인에 대한 편견" 등을 언급하며, 실제 문제를 인식합니다. 미디어와 문화의 관계도 생각합니다. "K-pop이 세계로 퍼져나가는 것", "외국 영화나 드라마의 영향" 등을 언급하며, 문화 교류의 현실을 이해합니다. 그리고 개인의 선택과 책임을 인식합니다. "편견을 갖지 않으려고 노력해야 한다", "다른 문화를 이해하려고 해야 한다"라고 말하며, 개인적 실천의 중요성을 이해합니다. 미래 사회에 대한 현실적 고민도 보입니다. "나중에 외국에서 일할 수도 있다", "다른 문화를 이해하는 능력이 필요하다"라고 말하며, 미래 준비의 필요성을 인식합니다.

고차원 수준의 독해력은 이 글을 문화인류학, 사회학, 정치학의 이론적 배경과 연결하여 분석합니다. 문화 상대주의와 문화 절대주의, 문화적 동화주의와 다문화주의, 정체성 정치학 등의 개념을 활용합니다. 글로벌화의 복합적 영향도 이해합니다. 문화적 동질화와 문화적 혼종화, 문화 제국주의와 문화적 저항 등의 복합적 현상을 파악합니다.

고차원 수준의 문해력은 이 글에서 문화의 사회적 구성과 권력관계, 개인과 집단의 복합적 상호작용, 그리고 세계화 시대의 정체성 형성 문제와 문화 간 갈등 해결 방안을 읽어냅니다. 이 문장들은 표면적으로는 문화와 개인의 관계에 대한 일반적 설명처럼 보이지만, 이면적으로는 현대 사회의 문화적 다원주의와 정체성 형성의 복잡성, 그리고 문화 간 힘의 관계와 지배-저항의 역학을 깊이 있게 담아내고 있습니다.

- **"문화는 한 사회의 구성원들이 공유하는 생활양식, 가치관, 신념의 총체이다"**라는 정의에서 드러나는 문화의 집합적 성격과 포괄적 개념이 갖는 의미를 살펴보면, 이는 단순한 사전적 정의를 넘어섭니다. '총체'라는 표현은 문화를 부분들의 단순한 합이 아니라 서로 연결된 하나의 완전한 체계로 보는 관점을 보여줍니다. 20세기 문화 인류학자들은 문화를 '의미의 그물망'이라고 정의했는데, 이는 문화가 개별 요소들이 서로 연결되어 의미를 만들어내는 복합적 체계임을 의미합니다. '공유하는'이라는 표현에서 주목할 점은 문화가 개인적 소유가 아니라 사회적 산물이라는 것입니다. 이는 사회학자 뒤르켐이 말한 집합의식과 연결되는데, 집합의식이란 사회 구성원들이 공통으로 갖는 신념과 감정의 총체를 말합니다. 예를 들어, 한국인들이 공통으로 느끼는 '정'이나 '눈치' 같은 감정과 행동 양식이 바로 집합의식의 사례입니다. 하지만 이러한 정의는 문화를 너무 균일하고 고정된 것으로 볼 위험이 있으며, 문화 내부의 갈등과 변화를 간과할 수 있습니다.

- **"개인은 태어나면서부터 특정 문화 속에서 성장하며, 그 문화를 통해 자신의 정체성을 형성해 나간다"**라는 문화화 과정에서 나타나는 사회화와 정체성 형성의 메커니즘이 매우 중요합니다. 이는 상징적 상호작용과 연결되는데, 개인이 다른 사람들과의 상호작용을 통해 자아를 형성한다는 이론입니다. '태어나면서부터'라는 표현은 개인이 문화적 공백 상태에서 시작하는 것이 아니라 이미 문화적으로 만들어진 환경에 놓여 있다는 것을 보여줍니다. 이는 철학자 하이데거가 말한 '던져진 존재'와 연결되는데, 인간이 자신이 선택하지 않은 특정 상황에 태어난다는 조건을 의미합니다. 예를 들어, 한국에서 태어난 아이는 자연스럽게 한국어를 배우고 한국의 예의범절을 익히게 되는 것입니다. 문화적 사회화 과정에서 개인은 언어, 가치관, 행동 방식 등을 자연스럽게 받아들이게 되는데, 이는 단순한 학습이 아니라 자신이 누구인지를 형성하는 과정입니다. 하지만 이러한 과정이 개인을 문화의 피동적 수용자로만 만드는 것은 아니며, 개인은 나름대로 해석하고 때로는 저항하기도 합니다.

- **"하지만 현대 사회는 세계화와 정보화로 인해 다양한 문화가 만나고 섞이는 다문화 사회로 변화하고 있다"**라는 사회 변동의 진단에서 드러나는 문화적 혼종화와 경계 해체 현상이 현대 사회의 특징을 보여줍니다. '하지만'이라는 전환 접속어는 앞서 제시된 안정적 문화 개념에 대한 도전을 나타내며, 문화의 유동성과 복합성을 강조합니다. 세계화는 단순한 경제적 통합이 아니라 문화적 상호침투 과정을 포함하는데, 이를 글로컬리제이션이라고 합니다. 글로컬리제이션이란 전

세계적 흐름이 지역적 특성과 결합하여 새로운 문화 형태를 만들어 내는 과정을 말합니다. 예를 들어, 맥도날드가 한국에 들어와 불고기 버거를 만드는 것이나, K-팝이 전 세계에 퍼지면서 각 나라의 특색과 결합하는 것이 바로 이런 현상입니다. 정보화는 시간과 공간의 제약을 줄여서 서로 다른 문화들이 실시간으로 만나게 만들었습니다. '만나고 섞이는'이라는 표현은 문화 접촉의 역동적 과정을 보여주는데, 이는 단순한 공존이 아니라 상호작용과 변화를 포함합니다.

- **"이러한 변화 속에서 개인들은 때로는 문화적 갈등과 혼란을 경험하기도 한다"**라는 정체성 위기의 현상에서 나타나는 심리적 어려움과 적응 문제가 현대인의 보편적 경험을 드러냅니다. 문화적 갈등은 서로 다른 가치체계가 충돌할 때 발생하는 마음의 혼란을 의미합니다. 심리학의 인지부조화 이론에 따르면, 개인은 서로 다른 생각들 사이에서 심리적 긴장을 경험하게 됩니다. 예를 들어, 전통적 가치를 중시하는 부모와 개인주의적 가치를 추구하는 자녀 사이에서 일어나는 갈등이나, 한국인으로서의 정체성과 글로벌 문화에 대한 동경 사이에서 느끼는 혼란이 이런 경우입니다. '때로는'이라는 부사는 이러한 경험이 보편적이면서도 개별적임을 보여주며, 사람마다 다르게 나타날 수 있음을 시사합니다. 문화적 혼란은 단순한 적응 문제가 아니라 자신이 누구인지에 대한 근본적 질문을 하게 만드는 실존적 과제입니다.

- **"그러나 문화의 다양성은 인류의 소중한 자산이며, 서로 다른 문화**

간의 대화와 소통을 통해 더 풍부한 삶을 만들어갈 수 있다"는 다문화주의적 이상에서 드러나는 문화 상대주의와 관용의 정신이 현대 민주주의의 핵심 가치를 보여줍니다. '그러나'라는 역접 연결어는 앞서 제시된 갈등과 혼란에 대한 긍정적 대안을 제시합니다. 문화의 다양성을 '자산'으로 보는 관점은 서로 다른 문화가 가진 고유한 가치와 지혜를 인정하는 것입니다. 예를 들어, 서양의 개인주의와 동양의 집단주의가 서로 다르지만 각각 고유한 장점이 있으며, 이들이 만나면서 새로운 가능성을 만들어낼 수 있다는 것입니다. '대화와 소통'이라는 표현은 독일 철학자 하버마스가 말한 의사소통 행위와 연결되는데, 합리적 토론을 통해 서로 이해할 수 있다는 믿음을 반영합니다. 하지만 이면적으로는 문화 간 권력관계의 불평등과 언어 번역의 어려움 같은 문제들이 존재합니다.

- **"중요한 것은 자신의 문화적 뿌리를 유지하면서도 다른 문화에 대한 열린 마음을 갖는 것이다"**라는 균형론적 접근에서 나타나는 정체성과 개방성의 조화가 현대 다문화 사회의 핵심 과제를 제시합니다. '뿌리'라는 은유는 자신의 문화적 전통과 정체성의 근원을 의미합니다. 예를 들어, 해외에 사는 한국인이 한국어를 잊지 않고 한국의 전통을 기억하는 것이 문화적 뿌리를 유지하는 것입니다. '유지하면서도'라는 표현은 보존과 개방을 동시에 추구하는 것을 의미하는데, 이는 이면적으로는 매우 섬세한 균형감이 필요합니다. 너무 폐쇄적이면 다른 문화로부터 배울 기회를 놓치고, 너무 개방적이면 자신의 정체성을 잃을 수 있기 때문입니다. '열린 마음'이라는 표현은 다른 문화를

편견 없이 받아들이려는 태도를 의미하지만, 동시에 무엇에 대해 열려 있어야 하는지, 어디까지 받아들일 것인지에 대한 지혜로운 판단이 필요합니다.

- **"이를 통해 우리는 진정한 글로벌 시민으로서 문화적 공존과 상호 이해의 새로운 길을 열어갈 수 있을 것이다"**라는 미래 전망에서 드러나는 세계시민주의적 이상과 희망적 비전이 현대 교육의 목표를 보여줍니다. '진정한 글로벌 시민'이라는 표현에서 '진정한'이라는 수식어는 단순히 여러 나라를 다니거나 외국어를 잘하는 것을 넘어서, 진정으로 다른 문화를 이해하고 존중할 수 있는 성숙한 시민을 의미합니다. 이는 자신의 문화적 정체성을 바탕으로 하면서도 다른 문화와 조화롭게 소통할 수 있는 능력을 지닌 사람을 말합니다. '문화적 공존'이라는 개념은 서로 다른 문화들이 갈등 없이 평화롭게 함께 살아가는 상태를 의미하지만, 이면적으로는 지속적인 대화와 협상을 통해 만들어가는 동적인 과정입니다. 상호 이해의 가능성에 대한 낙관은 서로 다른 문화 간에도 소통과 이해가 가능하다는 믿음에 기반하지만, 이면적으로는 언어와 문화의 차이로 인한 완전한 이해의 어려움도 존재합니다.

- 사회학적 관점에서 이 글은 현대 사회의 문화적 복합성과 개인의 정체성 형성 과정을 다루고 있습니다. 또한 교육학적으로는 다문화 교육의 필요성과 방향을 제시하고 있으며, 정치학적으로는 문화적 다양성을 통한 민주적 공동체 구성의 가능성을 탐구하고 있습니다.

따라서 이 글은 문화적 다양성이라는 현실적 조건 속에서 개인과 사회가 어떻게 새로운 형태의 조화로운 공동체를 만들어갈 수 있는지에 대한 실천적 성찰을 담고 있습니다.

분석할 문장 2 : (과학 교과(물리학)) 상대성이론과 시공간

"아인슈타인의 상대성이론은 시간과 공간에 대한 우리의 직관적 이해를 근본적으로 바꾸어 놓았다. 특수 상대성 이론에 따르면, 빛의 속도는 모든 관성계에서 일정하며, 이로 인해 시간과 공간은 절대적이지 않고 상대적이 된다. 고속으로 움직이는 물체에서는 시간이 느려지고 길이가 줄어드는 현상이 일어나며, 질량과 에너지는 $E=mc^2$라는 유명한 공식으로 연결된다. 일반 상대성 이론은 한 걸음 더 나아가 중력을 시공간의 곡률로 설명하며, 거대한 질량이 시공간을 휘게 만든다고 주장한다. 이러한 이론들은 GPS 위성의 시간 보정, 블랙홀의 존재, 중력파의 검출 등을 통해 실험적으로 검증되었다. 상대성이론은 현대 물리학의 기초가 되었을 뿐만 아니라 우주론과 양자역학의 발전에도 핵심적인 역할을 했다. 오늘날 우리가 사용하는 많은 기술이 상대성이론의 원리를 바탕으로 하고 있으며, 인류의 우주에 대한 이해를 새로운 차원으로 끌어올렸다."

이 글을 수준별 독해력과 문해력으로 분석해보겠습니다.

기본 수준의 독해력은 "아인슈타인이 시간과 공간에 대한 새로운 이론을 만들었고, 빛의 속도는 항상 같고, 빠르게 움직이면 시간이 느려지고, 중력은 공간을 휘게 만들고, 실험으로 증명되었고, 현대 과학의 기초가 되었고, 우리가 쓰는 기술에도 영향을 주었다"라는 기본적인 내용을 이해합니다. '관성계', '시공간 곡률' 같은 어려운 용어는 이해하기 어려워하지만, '시간이 느려진다', '공간이 휜다' 같은 구체적 현상에는 흥미를 보입니다. $E=mc^2$는 유명한 공식으로 인식하지만, 그 의미는 잘 모릅니다.

기본 수준의 문해력은 이 내용을 주로 신기하고 놀라운 과학 이야기로 받아들입니다. "과학자들은 정말 대단하다", "우주에는 신기한 일이 많다"라고 말하며, 과학에 관한 경이로움을 표현합니다. 또 상상력을 발휘하여 이해하려 합니다. "우주선을 타고 빠르게 가면 시간이 느려질까?", "블랙홀에 빨려 들어가면 어떻게 될까?"라고 질문하며, SF적 상상력을 동원합니다. 아인슈타인에 관한 관심도 보입니다. "아인슈타인은 어떤 사람이었을까?", "어떻게 이런 것을 생각해냈을까?"라고 궁금해하며, 과학자에 대한 호기심을 나타냅니다. 일상생활과도 연결하려 합니다. "GPS는 어떻게 작동하는 거야?", "우리 생활에 어떤 영향을 주는 거야?"라고 질문하며, 실생활과의 연결을 찾으려 합니다. 미래에 대한 꿈도 키웁니다. "나도 과학자가 되고 싶다", "우주에 대해 더 알고 싶다"라고 말하며, 과학에 대한 꿈을 표현합니다.

보통 수준의 독해력은 상대성이론의 기본 개념을 더 정확하게 이해합니다. 빛의 속도 불변의 원리, 시간 지연과 길이 수축의 관계, 질량-에너지 등가성의 의미 등을 어느 정도 파악합니다. 과학적 방법론도 이해합니다. 이론 제시 → 수학적 기술 → 예측 → 실험적 검증의 과정을 인식하고, 과학의 엄밀성을 이해합니다. 또한 현대 기술과의 연관성을 파악합니다. GPS, 핵에너지, 입자 가속기 등에서 상대성이론이 어떻게 활용되는지 이해합니다.

보통 수준의 문해력은 과학이 세계관에 미치는 영향을 이해합니다. "과학이 발전하면 우리가 세상을 보는 방식이 바뀐다", "상식이 항상 옳은 것은 아니다"라고 말하며, 패러다임 전환의 의미를 인식합니다. 또 직관과 과학의 차이를 인식합니다. "우리가 느끼는 것과 실제는 다를 수 있다", "과학적 사실은 때로 상식과 다르다"라고 해석하며, 과학적 사고의 특징을 이해합니다.

기술과 사회의 관계를 생각합니다. "과학 발견이 기술 발전으로 이어진다", "과학이 우리 생활을 바꾼다"라고 말하며, 과학의 사회적 영향을 인식합니다. 우주와 인간의 관계도 성찰합니다. "우주는 우리가 생각보다 훨씬 크고 신비롭다", "인간은 우주의 아주 작은 부분이다"라고 말하며, 우주론적 겸손함을 느낍니다. 그리고 과학의 미래에 대한 기대를 표현합니다. "앞으로 더 많은 것들이 밝혀질 것이다", "과학은 계속 발전할 것이다"라고 말하며, 과학의 발전 가능성을 인식합니다.

고차원 수준의 독해력은 이 글을 현대 물리학과 과학철학의 관점에서 정밀하게 분석합니다. 로렌츠 변환, 민코프스키 시공간, 아인슈타인 장방정식 등의 수학적 배경을 이해합니다. 또한 상대성이론의 철학적 함의를 파악합니다. 절대 시공간의 부정, 관찰자의 역할, 물리 법칙의 불변성 등의 철학적 의미를 이해합니다. 현대 물리학의 발전 과정도 이해합니다. 양자역학과의 관계, 표준 모형, 끈 이론 등으로의 발전 과정을 파악합니다.

고차원 수준의 문해력은 이 글에서 과학적 패러다임의 혁명적 전환과 인간 인식의 한계 극복, 시공간 개념의 철학적 재구성, 그리고 현대 기술 문명의 토대가 되는 이론적 기반을 읽어냅니다. 이 문장들은 표면적으로는 아인슈타인의 물리학 이론에 대한 과학적 설명처럼 보이지만, 이면적으로는 20세기 인류가 경험한 세계관의 근본적 변화와 절대적 진리에서 상대적 진리로의 인식론적 전환, 그리고 과학이 일상생활에 미치는 실질적 영향을 깊이 있게 담아내고 있습니다.

- **"아인슈타인의 상대성이론은 시간과 공간에 대한 우리의 직관적 이해를 근본적으로 바꾸어 놓았다"**라는 첫 문장에서 드러나는 과학혁명의 의미와 인간 인식의 전환을 살펴보면, 이는 단순한 물리학 이론의 소개를 넘어섭니다. '직관적 이해'라는 표현은 일상적 경험을 통해 자연스럽게 형성된 상식적 지식을 의미합니다. 예를 들어, 우리는 시간이 모든 곳에서 똑같이 흘러간다고 생각하고, 공간은 변하지 않는 고정된 무대라고 여깁니다. 이러한 직관은 뉴턴 물리학의 절대 시공간 개념과 일치했습니다. '근본적으로 바꾸어 놓았다'는 표현은 과학사에서 말하는 패러다임의 전환을 의미합니다. 과학철학자 토마스 쿤이 말한 패러다임이란 특정 시대의 과학자들이 공유하는 기본적인 세계관과 연구 방법을 말합니다. 상대성이론은 기존의 절대적 시공간 패러다임을 상대적 시공간 패러다임으로 완전히 바꾸어 놓았습니다. 이는 단순한 이론의 수정이 아니라 인간이 우주를 바라보는 방식 자체의 혁명적 변화를 의미합니다.

- **"특수 상대성이론에 따르면, 빛의 속도는 모든 관성계에서 일정하며, 이로 인해 시간과 공간은 절대적이지 않고 상대적이 된다"**라는 핵심 원리에서 나타나는 절대성과 상대성의 역설적 관계가 이 이론의 철학적 깊이를 보여줍니다. '빛의 속도는 모든 관성계에서 일정하다'는 것은 관찰자가 어떤 속도로 움직이든 빛의 속도를 측정하면 항상 같은 값이 나온다는 의미입니다. 이는 일상적 직관과 완전히 다릅니다. 예를 들어, 시속 100km로 달리는 차에서 앞으로 공을 던지면, 땅에서 보는 사람에게는 그 공이 100km보다 빠르게 보입니다. 하지만 빛은 그렇지 않습니다. 관성계란 등속 직선 운동을 하거나 정지해 있는 좌표계를 말하는데, 쉽게 말해 가속하지 않는 상태의 관찰자를 의미합니다. 빛의 속도가 절대적으로 일정하다는 사실로부터 시간과 공간이 상대적이 된다는 결론이 나오는 것은 놀라운 논리적 전개입니다. 이는 하나의 절대적 기준(빛의 속도)이 오히려 모든 것을 상대적으로 만든다는 역설을 보여줍니다.

- **"고속으로 움직이는 물체에서는 시간이 느려지고 길이가 줄어드는 현상이 일어나며, 질량과 에너지는 $E=mc^2$라는 유명한 공식으로 연결된다"**라는 구체적 효과들에서 드러나는 일상 경험과 과학적 진실의 괴리가 현대 과학의 특징을 보여줍니다. '시간이 느려진다'는 것은 시간의 지연 효과로, 빠르게 움직이는 사람의 시계가 정지한 사람의 시계보다 천천히 간다는 의미입니다. 이는 SF영화에서 자주 나오는 소재이지만 실제로 일어나는 현상입니다. '길이가 줄어든다'는 것은 길이의 수축 효과로, 빠르게 움직이는 물체가 운동 방향으로 줄어들어

보인다는 의미입니다. 이러한 효과들은 일상적 속도에서는 거의 나타나지 않지만, 빛의 속도에 가까워질수록 뚜렷해집니다. $E=mc^2$ 공식은 20세기 가장 유명한 물리학 공식으로, 질량(m)과 에너지(E)가 서로 변환될 수 있으며, 그 변환 비율이 빛의 속도의 제곱(c^2)이라는 의미입니다. 이 공식은 작은 질량에서도 엄청난 에너지가 나올 수 있음을 보여주며, 핵에너지의 원리가 됩니다.

- **"일반 상대성이론은 한 걸음 더 나아가 중력을 시공간의 곡률로 설명하며, 거대한 질량이 시공간을 휘게 만든다고 주장한다"**&#x B77C;는 중력에 대한 새로운 이해에서 나타나는 기하학적 사고와 물리학적 직관의 통합이 매우 혁신적입니다. 전통적으로 중력은 물체 사이에 작용하는 힘으로 이해되었습니다. 뉴턴은 사과가 떨어지는 것과 달이 지구 주위를 도는 것을 같은 중력으로 설명했습니다. 하지만 아인슈타인은 중력을 힘이 아니라 시공간의 휘어짐으로 설명했습니다. 이를 이해하기 위해 고무막을 상상해보세요. 고무막 위에 무거운 공을 올려놓으면 고무막이 휘어집니다. 이때 작은 구슬을 굴리면 무거운 공 주위를 돌게 됩니다. 이것이 바로 중력의 본질입니다. 태양의 거대한 질량이 시공간을 휘게 만들고, 지구는 그 휘어진 시공간을 따라 움직이는 것입니다. '시공간의 곡률'이라는 개념은 3차원 공간에 시간을 더한 4차원 시공간이 기하학적으로 휘어질 수 있나는 의미로, 이는 인간의 상상력을 뛰어넘는 추상적 개념입니다.

- **"이러한 이론들은 GPS 위성의 시간 보정, 블랙홀의 존재, 중력파의**

검출 등을 통해 실험적으로 검증되었다"라는 이론의 실증적 확인에서 드러나는 과학의 예측력과 기술 적용의 놀라운 성과가 현대 과학의 위력을 보여줍니다. GPS는 우리가 일상적으로 사용하는 위치 확인 시스템인데, 실제로 상대성이론의 효과를 고려해야 정확하게 작동합니다. GPS 위성은 지구 위 약 2만km 높이에서 시속 1만4천km로 움직이는데, 이때 시간 지연 효과가 발생합니다. 만약 이를 보정하지 않으면 하루에 약 10km의 오차가 생깁니다. 블랙홀은 아인슈타인 자신도 실제로 존재할 것이라 생각하지 않았던 이론적 예측이었는데, 2019년 실제 블랙홀의 모습이 처음으로 촬영되었습니다. 중력파는 질량이 가속할 때 발생하는 시공간의 파동으로, 2015년 라이고(LIGO) 실험을 통해 처음 검출되었습니다. 이러한 검증들은 100년 전의 이론적 예측이 현실에서 확인되는 과학의 놀라운 예측력을 보여줍니다.

- **"상대성이론은 현대 물리학의 기초가 되었을 뿐만 아니라 우주론과 양자역학의 발전에도 핵심적인 역할을 했다"**라는 학문적 영향에서 나타나는 이론의 파급효과와 지식의 연결성이 현대 과학의 통합적 특성을 드러냅니다. 현대 물리학은 크게 상대성이론과 양자역학이라는 두 기둥으로 구성됩니다. 상대성이론은 거시세계(큰 세계)를, 양자역학은 미시 세계(작은 세계)를 다룹니다. 우주론은 우주 전체의 구조와 진화를 연구하는 학문인데, 빅뱅 이론, 우주의 팽창, 암흑물질과 암흑에너지 같은 개념들이 모두 상대성이론에 기반합니다. 양자역학과의 관계에서는 양자장론이라는 새로운 분야가 탄생했고, 이는

입자물리학의 기초가 되었습니다. 현재 물리학자들이 추구하는 최종 목표 중 하나는 상대성이론과 양자역학을 통합하는 '모든 것의 이론'을 만드는 것입니다. 이는 과학 지식이 독립적으로 존재하는 것이 아니라 서로 연결되어 더 큰 이해를 만들어간다는 것을 보여줍니다.

- **"오늘날 우리가 사용하는 많은 기술이 상대성이론의 원리를 바탕으로 하고 있으며, 인류의 우주에 대한 이해를 새로운 차원으로 끌어올렸다"**라는 결론에서 드러나는 과학과 기술의 상호작용과 인간 문명에 미친 영향이 과학의 사회적 의미를 보여줍니다. GPS 외에도 핵발전소, 입자 가속기, 의학용 PET 스캔 등 많은 현대 기술들이 상대성이론과 관련되어 있습니다. 핵발전은 $E=mc^2$ 공식에 기반하여 작은 양의 우라늄에서 엄청난 에너지를 얻는 기술입니다. 입자 가속기는 입자를 빛의 속도에 가깝게 가속하는 장치로, 상대성이론의 효과를 고려해야 정확하게 설계할 수 있습니다. '새로운 차원으로 끌어올렸다'는 표현은 상대성이론이 단순히 물리학 지식을 늘린 것이 아니라, 인간이 우주를 바라보는 관점 자체를 변화시켰다는 의미입니다. 시간과 공간이 절대적이지 않다는 깨달음은 철학, 예술, 문학에도 큰 영향을 미쳤습니다. 20세기 모더니즘(현대주의) 예술이나 현대 철학의 상대주의적 사고에도 상대성이론의 영향을 찾을 수 있습니다.

- 철학적 관점에서 이 글은 과학적 진리의 본질과 인간 인식의 한계에 대한 깊은 성찰을 담고 있습니다. 절대적으로 여겨졌던 시간과 공간이 이면적으로는 상대적이라는 발견은 절대적 진리에 대한 인간의

믿음에 근본적 의문을 제기했습니다.

- 사회학적으로는 과학기술이 현대 사회의 구조와 일상생활에 미치는 광범위한 영향을 보여줍니다.

- 과학사적으로는 개인의 천재적 통찰이 어떻게 인류 전체의 지식과 문명을 변화시킬 수 있는지를 보여주는 사례입니다.

따라서 이 글은 상대성이론이라는 과학 이론을 통해 인간의 지적 성취와 그것이 가져온 세계관의 변화, 그리고 과학과 기술이 현대 문명에 미치는 근본적 영향을 종합적으로 성찰하게 만듭니다.

분석할 문장 3 : (감성적 주제) 마지막 여름날의 우정

"고등학교 3학년 여름, 우리는 마지막이라는 것을 너무나 잘 알고 있었다. 대학 입시라는 현실 앞에서 더 이상 함께 할 수 없다는 아쉬움이 공기 중에 맴돌고 있었다. 그래서 우리는 마지막 여름방학을 최대한 의미 있게 보내기로 약속했다. 매일 만나서 함께 영화를 보고, 카페에서 이야기를 나누고, 밤늦게까지 산책을 했다. 때로는 말없이 앉아서 서로의 존재만으로도 충분히 행복했다. 방학이 끝나갈 무렵, 우리는 각자 다른 길로 흩어질 것을 알면서도 이 우정이 영원하기를 간절히 바랐다. 지금 생각해보면 그 여름이 우리 청춘의 가장 아름다운 순간이었고, 진정한 우정이 무엇인지 깨닫게 해준 소중한 시간이었다."

이 글을 수준별 독해력과 문해력으로 분석해보겠습니다.

기본 수준의 독해력은 "고등학교 3학년 여름에 친구들과 마지막으로 함께 놀았고, 헤어져야 해서 아쉬웠고, 의미 있게 보내기로 했고, 영화도 보고 이야기도 나누었고, 조용히 있어도 좋았고, 영원히 친구이기를 바랐고, 지금도 좋은 추억으로 남아있다"는 기본적인 내용을 이해합니다. '대학 입시', '현실', '흩어질 것' 등의 표현을 통해 어른이 되면서 겪는 변화를 어느 정도 이해하지만, 그 복잡함은 완전히 파악하지 못합니다.

기본 수준의 문해력은 이 글을 주로 친구 관계의 소중함으로 해석합니다. "친구와 함께 있으면 즐겁다", "친구와 헤어지는 것은 슬프다"라고 말하며, 우정의 기본적 가치를 이해합니다. 자기의 경험과도 연결합니다. "나도 친구와 놀 때 재미있어요", "친구가 이사 가면 슬플 것 같아요"라고 말하며, 또래 관계에서의 경험을 떠올립니다. 그리고 시간의 소중함을 단순하게 이해합니다. "좋은 시간은 빨리 지나간다", "함께 있을 때 더 재미있게 놀아야 한다"라고 말하며, 시간의 가치를 인식합니다. 추억의 의미도 이해합니다. "좋은 기억은 계속 남는다", "재미있었던 일은 잊지 않는다"라고 말하며, 기억의 지속성을 인식합니다. 또 미래에 대한 막연한 불안을 표현합니다. "중학교 가면 친구들과 헤어질까?", "계속 친구로 지낼 수 있을까?"라고 걱정하며, 변화에 대한 두려움을 나타냅니다.

보통 수준의 독해력은 글의 시간적 구조와 감정의 미묘한 변화를 더 정확히 파악합니다. 고3이라는 특수한 시기, 입시라는 현실적 압박, 그로 인한 이별의 불가피성 등을 구체적으로 이해합니다. 청춘기의 특성도 인식합니다. 순수함, 열정, 미래에 대한 불안과 희망 등 청춘기 특유의 감정과 상황을 자신의 현재와 연결하여 이해합니다. 문학적 표현까지 이해합니다. '공기 중에 맴돌고 있었다', '서로의 존재만으로도', '영원하기를 간절히' 등의 비유적 표현의 의미를 파악합니다.

보통 수준의 문해력은 자신의 미래와 직결되는 상황으로 해석합니다. "우리도 고등학교 졸업하면 이럴 것 같다", "친구들과 헤어지는 것이 무서워진다"라고 말하며, 미래에 대한 현실적 인식을 보입니다. 우정의 깊이도 이해합니다. "진짜 친구는 말이 없어도 편하다", "함께 있는 것만으로도 행복할 수 있다"라고 해석하며, 우정의 본질을 깨닫습니다. 또한 시간의 소중함을 절실히 느낍니다. "좋은 시간은 정말 빨리 지나간다", "지금 이 순간을 소중히 해야겠다"라고 말하며, 현재의 가치를 인식합니다. 성장의 아픔도 이해합니다. "어른이 되는 것은 좋기도 하지만 아프기도 하다", "선택과 책임이 무겁다"라고 해석하며, 성장의 양면성을 인식합니다. 또한 추억의 영향을 인식합니다. "좋은 추억이 힘든 때 도움이 된다", "추억은 마음속에 영원히 남는다"라고 말하며, 기억의 치유적 효과를 이해합니다.

고차원 수준의 독해력은 이 글을 청춘 문학의 전통과 발달심리학적 관점에서 분석합니다. 청소년기 후기의 발달 과업, 정체성 형성, 진로 선택의 압박 등을 종합적으로 이해합니다. 현실적 제약과 이상적 열망의 갈등 구조도 파악합니다. 입시라는 사회적 압박과 순수한 우정 사이의 긴장 관계를 분석합니다.

고차원 수준의 문해력은 이 글에서 청춘의 유한성과 시간 의식의 각성, 제도적 압력과 순수한 관계의 대립, 그리고 이별과 영원성에 대한 열망을 통해 드러나는 현대 교육 체제와 청소년 문화의 모순을 읽어냅니다. 이 문장들은 표면적으로는 고등학교 마지막 여름의 개인적 추억을 그리는 감성적 회고록처럼 보이지만, 이면적으로는 입시 위주 교육 시스템이 청소년들의 순수한 관계와 자연스러운 성장 과정에 미치는 구조적 영향과, 그 속에서도 지켜내려는 인간적 유대의 소중함을 깊이 있게 탐구하고 있습니다.

- **"고등학교 3학년 여름, 우리는 마지막이라는 것을 너무나 잘 알고 있었다"**라는 시작에서 드러나는 시간의 절박성과 청춘의 유한성 인식이 갖는 실존적 의미를 살펴보면, 이는 단순한 시간적 상황 설명을 넘어섭니다. '고등학교 3학년 여름'이라는 구체적 시공간 설정은 한국 사회에서 특별한 의미를 갖습니다. 고3은 대학 입시라는 인생의 중요한 관문을 앞둔 시기이며, '여름'은 마지막 자유로운 시간을 상징합니다. 이는 사회학에서 말하는 통과의례(rite of passage)의 시간적 배경입니다. 통과의례란 개인이 한 단계에서 다른 단계로 넘어갈 때 거치는 사회적 의식을 말하는데, 고등학교에서 대학으로의 전환이 바로 현대 한국 사회의 중요한 통과의례입니다. '마지막이라는 것을 너무나 잘 알고 있었다'는 표현에서 '너무나 잘'이라는 강조 표현은 이들이 시간의 유한성을 절실하게 체감하고 있음을 보여줍니다. 여기서 '마지막'은 물리적 죽음이 아니라 특정한 관계와 시간의 종료를 의미하지만, 그 절박성은 비슷합니다.

- **"대학 입시라는 현실 앞에서 더 이상 함께 할 수 없다는 아쉬움이 공기 중에 맴돌고 있었다"**라는 제도적 압력에서 나타나는 교육 시스템과 인간관계의 갈등이 한국 사회의 구조적 문제를 드러냅니다. '대학 입시라는 현실'에서 '현실'이라는 표현은 입시를 피할 수 없는 객관적 조건으로 인식하고 있음을 보여줍니다. 이는 개인의 선택이 아닌 사회적 강제로 받아들여지고 있다는 의미입니다. 사회학자 부르디외가

말한 '아비투스(habitus)' 개념과 연결되는데, 아비투스란 사회적 환경이 개인의 내면에 만들어낸 성향과 행동 양식을 말합니다. 한국 사회에서 대학 입시는 단순한 교육과정이 아니라 사회적 지위를 결정하는 핵심 메커니즘으로 작동하고 있습니다. '더 이상 함께 할 수 없다는 아쉬움'은 교육 시스템이 개인들을 경쟁 관계로 만들면서 자연스러운 우정과 연대를 해체하는 과정을 보여줍니다. '공기 중에 맴돌고 있었다'는 표현은 이런 분위기가 명시적으로 드러나지 않지만 모든 사람이 공유하는 집단적 정서임을 의미합니다.

- **"그래서 우리는 마지막 여름방학을 최대한 의미 있게 보내기로 약속했다"**라는 의도적 선택에서 드러나는 주체적 의지와 시간에 대한 능동적 태도가 청소년들의 저항 정신을 보여줍니다. '그래서'라는 인과 연결어는 앞서 제시된 제약 상황에 대한 적극적 대응을 나타냅니다. 이는 단순한 체념이나 피동적 수용이 아닌 주체적 선택의 의지를 보여줍니다. '최대한 의미 있게'라는 표현에서 '의미'를 추구한다는 것은 단순한 시간 보내기가 아닌 가치 있는 경험을 만들어내려는 의도를 나타냅니다. '약속했다'는 표현은 개인적 결심을 넘어서 집단적 합의와 다짐을 의미하며, 이는 공동의 목표를 향한 연대 의식을 보여줍니다.

- **"매일 만나서 함께 영화를 보고, 카페에서 이야기를 나누고, 밤늦게까지 산책을 했다"**라는 구체적 활동들에서 나타나는 일상의 의례화와 관계 심화의 과정이 우정의 본질을 드러냅니다. '매일 만나서'라는 표현은 일상성과 지속성을 강조하며, 이는 특별한 이벤트가 아닌 평범

한 만남의 반복을 통해 관계가 깊어진다는 것을 보여줍니다. 반복적 만남과 공유된 활동들은 사회적 유대를 강화하는 역할을 합니다. '영화를 보고, 카페에서 이야기를 나누고, 밤늦게까지 산책을 했다'는 활동들은 모두 소비보다는 소통에 중점을 둔 것들입니다. 영화 관람은 공통의 문화적 경험을 만들고, 카페에서의 대화는 내밀한 생각과 감정을 나누는 공간을 제공하며, 산책은 시간에 구애받지 않는 자유로운 소통을 가능하게 합니다. '밤늦게까지'라는 표현은 시간의 제약을 넘어서려는 의지를 보여주며, 이는 주어진 시간의 소중함을 극대화하려는 노력입니다.

- **"때로는 말없이 앉아서 서로의 존재만으로도 충분히 행복했다"**라는 침묵의 교감에서 나타나는 진정한 친밀감과 존재론적 위안이 우정의 깊은 차원을 보여줍니다. '때로는'이라는 부사는 이런 경험이 지속적이지는 않지만 특별한 순간들이 있었음을 의미합니다. '말없이 앉아서'라는 상황은 언어적 소통을 넘어선 비언어적 소통의 단계를 나타냅니다. 철학자 부버가 말한 '나-너' 관계의 진정한 만남이 바로 이런 순간입니다. '나-너' 관계란 상대를 객체가 아닌 주체로 인정하고 존중하는 진정한 만남의 관계를 말합니다. '서로의 존재만으로도 충분히 행복했다'는 표현은 조건부 사랑이 아닌 무조건적 수용과 인정을 의미합니다. 이는 심리학에서 말하는 '무조건적 긍정적 관심'과 연결되는데, 상대방을 있는 그대로 받아들이고 존중하는 태도를 말합니다. 이런 관계에서는 무언가를 하거나 성취해야 할 필요가 없이, 단순히 함께 있는 것만으로도 의미와 행복을 느낄 수 있습니다.

- **“방학이 끝나갈 무렵, 우리는 각자 다른 길로 흩어질 것을 알면서도 이 우정이 영원하기를 간절히 바랐다”**라는 이별의 예감과 영원성에 대한 열망에서 드러나는 시간과 관계의 변증법이 인간의 근본적 딜레마를 보여줍니다. ‘방학이 끝나갈 무렵’이라는 시간 표현은 유예 기간의 종료를 의미하며, 이는 현실로의 복귀가 임박했음을 나타냅니다. ‘각자 다른 길로 흩어질 것을 알면서도’에서 ‘알면서도’라는 표현은 현실적 인식과 감정적 바람 사이의 갈등을 보여줍니다. 이는 이성과 감정, 현실과 이상 사이의 인간적 모순을 드러냅니다. ‘이 우정이 영원하기를 간절히 바랐다’는 열망은 시간의 유한성에 대한 인간의 근본적 저항을 나타냅니다. ‘영원’에 대한 갈망은 플라톤 이래 서구 철학의 중요한 주제였으며, 변하지 않는 것에 대한 인간의 근본적 욕구를 반영합니다. ‘간절히’라는 부사는 이런 바람이 단순한 희망이 아닌 절실한 갈망임을 강조합니다.

- **“지금 생각해보면 그 여름이 우리 청춘의 가장 아름다운 순간이었고, 진정한 우정이 무엇인지 깨닫게 해준 소중한 시간이었다”**라는 회고적 성찰에서 나타나는 시간의 의미 재구성과 경험의 가치 인식이 성장과 성숙의 증거를 보여줍니다. ‘지금 생각해보면’이라는 회고적 표현은 시간적 거리를 통한 객관적 평가를 의미합니다. 이는 경험 당시에는 깨닫지 못했던 것을 시간이 지난 후에야 이해하게 되었음을 나타냅니다. ‘우리 청춘의 가장 아름다운 순간’이라는 평가는 그 시간이 특별한 의미를 갖게 되었음을 보여줍니다. ‘아름다운’이라는 미적 판단은 단순한 즐거움을 넘어서 미학적, 도덕적 가치를 포함하는 종합

적 평가입니다. '진정한 우정이 무엇인지 깨닫게 해준'이라는 표현은 그 경험이 단순한 추억을 넘어서 인생의 지혜와 통찰을 제공했다는 의미입니다. '소중한 시간'이라는 최종 평가는 그 경험의 가치를 종합적으로 확인해주는 것입니다.

• 사회학적 관점에서 이 글은 한국 사회의 교육 제도가 청소년들의 자연스러운 성장과 관계 형성에 미치는 영향을 보여줍니다. 입시 위주의 교육 시스템이 어떻게 개인들을 경쟁 관계로 만들고, 순수한 우정과 연대를 방해하는지를 드러냅니다.

• 심리학적으로는 청소년기의 정체성 형성과 또래 관계의 중요성을 보여줍니다. 심리사회적 발달 이론에서 청소년기는 정체성 대 역할 혼란의 시기인데, 이때 또래와의 관계가 정체성 형성에 중요한 역할을 합니다.

• 철학적으로는 시간의 유한성과 관계의 영속성에 대한 인간의 근본적 갈망을 탐구합니다.

결국 이 글은 제도적 압력과 개인적 관계 사이의 갈등 속에서도 진정한 인간적 유대의 소중함을 지켜내려는 청소년들의 순수한 의지와, 그 경험이 성인이 된 후에야 비로소 그 진정한 가치를 깨닫게 된다는 성장의 아이러니를 깊이 있게 성찰하고 있습니다.

분석할 문장 4 : (과학) 유전 공학과 생명 윤리

"최근 유전자 편집 기술인 크리스퍼(CRISPR)가 의학계의 주목을 받고 있습니다. 이 기술은 특정 유전자를 정확하게 수정하여 유전 질환을 치료할 수 있는 가능성을 제시합니다. 그러나 인간 배아의 유전자를 편집하는 것은 예상치 못한 부작용을 일으킬 수 있어 신중한 접근이 필요합니다. 특히 후세대에게 전달되는 유전적 변화는 되돌릴 수 없기 때문에 윤리적 문제가 제기됩니다. 각국 정부와 과학계는 유전자 편집의 안전성과 윤리 기준을 마련하기 위해 노력하고 있습니다. 우리는 과학 기술의 발전과 인간의 존엄성 사이에서 균형점을 찾아야 합니다. 생명 윤리에 대한 사회적 합의를 통해서만 이 기술이 인류에게 진정한 도움이 될 수 있을 것입니다."

이 글을 수준별 독해력과 문해력으로 분석해보겠습니다.

기본 수준의 독해력은 이 글의 기본적인 정보를 파악하는데 어려움을 겪을 수 있습니다. '크리스퍼'라는 생소한 용어와 '유전자 편집'이라는 복잡한 개념 때문입니다. 하지만 "병을 고치는 새로운 기술이 나왔어요"라고 단순화하여 이해할 수 있습니다. '의학계의 주목'은 "의사들이 관심을 갖고 있다"로, '유전 질환을 치료'는 "유전병을 낫게 할 수 있다"로 받아들입니다. '그러나'라는 접속사를 통해 문제가 있다는 것을 인식하지만, '부작용', '윤리적 문제'와 같은 추상적 개념은 구체적으로 이해하기 어렵습니다. "몸에 안 좋은 일이 생길 수도 있어요", "나쁜 일이 일어날 수도 있어요"라고 막연하게 받아들입니다. '후세대에게 전달되는'은 "아이들에게도 영향을 줄 수 있다"는 정도로 이해합니다. 초등학생들은 주로 선악의 이분법적 사고를 하므로 "이 기술이 좋은 거예요, 나쁜 거예요?"라고 질문합니다. 복잡한 상황에서의 판단보다는 명확한 답을 원하는 경향이 있습니다.

기본 수준의 문해력은 개인적 경험과 감정을 중심으로 이해합니다. "할머니가 아프신데 이 기술로 나을 수 있을까요?"처럼 가족의 질병 경험과 연결해 생각합니다. 과학기술에 대해서는 호기심과 기대감을 보이며, "로봇이나 만화에서 본 것 같아요"라고 반응하기도 합니다. 윤리적 문제에 대해서는 단순한 도덕 판단을 적용합니다. "사람을 도와주는 건 좋은 일이에요", "위험한 건 하면 안 돼요"라는 기본적인 선악 구분을 바탕으로 판단합니다. 복잡한 윤리적 딜레마보다는 "아픈 사람을 도와줘야 해요"라는 단순하고 순수한 동정심을 보입니다.

보통 수준의 독해력은 과학 교육을 통해 기본적인 유전자 개념을 학습했으므로 텍스트의 내용을 더 구체적으로 이해할 수 있습니다. 크리스퍼 기술에 대해서는 "유전자를 잘라서 바꾸는 기술"이라고 이해하며, 과학 수업에서 배운 DNA, 염색체 등의 지식과 연결합니다. 논리적 구조 파악 능력이 발달하여 텍스트의 전개 과정을 체계적으로 따라갑니다. 기술의 장점 → 문제점 → 대응 방안 → 결론으로 이어지는 구성을 인식하고, "왜 이런 순서로 설명했을까?"를 생각해봅니다. '그러나', '특히', '각국' 등의 표현을 통해 논증의 전환점과 강조점을 파악합니다.

중학생들은 추상적 사고가 시작되므로 '윤리적 문제', '사회적 합의' 같은 개념을 어느 정도 이해할 수 있습니다. 하지만 여전히 구체적인 사례나 설명이 필요하며, "생명 윤리가 정확히 뭔가요?"라고 질문하는 경우가 많습니다.

보통 수준의 문해력은 과학기술과 사회의 관계에 관해 관심을 지니기 시작합니다. SF 영화나 소설을 통해 접한 유전자 조작 이야기와 연결하여 생각하며, "영화 가타카 같은 일이 실제로 일어날 수 있을까?"라고 상상합니다. 과학의 양면성에 대해 인식하기 시작하여 "과학이 항상 좋은 것만은 아니구나"라고 깨닫습니다. 사회적 이슈에 대한 관심이 높아져서 "우리나라에서는 이런 연구를 하고 있나요?", "다른 나라에서는 어떻게 하고 있나요?"라고 질문합니다. 또한 미래에 대한 상상력이 풍부하여 "나중에 유전자를 마음대로 바꿀 수 있게 되면 어떻게 될까?"를 궁금해합니다.

고차원 수준의 독해력은 생명과학 교육과정을 통해 유전자 편집 기술의 원리를 이해하고 있으므로 텍스트의 전문적 내용을 파악할 수 있습니다. 크리스퍼 기술의 구체적 메커니즘과 의료적 적용 분야에 대해 배경지식을 가지고 있어 더 깊이 있게 분석합니다. 논증 구조를 비판적으로 검토할 수 있습니다. 필자가 제시한 근거의 타당성, 논리적 연결의 적절성, 결론의 설득력 등을 평가합니다. "부작용에 관한 구체적 사례가 부족하다", "각국의 대응 현황이 더 자세히 제시되어야 한다"라는 식으로 텍스트의 한계를 지적하기도 합니다. 언어 표현의 미묘한 차이도 인식합니다. '가능성을 제시합니다'와 '할 수 있습니다'의 확실성 정도 차이, '신중한 접근이 필요합니다'의 완곡한 표현 등을 분석하여 필자의 신중한 태도를 읽어냅니다.

고차원 수준의 문해력은 이 글에서 과학 기술의 양면성과 윤리적 딜레마, 개인의 치료 욕구와 종족 차원의 위험 사이에서의 갈등, 그리고 과학적 진보와 인간 존엄성 사이의 균형점 모색 문제를 읽어냅니다. 이 문장들은 표면적으로는 크리스퍼 기술에 대한 객관적 정보 전달처럼 보이지만, 이면적으로는 현대 생명과학의 발전이 인간 사회에 제기하는 근본적 질문들과 과학기술이 가져올 미래 사회의 모습, 그리고 인류가 직면한 새로운 형태의 윤리적 책임을 깊이 있게 탐구하고 있습니다.

- **"최근 유전자 편집 기술인 크리스퍼(CRISPR)가 의학계의 주목을 받고 있습니다"**라는 시작에서 드러나는 과학 기술의 사회적 관심과 의료 혁명의 가능성이 갖는 시대적 의미를 살펴보면, 이는 단순한 현황 보고를 넘어섭니다. '최근'이라는 시간 표현은 이 기술이 급속도로 발전하고 있는 첨단 과학 분야임을 나타내며, 현재진행형의 변화를 강조합니다. '크리스퍼(CRISPR)'라는 구체적 기술명의 제시는 이것이 추상적 개념이 아닌 실제로 작동하는 현실적 기술임을 보여줍니다. CRISPR는 'Clustered Regularly Interspaced Short Palindromic Repeats'의 줄임말로, 유전자를 정확하게 잘라서 편집할 수 있는 일종의 '분자 가위' 역할을 하는 기술입니다. '의학계의 주목을 받고 있다'는 표현은 과학 공동체의 집중적 관심을 의미하며, 이는 이 기술이

의료 분야에 혁신적 변화를 가져올 가능성을 시사합니다. 이러한 관심은 단순한 학술적 호기심을 넘어서 실용적 적용 가능성과 상업적 잠재력을 포함하는 종합적 평가를 반영합니다. 과학사회학에서 말하는 '기술의 사회적 구성'과 연결되는데, 과학 기술이 순수한 과학적 발견이 아니라 사회적 필요와 관심으로 형성되고 발전한다는 이론입니다.

- **"이 기술은 특정 유전자를 정확하게 수정하여 유전 질환을 치료할 수 있는 가능성을 제시합니다"**라는 기술의 치료적 잠재력에서 나타나는 의료 패러다임의 전환과 질병 개념의 재정의가 현대 의학의 새로운 지평을 보여줍니다. '특정 유전자를 정확하게 수정하여'라는 표현은 이 기술의 정밀성과 선택성을 강조합니다. 기존의 의학이 증상을 치료하는 대증요법이었다면, 유전자 편집은 질병의 근본 원인을 제거하는 근본 치료법입니다. 이는 의학 패러다임의 근본적 전환을 의미합니다. '유전 질환을 치료할 수 있는 가능성'에서 주목할 점은 '가능성'이라는 표현입니다. 이는 아직 완전히 확립된 치료법이 아니라 잠재적 가능성의 단계임을 나타내며, 동시에 미래에 대한 희망과 불확실성을 동시에 담고 있습니다. 유전 질환은 헌팅턴병, 낭포성 섬유증, 겸상적혈구빈혈 등 현재 의학으로는 치료가 어려운 질병들을 포함하는데, 이런 질병들을 근본적으로 치료할 수 있다는 전망은 환자와 가족들에게는 희망의 메시지이지만, 동시에 사회적으로는 새로운 윤리적 고민을 불러일으킵니다.

- **"그러나 인간 배아의 유전자를 편집하는 것은 예상치 못한 부작용을 일으킬 수 있어 신중한 접근이 필요합니다"**라는 기술적 한계와 위험성에서 드러나는 과학의 불확실성과 예방 원칙의 중요성이 현대 과학 윤리의 핵심을 보여줍니다. '그러나'라는 역접 연결어는 앞서 제시된 긍정적 가능성에 대한 중요한 제약 조건을 제시합니다. '인간 배아의 유전자를 편집하는 것'은 성체 세포 편집과 구별되는 특별한 의미를 갖습니다. 배아 편집의 결과는 그 개체의 모든 세포에 영향을 미치고, 생식세포를 통해 후손에게도 전달될 수 있기 때문입니다. 이를 생식세포 편집(germline editing)이라고 하는데, 이는 인류 전체의 유전자 풀에 영향을 미칠 수 있는 매우 중대한 문제입니다. '예상치 못한 부작용'이라는 표현은 과학의 본질적 한계를 보여줍니다. 아무리 정밀한 기술이라도 복잡한 생물학적 시스템에서는 예측하지 못한 결과가 나타날 수 있습니다. 이를 과학철학에서는 '의도하지 않은 결과(unintended consequences)'라고 하는데, 이는 모든 기술 개발에서 고려해야 할 중요한 요소입니다. '신중한 접근이 필요하다'는 결론은 예방 원칙(precautionary principle)의 적용을 의미합니다. 예방 원칙이란 과학적 불확실성이 있을 때 잠재적 위험을 방지하기 위해 조심스럽게 접근해야 한다는 원칙입니다.

- **"특히 후세대에게 전달되는 유전적 변화는 되돌릴 수 없기 때문에 윤리적 문제가 제기됩니다"**라는 비가역성(어떤 과정이나 반응이 원래 상태로 되돌릴 수 없는 성질)과 세대 간 영향에서 나타나는 시간적 책임과 미래 윤리의 문제가 현대 과학기술 윤리의 새로운 차원을 보

여줍니다. '후세대에게 전달되는'이라는 표현은 생식세포 편집의 가장 중요한 특징을 나타냅니다. 이는 개인의 치료를 넘어서 인류 전체의 유전적 미래에 영향을 미치는 문제입니다. '되돌릴 수 없기 때문에'라는 비가역성의 강조는 이 기술의 결정적 특성을 보여줍니다. 일반적인 의료 행위는 부작용이 나타나면 중단하거나 다른 치료법으로 바꿀 수 있지만, 유전자 편집의 결과는 영구적입니다. 이는 철학자 한스 요나스가 말한 '책임의 윤리학'과 연결됩니다. 책임의 윤리학이란 현대 기술의 힘이 커진 만큼 우리의 도덕적 책임도 확대되어야 한다는 윤리 이론입니다. 특히 미래 세대에 대한 책임을 강조하는데, 우리의 현재 행동이 아직 태어나지 않은 사람들에게 미칠 영향까지 고려해야 한다는 것입니다. '윤리적 문제가 제기된다'는 표현은 이 기술이 단순한 의료 기술을 넘어서 인간의 본질과 미래에 대한 근본적 질문을 제기한다는 의미입니다.

- **"각국 정부와 과학계는 유전자 편집의 안전성과 윤리 기준을 마련하기 위해 노력하고 있습니다"**라는 국제적 거버넌스와 규제 체계 구축에서 나타나는 글로벌 협력의 필요성과 과학 정책의 복잡성이 현대 과학의 사회적 차원을 보여줍니다. '각국 정부와 과학계'라는 주체의 제시는 이 문제가 특정 국가나 집단만의 문제가 아니라 인류 공통의 과제임을 나타냅니다. 과학기술의 글로벌화로 인해 한 나라에서 개발된 기술이 전 세계에 영향을 미칠 수 있기 때문에 국제적 협력이 필수적입니다. '안전성과 윤리 기준을 마련하기 위해'라는 목적은 과학 발전과 사회적 가치 사이의 균형을 추구하는 것을 의미합니다. 안

전성은 기술적 측면에서의 위험 관리를, 윤리 기준은 사회적 가치와 도덕적 원칙을 반영하는 것입니다. '노력하고 있다'는 현재진행형 표현은 이것이 현재 진행 중인 과정이며, 아직 완전한 해답이 나오지 않았음을 시사합니다. 이는 과학기술의 발전 속도와 사회적 합의 형성 속도 사이의 시간차를 보여주는데, 기술은 빠르게 발전하지만, 사회적 논의와 제도적 정비는 상대적으로 느리게 진행되는 것이 일반적입니다.

- **"우리는 과학 기술의 발전과 인간의 존엄성 사이에서 균형점을 찾아야 합니다"**라는 가치 갈등과 균형점 모색에서 나타나는 현대 사회의 근본적 딜레마와 윤리적 선택의 필요성이 인간 중심 가치의 중요성을 강조합니다. '과학기술의 발전과 인간의 존엄성 사이에서'라는 대립 구조의 설정은 이 두 가치가 때로는 충돌할 수 있음을 인정하는 것입니다. 과학기술의 발전은 일반적으로 긍정적 가치로 여겨지지만, 때로는 인간의 기본적 가치와 충돌할 수 있습니다. 인간의 존엄성은 칸트 이래 서구 윤리학의 핵심 개념으로, 인간을 목적 그 자체로 대우해야 하며 수단으로 이용해서는 안 된다는 원칙입니다. 유전자 편집의 맥락에서 인간 존엄성의 문제는 여러 측면에서 제기됩니다. 예를 들어, 유전자 편집을 통해 '완벽한' 아이를 만들려는 시도는 아이를 부모의 욕망을 실현하는 수단으로 여기는 것일 수 있습니다. '균형점을 찾아야 한다'는 표현은 이 두 가치를 모두 포기할 수 없는 상황에서 적절한 조화점을 모색해야 한다는 의미입니다. 이는 절대적 금지나 무제한 허용이 아닌 신중한 판단과 조건부 허용의 필요성을 시사합니다.

- **"생명 윤리에 대한 사회적 합의를 통해서만 이 기술이 인류에게 진정한 도움이 될 수 있을 것입니다"**라는 민주적 의사 결정과 사회적 합의의 중요성에서 나타나는 과학기술의 사회적 통제와 참여민주주의의 필요성이 현대 과학 거버넌스의 핵심을 드러냅니다. '생명 윤리에 대한 사회적 합의'라는 표현은 이 문제가 전문가들만의 판단으로 해결될 수 없음을 의미합니다. 생명 윤리는 의료진, 과학자, 철학자, 종교인, 시민 등 다양한 주체들이 참여하는 사회적 대화를 통해 형성되어야 합니다. 하버마스가 말한 '의사소통적 합리성'과 연결되는데, 이는 다양한 이해관계자들이 열린 토론을 통해 합리적 합의에 도달할 수 있다는 이론입니다. '사회적 합의를 통해서만'이라는 강조는 위로부터의 결정이나 전문가들만의 판단이 아닌 사회 전체의 민주적 의사 결정이 필요함을 나타냅니다. 이는 과학기술에 대한 시민 참여의 중요성을 보여주는데, 과학기술이 사회에 미치는 영향이 커질수록 시민들의 참여와 통제가 더욱 중요해집니다. '진정한 도움이 될 수 있을 것'이라는 결론은 기술 자체는 중립적이지만, 그것을 어떻게 사용하느냐에 따라 도움이 될 수도 해가 될 수도 있다는 의미입니다. 이는 기술 결정론을 거부하고 사회적 선택의 중요성을 강조하는 것입니다.

- 과학기술학적 관점에서 이 글은 현대 과학기술이 제기하는 ELSI (Ethical, Legal, Social Implications) 문제의 전형을 보여줍니다. ELSI란 과학기술의 윤리적, 법적, 사회적 함의를 종합적으로 고려하는 접근법을 말합니다.

- 생명윤리학적으로는 자율성, 선행, 악행금지, 정의의 4대 원칙이 모두 관련되는 복합적 사안입니다.

- 정치철학적으로는 전문가 정치와 민주주의 사이의 긴장, 그리고 현재 세대와 미래 세대 간의 세대 간 정의 문제를 다룹니다.

- 사회학적으로는 과학기술이 사회 불평등을 완화할 수도 있고 심화시킬 수도 있다는 기술의 양면성을 보여줍니다. 예를 들어, 유전자 편집 기술이 고가의 치료법이 된다면 경제적 능력에 따른 유전적 불평등이 생길 수 있습니다.

따라서 이 글은 첨단 생명과학 기술을 통해 현대 사회가 직면한 과학과 윤리, 개인과 사회, 현재와 미래 사이의 복잡한 관계와 그 속에서 인간다운 가치를 지켜나가기 위한 사회적 노력의 중요성을 종합적으로 성찰하게 만듭니다.

분석할 문장 5 : (사회) 공동체 의식의 필요성

"현대사회의 개인주의 문화는 개인의 자유와 권리를 보장하는 긍정적 측면이 있습니다. 그러나 지나친 개인주의는 공동체 의식을 약화하여 사회적 결속력을 저해할 수 있습니다. 코로나19 팬데믹 상황에서 마스크 착용과 사회적 거리두기는 개인의 불편함을 감수하더라도 공동체를 위해 필요한 행동이었습니다. 기후 변화 문제 역시 개인의 편의보다 미래 세대와 지구 공동체를 고려한 행동 변화가 요구됩니다. 이웃과의 소통 부족은 사회적 고립감을 증가시키고 정신 건강에도 악영향을 미칩니다. 공동체 의식은 개인의 행복과 사회의 안정을 동시에 추구할 수 있는 중요한 가치입니다. 우리는 개인의 자유를 존중하면서도 공동선을 추구하는 성숙한 시민의식을 길러야 합니다."

이 글을 수준별 독해력과 문해력으로 분석해보겠습니다.

기본 수준의 독해력은 '개인주의', '공동체 의식'과 같은 추상적 개념을 이해하는 데 어려움을 겪습니다. 대신 구체적인 행동과 상황을 중심으로 이해합니다. "자기 하고 싶은 대로 하는 것"과 "다른 사람들과 함께 생각하는 것"으로 단순화하여 받아들입니다. 코로나19 사례는 직접 경험했기 때문에 잘 이해합니다. "마스크를 써야 하는 이유", "친구들과 떨어져 있어야 했던 일"을 떠올리며 공감합니다. "나는 답답했지만 다른 사람들을 위해서 마스크를 썼어요"라고 자기의 경험을 이야기합니다. 하지만 '사회적 거리 두기'보다는 "멀리 떨어져 있기"로 이해합니다. 기후변화는 좀 더 추상적이어서 "지구가 아파요", "쓰레기를 많이 버리면 안 돼요" 정도로 이해합니다. '미래 세대'는 "나중에 태어날 아이들"로, '지구 공동체'는 "세계 모든 사람들"로 받아들입니다.

기본 수준의 문해력은 도덕적 판단을 명확히 구분합니다. "혼자만 생각하는 건 나빠요", "다른 사람도 생각해야 해요"라는 기본적인 도덕 원칙을 적용합니다. 학교에서 배운 '배려', '나눔', '협력'의 가치와 연결하여 이해합니다. 또한 가족과 학급 경험을 바탕으로 해석합니다. "엄마가 혼자 과자를 다 먹으면 안 된다고 했어요", "우리 반에서 청소할 때 모두 함께 해야 한다고 선생님이 말씀하셨어요"처럼 일상적 경험과 연결합니다. 공동체를 가족, 학급, 동네로 구체적으로 이해하며, 추상적인 사회보다는 눈에 보이는 관계를 중심으로 생각합니다.

보통 수준의 독해력은 개인주의와 공동체주의의 개념적 대립을 이해할 수 있습니다. 사회 수업에서 학습한 민주주의, 자유, 권리 등의 개념과 연결하여 생각합니다. "개인의 자유와 권리"는 헌법에서 보장하는 기본권으로, "공동체 의식"은 사회 구성원으로서의 책임으로 이해합니다. 논리적 구조도 파악하여 양면성을 인식합니다. 개인주의가 나쁘기만 한 것이 아니라 긍정적 측면도 있다는 균형이 잡힌 시각을 이해하고, "지나친"이라는 표현에서 정도의 문제임을 파악합니다. 구체적 사례(코로나19, 기후변화)를 통한 논증 방식도 인식합니다. 코로나19 경험을 사회적 맥락에서 해석할 수 있습니다. 개인의 불편함과 공동체의 안전 사이의 갈등을 이해하며, "내 자유가 다른 사람에게 피해를 줄 수 있구나"를 깨닫습니다. 마스크 착용을 둘러싼 사회적 논란을 기억하며 개인과 집단 간의 이해관계 충돌을 실감합니다.

보통 수준의 문해력은 현대사회의 문제점에 관해 관심을 지니기 시작합니다. SNS와 인터넷 문화 속에서 경험한 개인주의적 성향을 반성적으로 바라봅니다. "요즘 사람들이 너무 자기 생각만 해요", "댓글에서 싸우는 사람들을 보면 답답해요"라고 관찰합니다. 또래 관계에서 경험한 갈등을 사회적 문제와도 연결합니다. 개인주의가 지나치면 친구들과의 관계가 어려워진다는 것을 실제로 경험했기 때문입니다. "모둠 활동할 때 자기 일만 하는 친구들 때문에 힘들어요"라고 말하며 협력의 중요성을 체감합니다.

고차원 수준의 독해력은 개인주의와 공동체주의를 철학적, 정치적 개념으로 정확히 이해합니다. 서구 근대 사상사에서 개인주의의 발전 과정과 그에 대한 비판적 관점들을 학습했으므로 텍스트의 논지를 깊이 있게 파악할 수 있습니다. 수사법과 논증 기법도 분석할 수 있습니다. 균형이 잡힌 시각으로 시작하여 문제 제기, 구체적 사례, 해결 방안 제시로 이어지는 논증의 설득력을 평가합니다. '성숙한 시민의식'이라는 결론의 당위성과 실현 가능성에 대해서도 비판적으로 검토합니다. 그리고 각 개념의 다층적 의미를 이해합니다. 개인주의가 단순히 이기주의와 다르며, 근대 계몽주의의 성과이면서 동시에 현대사회의 문제점이기도 하다는 복합적 성격을 파악합니다. 공동체주의 역시 전체주의와 구별되는 민주적 가치임을 인식합니다.

고차원 수준의 문해력은 이 글에서 근대성의 모순과 사회적 연대의 위기, 개인의 자유와 집단적 책임 사이의 변증법적 긴장, 그리고 시민사회의 성숙과 공동선 추구를 위한 새로운 윤리적 모델의 필요성을 읽어냅니다. 이 문장들은 표면적으로는 개인주의 문화의 장단점을 균형 있게 제시하는 분석글처럼 보이지만, 이면적으로는 현대사회가 직면한 사회적 결속력의 약화와 개인화된 사회에서 나타나는 새로운 형태의 공동체 구성 방식, 그리고 글로벌 위기 상황에서 요구되는 집단적 대응 능력의 중요성을 깊이 있게 탐구하고 있습니다.

- **"현대사회의 개인주의 문화는 개인의 자유와 권리를 보장하는 긍정적 측면이 있습니다"**라는 첫 번째 평가에서 드러나는 근대적 가치의 성취와 자유주의적 이념의 실현이 갖는 역사적 의미를 살펴보면, 이는 단순한 현상 설명을 넘어섭니다. '현대사회의 개인주의 문화'라는 표현은 이것이 특정 시대의 산물임을 나타냅니다. 개인주의는 중세의 집단 중심 사회에서 근대의 개인 중심 사회로 전환되면서 나타난 핵심 가치입니다. 사회학자 뒤르켐은 이를 기계적 연대에서 유기적 연대로의 전환으로 설명했습니다. 기계적 연대는 유사성에 기반한 전통사회의 결속 방식이고, 유기적 연대는 차이와 분업에 기반한 현대사회의 결속 방식입니다. '개인의 자유와 권리를 보장하는'이라는 표현은 자유주의 정치철학의 핵심 내용을 담고 있습니다. 존 스튜어트 밀의 '자유론'에서 제시된 개인의 자유 영역 보장, 로크의 자연

권 이론에서 강조된 개인의 기본권 등이 바로 이런 개념들입니다. '긍정적 측면이 있다'는 평가는 개인주의가 인간해방과 민주주의 발전에 기여한 역사적 의의를 인정하는 것입니다. 개인주의는 신분제 사회에서 개인을 해방하고, 개인의 잠재력과 창의성을 발휘할 수 있는 기회를 제공했습니다. 또한 다양성과 관용의 가치를 확산시켜 민주주의 문화의 토대가 되었습니다.

- **"그러나 지나친 개인주의는 공동체 의식을 약화하여 사회적 결속력을 저해할 수 있습니다"**는 개인주의의 역기능에서 나타나는 사회적 통합의 위기와 연대 의식의 약화가 현대사회의 중요한 문제임을 보여줍니다. '그러나'라는 역접 연결어는 앞서 제시된 긍정적 평가에 대한 중요한 제약 조건을 제시합니다. '지나친 개인주의'라는 표현에서 '지나친'이라는 수식어는 적절한 수준을 넘어선 극단적 형태를 의미합니다. 이는 개인주의 자체가 문제가 아니라 그것의 극단적 형태가 문제라는 관점을 보여줍니다. '공동체 의식을 약화시켜'라는 인과관계의 설정은 개인주의와 공동체 의식 사이의 상충 관계를 나타냅니다. 공동체 의식이란 개인이 자신을 특정 집단의 일원으로 인식하고, 그 집단의 이익과 가치를 자신의 것으로 받아들이는 심리적 태도를 말합니다. '사회적 결속력을 저해할 수 있다'는 결과는 사회 통합의 위기를 의미합니다. 결속력의 약화는 사회 갈등의 증가, 공공재에 관한 관심 감소, 집단행동의 어려움 등으로 나타날 수 있습니다.

- **"코로나19 팬데믹 상황에서 마스크 착용과 사회적 거리 두기는 개인**

의 불편함을 감수하더라도 공동체를 위해 필요한 행동이었습니다"라는 구체적 사례를 통한 집단적 대응의 필요성에서 드러나는 개인적 희생과 공공선의 관계가 현대적 시민의식의 핵심을 보여줍니다. 코로나19 팬데믹은 글로벌 차원의 공중보건 위기로, 개인의 행동이 사회 전체에 미치는 영향을 극명하게 보여준 사례입니다. '마스크 착용과 사회적 거리두기'는 감염병 확산 방지를 위한 대표적 방역 수칙들입니다. 이런 행동들은 자신을 보호하는 측면도 있지만, 더 중요한 것은 다른 사람들을 보호하는 이타적 행동이라는 점입니다. '개인의 불편함을 감수하더라도'라는 표현은 공공선을 위한 개인적 희생의 의미를 강조합니다. 이는 경제학에서 말하는 '외부효과(externality)' 문제와 연결됩니다. 외부효과란 한 개인의 행동이 다른 사람들에게 의도하지 않은 영향을 미치는 현상을 말하는데, 감염병 확산이 바로 부정적 외부효과의 대표적 사례입니다. '공동체를 위해 필요한 행동'이라는 평가는 이런 행동들이 단순한 개인적 선택이 아니라 사회적 의무라는 관점을 보여줍니다. 이는 사회계약론의 현대적 적용으로 볼 수 있는데, 개인들이 사회 구성원으로서 갖는 상호 의무를 실천하는 것입니다.

- **"기후 변화 문제 역시 개인의 편의보다 미래 세대와 지구 공동체를 고려한 행동 변화가 요구됩니다"**라는 세대 간 책임과 글로벌 공동체 의식에서 나타나는 지속가능성 윤리와 확장된 시민권의 개념이 21세기 새로운 윤리적 과제를 제시합니다. '기후 변화 문제 역시'라는 표현은 앞서 제시된 팬데믹과 유사한 집단행동 문제임을 나타냅니다.

기후변화는 개인의 일상적 선택들(에너지 사용, 교통수단 선택, 소비 패턴 등)이 누적되어 전 지구적 환경 문제로 나타나는 대표적 사례입니다. '개인의 편의보다'라는 대비는 단기적 개인 이익과 장기적 집단 이익 사이의 갈등을 보여줍니다. 예를 들어, 자동차 이용이 대중교통 이용보다 개인에게는 편리하지만, 환경에는 더 해로운 영향을 미칩니다. '미래 세대와 지구 공동체를 고려한'이라는 표현은 시간적, 공간적으로 확장된 도덕적 고려의 범위를 나타냅니다. 현대 기술의 힘이 커진 만큼 우리의 도덕적 책임 범위도 미래 세대와 전 지구로 확장되어야 한다는 것입니다. '행동 변화가 요구된다'는 표현은 개인 차원의 라이프스타일 변화가 필요함을 의미합니다. 이는 단순한 인식 변화를 넘어서 실제 행동의 변화를 요구하는 것으로, 환경 윤리학에서 말하는 '생태적 시민권'의 실천을 의미합니다.

- **"이웃과의 소통 부족은 사회적 고립감을 증가시키고 정신 건강에도 악영향을 미칩니다"**라는 사회적 관계의 중요성에서 나타나는 인간의 사회적 본성과 공동체적 삶의 필요성이 개인주의 사회의 부작용을 구체적으로 보여줍니다. '이웃과의 소통 부족'은 현대 도시 사회의 대표적 특징 중 하나입니다. 전통사회에서는 지리적 근접성이 자연스러운 사회적 관계를 형성했지만, 현대사회에서는 물리적으로 가까이 살아도 심리적으로는 멀어지는 현상이 나타납니다. 이를 사회학에서는 '사회적 원자화(social atomization)'라고 합니다. '사회적 고립감을 증가시키고'라는 결과는 인간의 기본적 욕구인 소속감과 연결감이 충족되지 않을 때 나타나는 심리적 현상입니다. 심리학자 매슬로우

의 욕구 단계설에서 소속감과 사랑의 욕구는 기본적 생존 욕구 다음으로 중요한 인간의 욕구입니다. '정신 건강에도 악영향을 미친다'는 지적은 사회적 관계가 개인의 웰빙에 미치는 중요한 영향을 보여줍니다. 최근 연구들에 따르면 사회적 고립은 흡연이나 비만만큼이나 건강에 해로운 영향을 미친다고 알려져 있습니다. 이는 인간이 본질적으로 사회적 동물이라는 아리스토텔레스의 통찰을 현대적으로 확인해주는 것입니다.

- **"공동체 의식은 개인의 행복과 사회의 안정을 동시에 추구할 수 있는 중요한 가치입니다"**라는 개인적 이익과 사회적 이익의 조화 가능성에서 나타나는 상생의 철학과 통합적 사고의 중요성이 이상적 사회 모델을 제시합니다. '공동체 의식은'이라는 주제 제시는 이것을 핵심 가치로 부각하는 것입니다. '개인의 행복과 사회의 안정을 동시에 추구할 수 있는'이라는 표현은 개인과 사회가 제로섬 관계가 아님을 보여줍니다. 제로섬이라는 것은 한 쪽이 이득을 보면 다른 쪽이 손해를 보는 관계를 말하는데, 여기서는 양쪽 모두 이득을 볼 수 있는 윈-윈 관계의 가능성을 제시하고 있습니다. 이는 공리주의 철학자 밀의 '최대 다수의 최대 행복'이라는 원칙과도 연결되지만, 여기서는 개인의 행복과 사회 전체의 이익이 조화될 수 있다는 더 적극적인 관점을 보여줍니다. 사회심리학 연구에 따르면, 공동체 의식이 강한 사람들이 개인적 만족도도 높고 사회의 참여도도 활발하다는 결과가 나타납니다. '중요한 가치'라는 평가는 공동체 의식이 도구적 가치를 넘어서 그 자체로 추구해야 할 내재적 가치임을 나타냅니다.

• **"우리는 개인의 자유를 존중하면서도 공동선을 추구하는 성숙한 시민의식을 길러야 합니다"**라는 균형적 시민권과 성숙한 민주주의에서 나타나는 자유와 책임의 조화, 그리고 민주적 역량의 발전이 현대 민주사회의 이상을 제시합니다. '개인의 자유를 존중하면서도'라는 전제는 자유주의적 가치를 포기하지 않겠다는 의지를 보여줍니다. 이는 권위주의적 집단주의로의 회귀가 아닌, 자유주의의 한계를 보완하는 방향을 제시하는 것입니다. '공동선을 추구하는'이라는 목적은 아리스토텔레스 이래 정치철학의 핵심 개념인 공동선(common good)의 추구를 의미합니다. 공동선이란 사회 구성원 모두에게 이익이 되는 가치나 목표를 말하는데, 이는 개별 이익들의 단순한 합이 아니라 질적으로 다른 차원의 가치입니다. '성숙한 시민의식'이라는 표현은 단순한 권리 행사를 넘어서 책임감 있는 시민 참여를 의미합니다. 마셜에 따르면 시민권은 시민적 권리, 정치적 권리, 사회적 권리 순으로 발전하는데, 여기서 제시되는 것은 이를 넘어서는 '윤리적 시민권'의 개념으로 볼 수 있습니다. '길러야 합니다'라는 당위적 표현은 이것이 저절로 생기는 것이 아니라 의식적 노력을 통해 발전시켜야 할 능력임을 강조합니다.

• 정치 철학적 관점에서 이 글은 자유주의와 공동체주의 사이의 오랜 논쟁을 현대적 맥락에서 재소환하고 있습니다. 롤스의 자유주의적 개인주의와 샌델, 매킨타이어 등의 공동체주의적 비판 사이에서 제3의 길을 모색하는 시도로 볼 수 있습니다.

- 사회학적으로는 베네딕트 앤더슨의 '상상의 공동체' 개념과 연결되는데, 현대사회에서 공동체는 자연발생적인 것이 아니라 의식적으로 구성해야 하는 것임을 보여줍니다.

- 심리학적으로는 개인의 정체성 형성에서 사회적 관계와 소속감의 중요성을 강조하는 사회 정체성 이론과 연결됩니다.

- 윤리학적으로는 의무론적 윤리와 덕 윤리의 종합을 통해 개인의 권리와 사회적 책임을 조화시키려는 시도를 보여줍니다.

이 글은 현대 사회의 개인주의적 경향과 그로 인한 사회적 결속력 약화 문제를 진단하고, 개인의 자유와 사회적 연대를 동시에 추구할 수 있는 새로운 형태의 시민의식과 공동체 모델의 필요성을 제시하면서, 민주주의 사회의 지속 가능한 발전을 위한 윤리적 방향을 모색하고 있습니다.

와~ 갈수록 전문적인 학술 용어로 많이 어려우시죠?

글이 길어지고 고등학교 이상의 전문 수준이라
점점 복잡해지고 어려워지는 것은 당연합니다.

어쩌면 지금까지 읽은 내용을 제대로 이해했다면
대입 논술을 준비해도 될 만한 수준일 겁니다.
우리나라 고등학생들 중 일부는 참 대단한 사고력과 문해력을 지녔습니다.

잠시 쉬었다가 다시 출발하겠습니다.

이제 끝을 향해 갑니다.

한편의 완성된 글의 사례가 남았습니다.
앞에서도 말한 것처럼 눈으로 대충 읽고 넘어가지 말고
음미하면서 찬찬히 다시 읽어보시길 바랍니다.

충분히 쉬었다면 이제 다시 출발합니다.
힘냅시다~

05

장문 독해 사례 분석(한 편의 완성된 글)

분석할 글 1 : (수필) 봄날의 기억

"창문을 열자 따뜻한 봄바람이 방 안으로 스며들었다. 겨우 내내 닫혀 있던 창문 너머로 보이는 풍경은 어느새 연두색 새싹들로 가득했다. 나는 문득 어린 시절 할머니와 함께 산책했던 동네 뒷산을 떠올렸다. 그때는 몰랐지만, 할머니의 천천히 걷는 발걸음에는 세월의 무게가 담겨 있었던 것 같다. 봄이 올 때마다 할머니는 '꽃은 피었다가 지지만, 다시 피어난다'라고 말씀하셨다. 그 말씀의 의미를 이제야 조금씩 이해하게 된다. 삶이란 끝없는 이별과 만남의 연속이며, 상실 속에서도 희망을 잃지 않는 것이 어른이 되는 일인지도 모른다. 할머니가 떠나신 지 벌써 십 년이 흘렀지만, 봄바람이 불 때면 여전히 그분의 온기가 느껴진다. 창밖의 벚꽃이 흩날리는 모습을 보며, 나는 할머니께서 남겨주신 사랑의 기억들이 내 마음속에 영원히 피어있을 것임을 깨닫는다. 오늘도 봄은 우리에게 새로운 시작의 의미를 선물하고, 나는 그 선물을 가슴 깊이 받아들인다."

이 글을 수준별 독해력과 문해력으로 분석해보겠습니다.

기본 수준의 독해력은 이 수필의 기본적인 내용을 파악할 수 있습니다. "할머니와 함께 산책했던 이야기", "봄이 되어서 꽃이 피었다", "할머니가 돌아가셨다"는 핵심 내용을 이해합니다. 시간의 흐름은 '어린 시절', '십 년이 흘렀지만' 등의 명확한 표현을 통해 파악하며, "옛날 이야기를 생각해내는 거구나"라고 받아들입니다. 할머니의 말씀에서 꽃의 생명 주기를 이해하고, "꽃이 지어도 다시 피어난다"는 자연의 순환을 자연과학 시간에 배운 내용과 연결합니다. 하지만 이것이 삶과 죽음의 은유라는 깊은 의미까지는 파악하기 어렵습니다. 초등학생들은 구체적이고 감각적인 표현들을 잘 이해합니다. '따뜻한 봄바람', '연두색 새싹', '벚꽃이 흩날리는' 등의 묘사에서 봄의 아름다운 풍경을 상상하며, "저도 봄에 할머니랑 산책해봤어요"라고 자기의 경험과 연결합니다.

기본 수준의 문해력은 가족에 대한 사랑과 그리움의 감정을 중심으로 이해합니다. "할머니를 보고 싶어하는 마음"을 공감하며, "할머니가 돌아가셔서 슬프구나"라는 기본적인 정서를 파악합니다. 죽음에 대해서는 "하늘나라에 가신 거야"라고 단순하게 받아들이며, 종교적 또는 철학적 의미보다는 감정적 반응을 보입니다. 자신의 조부모와의 경험을 떠올리며 감정적으로 몰입합니다. "우리 할머니도 그런 말씀 하셨어요", "할머니가 보고 싶어요"라고 개인적 감정을 표현합니다. 할머니와의 추억을 구체적인 활동 중심으로 기억하며, "같이 공원에서 놀았어요", "맛있는 것도 해주셨어요"라고 이야기합니다. 봄에 대해서는 "예쁜 꽃이 피어서 좋아요", "따뜻해서 기분이 좋아요"라는 긍정적 감정을 중심으로 이해하며, 새로운 시작이나 희망의 상징적 의미보다는 계절의 아름다움에 주목합니다.

보통 수준의 독해력은 수필의 구조를 더 체계적으로 파악할 수 있습니다. 현재에서 시작해 과거를 회상하고 다시 현재로 돌아오는 시간 구성을 인식하며, "회상 기법을 사용했구나"라고 문학적 기법을 의식합니다. 공간의 이동(방 안 → 창밖 → 뒷산 → 다시 창밖)도 체계적으로 따라가며 작가의 의도를 이해합니다. 할머니의 직접 화법의 역할을 파악하고, 이것이 단순한 대화가 아니라 작품의 주제 의식을 드러내는 핵심 장치임을 인식합니다. '세월의 무게', '상실 속에서도 희망' 같은 추상적 표현의 의미를 어느 정도 이해할 수 있습니다. 국어 시간에 배운 수필의 특징과 연결하여 분석합니다. "개인적 경험을 바탕으로 했구나", "작가의 생각과 느낌이 잘 드러나는구나"라고 갈래의 특성을 적용합니다. 또한 은유와 상징의 개념을 학습했으므로 꽃과 봄이 단순한 자연물이 아닐 수 있음을 감지합니다.

보통 수준의 문해력은 생명의 유한성과 영속성에 대해 생각하기 시작합니다. 할머니의 죽음을 단순한 이별이 아니라 삶의 보편적 경험으로 이해하며, "모든 사람은 언젠가 죽는구나"라는 실존적 인식을 지닙니다. 꽃의 개화와 낙화가 인생의 은유라는 것을 어렴풋이 파악합니다. 성장과 성숙에 관한 관심이 높아 "어른이 되는 일"이라는 표현에 주목합니다. 자신도 어린 시절에는 몰랐던 것들을 이제 이해하게 되었다는 경험과 연결하며, "나도 점점 어른이 되고 있구나"라고 자기를 성찰합니다. 조부모 세대와의 관계를 재평가하게 됩니다. 어린 시절에는 당연하게 여겼던 할머니의 사랑과 관심이 얼마나 소중한 것이었는지 깨닫고, "할머니께 더 잘해드렸어야 했는데"라는 후회의 감정을 느끼기도 합니다.

고차원 수준의 독해력은 이 수필의 문학적 기법과 미학적 완성도를 종합적으로 분석할 수 있습니다. 액자 구성과 회상 기법의 효과, 공감각적 이미지의 활용, 대조법과 점층법 등의 수사 기법을 의식적으로 파악합니다. '봄바람이 스며들다', '세월의 무게', '사랑의 기억이 피어있다' 등의 은유적 표현들의 문학적 의미를 정확히 해석합니다. 시간 의식의 복층성을 이해합니다. 단순한 과거 회상이 아니라 현재의 의식이 과거를 재구성하고 미래를 전망하는 복합적 시간 구조임을 파악하며, 베르그송의 지속 개념이나 프루스트의 무의식적 기억과 연결하여 사고할 수 있습니다. 문체의 특징도 분석합니다. 평서문 중심의 서술과 감탄사의 절제된 사용, 의성어와 의태어의 효과적 배치 등을 통해 차분하고 성찰적인 분위기가 조성됨을 이해합니다.

고차원 수준의 문해력은 이 글에서 계절의 순환과 인간 존재의 유한성, 기억을 통한 시간의 초월과 사랑의 영속성, 그리고 자연과 인간의 상호감응을 통해 드러나는 삶과 죽음의 철학적 성찰을 읽어냅니다. 이 문장들은 표면적으로는 봄날의 개인적 감상과 할머니에 대한 그리운 추억을 그리는 서정적 수필처럼 보이지만, 이면적으로는 세대 간 지혜의 전승과 상실을 통한 성장, 그리고 자연의 순환 속에서 발견하는 인생의 의미와 죽음을 초월하는 사랑의 본질을 깊이 있게 탐구하고 있습니다.

- **"창문을 열자 따뜻한 봄바람이 방 안으로 스며들었다"**라는 시작에서 드러나는 내부와 외부의 경계 해체와 자연과의 만남이 갖는 상징적 의미를 살펴보면, 이는 단순한 일상적 행위를 넘어섭니다. '창문을 열

자'라는 의도적 행위는 폐쇄된 공간에서 열린 공간으로의 전환을 의미하며, 이는 심리적으로도 닫혀 있던 마음이 열리는 과정을 상징합니다. 창문은 문학에서 자주 사용되는 상징으로, 현실과 이상, 내면과 외면, 과거와 현재를 연결하는 매개체 역할을 합니다. '따뜻한 봄바람이 방 안으로 스며들었다'에서 '스며들었다'는 표현은 자연이 인간의 공간으로 부드럽게 침투하는 모습을 보여주며, 이는 자연과 인간의 조화로운 관계를 나타냅니다. 봄바람의 '따뜻함'은 겨울의 차가움과 대비되며, 생명력과 희망의 상징입니다.

- **"겨우 내내 닫혀 있던 창문 너머로 보이는 풍경은 어느새 연두색 새싹들로 가득했다"**라는 시간의 흐름과 생명의 순환에서 나타나는 계절적 변화의 의미가 인간 존재의 시간성과 연결됩니다. '겨우 내내 닫혀 있던'이라는 표현은 시간의 지속성과 폐쇄성을 나타내며, 이는 삶의 어려운 시기나 침체기를 상징할 수 있습니다. '어느새'라는 부사는 변화의 점진성과 불가지성을 보여주며, 자연의 변화가 인간의 의식과 관계없이 이루어진다는 것을 나타냅니다. '연두색 새싹들로 가득했다'는 시각적 이미지는 생명력의 충만함을 표현합니다. 연두색은 새로운 생명의 색깔로, 희망과 재생을 상징합니다. 자연의 반복적 순환을 통해 시간이 갖는 파괴적 힘을 극복하고 영속성을 획득한다는 의미입니다.

- **"나는 문득 어린 시절 할머니와 함께 산책했던 동네 뒷산을 떠올렸다"**라는 기억의 소환에서 나타나는 현재와 과거의 연결, 그리고 공간

과 시간의 압축이 무의식적 기억과 유사한 체험을 보여줍니다. '문득'이라는 부사는 의식적 노력 없이 일어나는 자발적 기억을 나타냅니다. 현재의 지각이 과거의 기억을 불러일으키는 과정을 보여줍니다. '어린 시절'이라는 시간적 거리는 현재의 성인인 화자와 과거의 어린이였던 자신 사이의 간격을 나타내며, 이는 시간을 통한 자아의 성장과 변화를 암시합니다. '할머니와 함께 산책했던'이라는 회상은 세대 간의 따뜻한 유대감을 보여주며, '동네 뒷산'이라는 구체적 공간은 일상적이면서도 친밀한 기억의 무대를 제공합니다. 단순한 물리적 장소를 넘어서 감정과 기억이 깃든 의미 공간입니다.

- **"그때는 몰랐지만, 할머니의 천천히 걷는 발걸음에는 세월의 무게가 담겨 있었던 것 같다"**라는 시간 인식의 변화와 지혜의 깨달음에서 드러나는 성장과 성숙의 의미가 깊습니다. '그때는 몰랐지만'이라는 표현은 어린 시절의 순진함과 현재의 깨달음 사이의 대비를 보여줍니다. 이는 시간의 흐름을 통해서만 얻을 수 있는 통찰의 성격을 나타내며, 경험을 통한 지혜의 축적 과정을 보여줍니다. '천천히 걷는 발걸음'은 노인의 신체적 특성을 나타내지만, 동시에 삶에 관한 여유롭고 성찰적인 태도를 상징합니다. 현대 사회의 빠른 속도와 대비되는 이런 느린 걸음은 깊이 있는 삶의 자세를 의미합니다. '세월의 무게'라는 은유는 시간을 물리적 무게로 형상화한 것으로, 오랜 세월 동안 축적된 경험과 지혜, 그리고 삶의 무거운 책임감을 나타냅니다.

- **"봄이 올 때마다 할머니는 '꽃은 피었다가 지지만, 다시 피어난다'라**

고 말씀하셨다"라는 할머니의 지혜로운 말에서 나타나는 삶과 죽음에 대한 철학적 통찰이 매우 중요합니다. 이 말씀은 자연의 순환을 통해 인간 존재의 본질을 설명하는 깊은 지혜를 담고 있습니다. '꽃은 피었다가 지지만, 다시 피어난다'는 문장은 생성과 소멸, 그리고 재생의 영원한 순환을 나타냅니다. 이는 불교의 윤회 사상이나 니체의 영원회귀 사상과도 연결되는 철학적 개념입니다. 꽃의 개화와 낙화는 인간의 탄생과 죽음을 은유하며, '다시 피어난다'는 표현은 죽음이 끝이 아니라 새로운 시작의 전제라는 희망의 메시지를 담고 있습니다. 할머니가 '봄이 올 때마다' 이 말씀을 하셨다는 것은 이것이 단순한 관찰이 아니라 삶에 대한 일관된 철학적 신념이었음을 보여줍니다. 이는 동양 철학의 음양론과 유사한 관점으로, 대립하는 것들이 서로 보완하며 순환한다는 변증법적 사고를 담고 있습니다.

- **"그 말씀의 의미를 이제야 조금씩 이해하게 된다"**라는 지혜의 점진적 깨달음에서 나타나는 시간을 통한 성장과 이해의 심화가 인간 인식의 특성을 보여줍니다. '이제야'라는 표현은 오랜 시간이 걸린 깨달음의 과정을 나타내며, 진정한 지혜는 순간적으로 얻어지는 것이 아니라 삶의 경험을 통해 서서히 체득되는 것임을 보여줍니다. '조금씩'이라는 부사는 이해의 점진성을 강조하며, 완전한 깨달음에 이르는 것이 어려움을 시사합니다. 이는 아리스토텔레스가 말한 '실천적 지혜(phronesis)'의 특성과 연결되는데, 실제 삶의 경험을 통해서만 얻을 수 있는 실용적 지혜를 의미합니다. 할머니의 말씀이 단순해 보이지만 그 속에 담긴 깊은 의미를 이해하는 것은 화자 자신의 성숙과 직

결되어 있습니다.

- **"삶이란 끝없는 이별과 만남의 연속이며, 상실 속에서도 희망을 잃지 않는 것이 어른이 되는 일인지도 모른다"**라는 인생에 대한 철학적 성찰에서 드러나는 성숙한 인생관과 실존적 지혜가 인상적입니다. '끝없는 이별과 만남의 연속'이라는 표현은 인생을 관계의 변화 과정으로 이해하는 관점을 보여줍니다. 이는 불교의 무상(無常) 사상과 연결되는데, 모든 것이 변화하고 영원한 것은 없다는 깨달음입니다. '상실 속에서도 희망을 잃지 않는 것'은 고통과 절망의 상황에서도 긍정적 가능성을 보는 능력을 의미합니다. 삶의 모든 조건을 있는 그대로 수용하면서도 적극적으로 살아가는 자세를 말합니다. '어른이 되는 일'이라는 표현은 성숙이 단순한 시간의 경과가 아니라 정신적, 철학적 성장의 결과임을 보여줍니다.

- **"할머니가 떠나신 지 벌써 십 년이 흘렀지만, 봄바람이 불 때면 여전히 그분의 온기가 느껴진다"**라는 죽음을 초월한 사랑의 지속성에서 나타나는 기억의 힘과 감각적 연상이 사랑의 영속성을 보여줍니다. '떠나신'이라는 완곡한 표현은 죽음을 직접적으로 언급하지 않고 존중하는 마음을 담고 있습니다. '벌써 십 년이 흘렀지만'에서 '벌써'라는 부사는 시간의 빠른 흐름에 관한 놀라움을 나타내며, 동시에 그리움의 깊이를 보여줍니다. '봄바람이 불 때면'이라는 조건문은 특정한 감각적 자극이 기억을 불러일으키는 과정을 보여줍니다. 감각과 기억의 밀접한 연관성을 나타냅니다. '그분의 온기가 느껴진다'는 표현

은 물리적으로는 존재하지 않지만, 정서적으로는 여전히 생생한 할머니의 존재감을 보여줍니다. 이는 사랑하는 사람과의 정서적 유대가 죽음으로도 끊어지지 않는다는 것을 의미합니다.

- **"창밖의 벚꽃이 흩날리는 모습을 보며, 나는 할머니께서 남겨주신 사랑의 기억들이 내 마음속에 영원히 피어있을 것임을 깨닫는다"**라는 자연 현상과 내면 체험의 조응에서 드러나는 영속성에 대한 확신과 사랑의 불멸성이 감동적입니다. '벚꽃이 흩날리는 모습'은 일본 문화에서 '모노노아와레(物の哀れ-일본 헤이안 시대의 미의식으로, 사물의 덧없음과 아름다움에 대한 복합적 감정을 의미합니다. 자연, 사랑, 계절의 변화 등 일상적 대상에서 느끼는 슬픔, 애수, 경외감을 표현하며, 불교적 무상(無常)과 신토의 자연 숭배가 융합된 철학적 미학입니다.)', 즉 덧없는 아름다움을 상징하는 대표적 이미지입니다. 하지만 여기서는 꽃이 지는 모습이 슬픔이 아니라 깨달음의 계기가 됩니다. '사랑의 기억들이 내 마음속에 영원히 피어있을 것'이라는 확신은 물리적 존재의 소멸을 넘어서는 정신적, 정서적 영속성을 나타냅니다. '영원히 피어있을 것'이라는 표현에서 '피어있다'는 동사는 할머니의 말씀에 나온 꽃의 이미지와 연결되어, 사랑이 자연처럼 계속해서 새롭게 피어나는 생명력을 가지고 있음을 보여줍니다.

- **"오늘도 봄은 우리에게 새로운 시작의 의미를 선물하고, 나는 그 선물을 가슴 깊이 받아들인다"**라는 결론에서 드러나는 희망의 미래 지향성과 삶에 대한 적극적 수용 자세가 성숙한 삶의 태도를 보여줍니

다. '오늘도 봄은'이라는 표현은 봄을 의인화하여 자연을 능동적 주체로 인식하는 것입니다. '새로운 시작의 의미를 선물하고'에서 '선물'이라는 표현은 자연의 변화를 단순한 현상이 아니라 인간에게 주어지는 소중한 선물로 인식하는 감사한 마음을 나타냅니다. '가슴 깊이 받아들인다'는 표현은 머리로 이해하는 것을 넘어서 온 존재로 수용하는 깊은 체험을 의미합니다. 이는 할머니의 지혜를 완전히 자신의 것으로 만들었음을 보여주며, 세대 간 지혜의 전승이 완성되었음을 나타냅니다.

• 문학적 관점에서 이 글은 자연과 인간의 교감, 기억과 현재의 만남, 죽음과 사랑의 의미를 섬세하게 형상화한 우수한 서정 산문입니다.

• 심리학적으로는 애도 과정을 거쳐 건강한 기억으로 전환되는 과정과 세대 간 애착 관계의 지속성을 보여줍니다.

• 철학적으로는 시간의 순환성, 죽음의 의미, 사랑의 영속성에 대한 깊은 성찰을 담고 있습니다.

따라서 이 글은 자연의 순환과 인간의 삶을 연결하여 상실과 재생, 기억과 희망, 개인적 경험과 보편적 진리를 조화롭게 통합한 성숙한 인생의 성찰을 보여주고 있습니다.

분석할 글 2 : (수학 관련) 확률과 통계의 일상적 적용

"우리는 일상생활에서 무의식적으로 확률적 사고를 활용한다. 아침에 우산을 가져갈지 결정할 때 일기예보의 강수 확률을 고려하고, 교통편을 선택할 때 각 수단의 정시 도착 가능성을 계산한다. 이러한 판단의 기초에는 과거의 경험과 데이터가 축적되어 있다. 예를 들어, 특정 버스 노선의 지연율이 20%라면, 이는 100번 중 20번은 늦는다는 의미이다. 하지만 이 수치가 개별 상황에서 반드시 들어맞는 것은 아니다. 확률은 불확실성을 다루는 도구이지, 미래를 정확히 예측하는 수단이 아니기 때문이다. 통계적 추론에서 중요한 것은 표본의 대표성과 충분한 데이터의 확보이다. 작은 표본으로 성급한 일반화를 하면 잘못된 결론에 도달할 수 있다. 예를 들어, 한 학급의 평균 점수만으로 전체 학교의 학업 수준을 판단하는 것은 부적절하다. 현대사회에서 빅데이터와 인공지능이 주목받는 이유도 대용량 데이터를 통해 더 정확한 패턴을 찾을 수 있기 때문이다. 그러나 데이터가 많다고 해서 항상 옳은 것은 아니며, 편향된 데이터는 오히려 왜곡된 결과를 낳을 수 있다. 따라서 통계를 읽고 해석할 때는 비판적 사고가 필요하며, 수치 뒤에 숨겨진 맥락을 이해해야 한다. 확률과 통계는 불확실한 세상에서 합리적 판단을 돕는 나침반 역할을 하지만, 그 한계를 인식하고 신중하게 활용해야 한다."

이 글을 수준별 독해력과 문해력으로 분석해보겠습니다.

기본 수준의 독해력은 일상생활 사례를 중심으로 이해할 수 있습니다. "우산을 가져갈지 결정"하는 상황이나 "버스가 늦을 수도 있다"라는 내용은 직접 경험과 연결되어 쉽게 파악됩니다. '강수 확률'이나 '지연율' 같은 용어도 일기예보나 교통 정보에서 들어본 것들이므로 친숙합니다. 하지만 '확률적 사고', '통계적 추론' 같은 추상적 개념은 이해하기 어렵습니다. "100번 중 20번"이라는 설명은 분수나 백분율 개념을 학습한 고학년이라면 이해할 수 있지만, 이것이 확률의 본질적 의미라는 것까지는 파악하기 힘듭니다. '표본의 대표성', '편향된 데이터' 같은 전문 용어들은 이해하기 어렵지만, "한 반만 보고 전체 학교를 판단하면 안 된다"라는 구체적 사례는 상식적으로 납득할 수 있습니다. 초등학생은 "그건 공평하지 않아요"라고 직관적으로 반응합니다.

기본 수준의 문해력은 '공정함'과 '정확함'의 가치를 중심으로 이해합니다. 잘못된 정보나 불공정한 판단에 대한 도덕적 문제의식을 지니고 있어서, "거짓말하면 안 돼요", "제대로 알아보고 말해야 해요"라고 반응합니다. 수학에 대해서는 "어려운 계산"이라는 인식이 강하지만, 일상생활과 연결된다는 점에서 흥미를 보입니다. "수학도 우리 생활에 필요한 거구나"라고 새롭게 인식하며, 부모님이 쇼핑할 때 계산하는 모습이나 용돈을 관리하는 경험과 연결합니다.

보통 수준의 독해력은 확률과 통계의 기본 개념을 학습했으므로 텍스트의 수학적 내용을 이해할 수 있습니다. 확률이 0과 1 사이의 값으로 표현되고, 백분율로 나타낼 수 있다는 것을 알고 있어서 "지연율 20%"의 의미를 파악합니다. 표본과 모집단의 개념도 배웠으므로 "한 학급으로 전체 학교를 판단하는 것이 부적절하다"라는 설명을 통계학적 관점에서 이해합니다. 표본의 크기가 클수록 더 신뢰할 수 있다는 원리도 인식하고 있습니다. 하지만 '편향된 데이터'나 '비판적 사고'와 같은 고차원적 개념은 완전히 이해하기 어렵습니다. 개념적으로는 알지만 실제 상황에서 적용하기는 힘든 수준입니다.

보통 수준의 문해력은 언론이나 광고에서 제시되는 통계에 대해 의문을 지니기 시작합니다. "광고에서 나오는 수치들이 정말 믿을 만한가?"라고 질문하며, 수학이 설득과 조작의 도구로도 사용될 수 있음을 인식합니다. 빅데이터와 AI에 대해서는 호기심과 우려를 동시에 보입니다. 개인정보 보호나 알고리즘의 공정성에 대한 사회적 논의를 접해본 경험이 있어서, "컴퓨터가 항상 옳은 건 아니구나"라고 생각합니다.

고차원 수준의 독해력은 확률과 통계의 심화 개념을 이해하고 있어 텍스트의 모든 내용을 정확히 파악할 수 있습니다. 베이즈 정리나 중심극한정리 같은 고급 개념과 연결하여 이해하며, 신뢰구간, 유의수준 등의 통계적 추론 과정도 알고 있습니다. 수학적 모델링의 한계에 대해서도 이해합니다. 현실의 복잡성을 수학적으로 완전히 표현하기 어렵다는 것과, 가정과 조건에 따라 결과가 달라질 수 있음을 인식합니다.

고차원 수준의 문해력은 이 글에서 불확실성 속에서의 합리적 판단과 인간 인식의 한계, 데이터와 현실 사이의 간극, 그리고 과학적 사고와 일상적 직관 사이의 긴장을 읽어냅니다. 이 문장들은 표면적으로는 확률과 통계의 개념과 활용법을 설명하는 수학적 해설문처럼 보이지만, 이면적으로는 현대 사회에서 정보와 데이터가 갖는 권력 구조와 그에 대한 비판적 해석의 필요성, 그리고 불확실성의 시대를 살아가는 인간의 인식론적 조건을 깊이 있게 탐구하고 있습니다.

- **"우리는 일상생활에서 무의식적으로 확률적 사고를 활용한다"**라는 시작에서 드러나는 일상과 과학적 사고의 연결성과 직관적 추론의 보편성이 갖는 인지과학적 의미를 살펴보면, 이는 단순한 현상 설명을 넘어섭니다. '무의식적으로'라는 부사는 확률적 사고가 학습된 기술이 아니라 인간의 자연스러운 인지 과정임을 나타냅니다. 이는 심리학자 카네만과 트버스키가 연구한 '휴리스틱(heuristic)' 개념과 연결됩니다. 휴리스틱이란 복잡한 문제를 빠르게 해결하기 위해 사용하는 간단한 규칙이나 지름길을 말하는데, 인간은 불확실한 상황에서 완벽한 계산보다는 이런 직관적 판단을 사용합니다. '확률적 사고'라는 표현은 결정론적 사고와 대비되는 개념으로, 미래의 불확실성을 인정하고 가능성의 정도를 계산하여 판단하는 사고방식을 의미합니다. 이는 18세기 계몽주의 시대에 라플라스가 꿈꾸었던 완전한 예측 가능성에 대한 믿음에서 벗어나, 불확실성을 인간 인식의 기본 조건으로 받아들이는 현대적 사고의 특징을 보여줍니다. 일상생활에서 이런 사고가 보편적으로 나타난다는 것은 불확실성이 현대인의 기본적 삶의 조건이 되었음을 의미합니다.

- **"아침에 우산을 가져갈지 결정할 때 일기예보의 강수 확률을 고려하**

고, 교통편을 선택할 때 각 수단의 정시 도착 가능성을 계산한다"라는 구체적 사례에서 나타나는 일상적 의사 결정과 확률 개념의 적용은 현대인의 합리적 선택 과정을 보여줍니다. 이 예시들은 경제학에서 말하는 '합리적 선택 이론(rational choice theory)'의 실생활 적용 사례입니다. 합리적 선택 이론이란 개인이 주어진 정보를 바탕으로 자신의 효용을 최대화하는 선택을 한다는 이론입니다. '일기예보의 강수 확률을 고려하고'라는 표현은 과학적 데이터를 개인의 행동 결정에 활용하는 과정을 보여줍니다. 하지만 여기서 중요한 것은 강수 확률 30%라는 정보가 개인에게는 서로 다른 의미로 해석될 수 있다는 점입니다. 어떤 사람은 30%도 높다고 여겨 우산을 가져가고, 다른 사람은 70%가 안 온다는 뜻으로 해석해 우산을 두고 갈 수 있습니다. '각 수단의 정시 도착 가능성을 계산한다'는 표현은 현대 도시 생활에서 시간이 갖는 중요성과 효율성 추구의 특징을 보여줍니다.

- **"이러한 판단의 기초에는 과거의 경험과 데이터가 축적되어 있다"**라는 지식의 축적과 학습 과정에서 드러나는 귀납적 추론의 기제와 경험적 지식의 형성 과정이 인간 학습의 본질을 보여줍니다. '과거의 경험과 데이터가 축적되어 있다'는 표현은 인간의 판단이 백지상태에서 이루어지는 것이 아니라 축적된 정보를 바탕으로 한다는 것을 의미합니다. 이는 철학에서 말하는 귀납적 추론의 과정입니다. 귀납적 추론이란 개별적 사례들을 관찰하여 일반적 법칙을 도출하는 사고 과정을 말합니다. 예를 들어, 여러 번 특정 버스를 타본 경험을 통해 그 버스의 평균적 지연 시간을 예측하는 것이 바로 귀납적 추론입니다.

하지만 철학자 흄이 지적했듯이, 귀납적 추론에는 근본적 한계가 있습니다. 과거의 경험이 미래에도 반드시 적용된다는 보장은 없기 때문입니다. 이를 '귀납의 문제(오류)'라고 하는데, 이는 확률과 통계가 갖는 근본적 한계와도 연결됩니다.

- **"예를 들어, 특정 버스 노선의 지연율이 20%라면, 이는 100번 중 20번은 늦는다는 의미이다"**라는 통계적 개념의 구체적 설명에서 나타나는 빈도주의 확률 해석과 집단 현상의 개별 적용 문제가 확률론의 철학적 쟁점을 드러냅니다. 이 설명은 확률을 상대 빈도로 해석하는 빈도주의 관점을 보여줍니다. 빈도주의 확률론에서는 확률을 무한히 많은 시행에서 나타나는 상대적 빈도의 극한값으로 정의합니다. '100번 중 20번은 늦는다'는 설명은 이해하기 쉽지만, 이면적으로는 복잡한 철학적 문제를 단순화한 것입니다. 확률 20%라는 것이 정확히 100번 중 20번을 의미하는 것은 아니며, 이면적으로는 18번일 수도 22번일 수도 있습니다. 확률은 경향성을 나타내는 것이지 정확한 예측을 제공하는 것이 아닙니다. 이는 통계학에서 말하는 '큰 수의 법칙'과 관련이 있는데, 시행 횟수가 많아질수록 상대 빈도가 이론적 확률에 수렴한다는 법칙입니다.

- **"하지만 이 수치가 개별 상황에서 반드시 들어맞는 것은 아니다"**라는 통계적 일반화의 한계에서 드러나는 집단과 개체의 차이, 그리고 확률의 본질적 불확실성이 과학적 지식의 한계를 보여줍니다. 이 문장은 통계학의 핵심적 한계를 지적하고 있습니다. 통계는 집단의 평균

적 특성을 나타내지만, 개별 사례는 그 평균에서 벗어날 수 있습니다. 이를 '생태학적 오류(ecological fallacy)'라고 하는데, 집단 수준의 데이터를 개인 수준에 그대로 적용하는 오류를 말합니다. 예를 들어, 특정 지역의 평균 소득이 높다고 해서 그 지역의 모든 개인이 고소득자인 것은 아닙니다. 확률의 이런 특성은 양자역학에서 말하는 불확정성 원리와 유사한 측면이 있습니다. 이는 사회 현상에서의 완전한 예측의 한계를 보여줍니다.

• **"확률은 불확실성을 다루는 도구이지, 미래를 정확히 예측하는 수단이 아니기 때문이다"**라는 확률의 본질과 한계에 대한 명확한 인식에서 나타나는 과학적 겸손함과 도구적 합리성의 이해가 현대 과학철학의 핵심을 보여줍니다. 이 문장은 확률과 통계에 대한 올바른 이해를 제시합니다. '불확실성을 다루는 도구'라는 표현은 확률이 불확실성을 제거하는 것이 아니라 관리하고 다루는 방법임을 나타냅니다. 이는 포퍼의 과학철학과 연결되는데, 포퍼는 과학이 절대적 진리를 제공하는 것이 아니라 잠정적이고 반증이 가능한 지식을 제공한다고 했습니다. '미래를 정확히 예측하는 수단이 아니다'라는 한계 인식은 과학적 겸손함을 보여줍니다. 이는 계몽주의 시대의 과도한 과학적 낙관주의에 대한 반성으로, 현대 과학이 갖는 성숙한 자기 인식을 나타냅니다. 도구적 합리성이란 목적 달성을 위한 최적의 수단을 찾는 합리성을 말하는데, 확률을 이런 관점에서 이해하는 것이 적절합니다.

• **"통계적 추론에서 중요한 것은 표본의 대표성과 충분한 데이터의 확**

보이다"라는 과학적 방법론의 핵심 원칙에서 드러나는 표집의 중요성과 데이터 품질의 의미가 현대 데이터 과학의 기초를 보여줍니다. '표본의 대표성'이라는 개념은 통계학의 가장 기본적이면서도 중요한 원칙입니다. 대표성이란 표본이 모집단의 특성을 잘 반영하고 있다는 의미입니다. 만약 표본이 편향되어 있다면, 아무리 정교한 통계 기법을 사용해도 잘못된 결론에 도달할 수 있습니다. 예를 들어, 온라인 설문조사는 인터넷을 사용하지 않는 사람들을 배제할 수 있어 연령대별 편향이 생길 수 있습니다. '충분한 데이터의 확보'는 통계적 유의성과 관련이 있습니다. 표본 크기가 작으면 우연에 의한 결과와 실제 효과를 구별하기 어려워집니다. 이는 통계학에서 말하는 '검정력(statistical power)'의 문제입니다. 검정력이란 실제로 효과가 있을 때 그것을 올바르게 발견할 확률을 말합니다.

- **"작은 표본으로 성급한 일반화를 하면 잘못된 결론에 도달할 수 있다"**라는 논리적 오류와 인지 편향에 대한 경고에서 나타나는 비판적 사고의 필요성이 현대 정보 사회의 핵심 역량을 강조합니다. 이는 통계학에서 말하는 '성급한 일반화의 오류'를 지적하고 있습니다. 심리학에서는 이를 '소수 법칙(law of small numbers)'이라고 부르는데, 사람들이 작은 표본에서도 큰 표본과 같은 수준의 규칙성을 기대하는 인지 편향을 말합니다. 예를 들어, 동전을 3번 던져서 모두 앞면이 나왔다고 해서 그 동전이 조작되었다고 결론을 내리는 것이 이런 오류입니다. 이러한 오류는 일상생활에서도 자주 나타납니다. 몇 번의 경험만으로 전체를 판단하거나, 개인적 경험을 일반화하는 경우가 그

예입니다. 이는 확증 편향(confirmation bias)과도 연결되는데, 사람들이 자신의 기존 믿음을 확인해주는 정보만 선택적으로 받아들이는 경향을 말합니다.

- **"현대 사회에서 빅데이터와 인공지능이 주목받는 이유도 대용량 데이터를 통해 더 정확한 패턴을 찾을 수 있기 때문이다"**라는 기술 발전과 데이터 과학의 가능성에서 드러나는 정량적 접근의 확장과 예측 정확도의 향상이 4차 산업혁명의 특징을 보여줍니다. 빅데이터란 기존의 데이터 처리 기술로는 다루기 어려울 정도로 큰 규모의 데이터를 말합니다. 이는 3V(Volume, Velocity, Variety)로 특징지어지는데, 각각 크기, 속도, 다양성을 의미합니다. '더 정확한 패턴을 찾을 수 있다'는 것은 큰 수의 법칙이 실제로 작동하는 것을 보여줍니다. 데이터가 많을수록 노이즈는 상쇄되고 진정한 신호가 드러날 확률이 높아집니다. 인공지능, 특히 기계학습 알고리즘은 이런 대용량 데이터에서 인간이 발견하기 어려운 복잡한 패턴을 찾아낼 수 있습니다. 하지만 이것도 만능은 아닙니다. 알고리즘도 데이터의 품질에 의존하며, 과거 데이터를 기반으로 하므로 급격한 변화는 예측하기 어렵습니다.

- **"그러나 데이터가 많다고 해서 항상 옳은 것은 아니며, 편향된 데이터는 오히려 왜곡된 결과를 낳을 수 있다"**라는 빅데이터의 한계와 데이터 편향 문제에서 나타나는 양적 접근의 함정과 질적 평가의 중요성이 데이터 윤리의 핵심을 드러냅니다. 이 문장은 빅데이터 시대의

중요한 함정을 지적합니다. '편향된 데이터'의 문제는 매우 심각합니다. 예를 들어, 채용 알고리즘이 과거의 편향된 채용 데이터를 학습하면 성별이나 인종 차별을 재생산할 수 있습니다. 아마존이 개발한 AI 채용 시스템이 여성 지원자를 차별한다는 이유로 폐기된 것이 그 사례입니다. 이는 '알고리즘 편향(algorithmic bias)'이라는 새로운 사회 문제를 만들어냅니다. 데이터의 양이 많다고 해서 품질이 보장되는 것은 아니며, 오히려 편향이 있는 데이터가 많으면 그 편향이 더욱 강화될 수 있습니다. 이는 통계학에서 말하는 'GIGO(Garbage In, Garbage Out-잘못된 입력 데이터가 잘못된 결과를 초래한다)'는 원칙을 보여줍니다.

- **"따라서 통계를 읽고 해석할 때는 비판적 사고가 필요하며, 수치 뒤에 숨겨진 맥락을 이해해야 한다"**라는 데이터 리터러시와 비판적 사고의 중요성에서 나타나는 현대 시민의 필수 역량과 미디어 비판 능력이 21세기 교육의 핵심을 보여줍니다. '비판적 사고'란 정보를 무조건 받아들이지 않고 그 타당성과 신뢰성을 검토하는 사고 능력을 말합니다. 통계 정보를 볼 때는 누가, 언제, 어떤 목적으로, 어떤 방법으로 수집했는지를 확인해야 합니다. '수치 뒤에 숨겨진 맥락'이라는 표현은 통계가 중립적이지 않다는 것을 의미합니다. 같은 데이터도 어떻게 제시하느냐에 따라 전혀 다른 인식을 줄 수 있습니다. 예를 들어, 범죄율이 전년 대비 50% 증가했다고 하면 심각해 보이지만, 이면적으로는 2건에서 3건으로 늘어난 것일 수도 있습니다. 이런 맥락을 이해하는 능력이 바로 데이터 리터러시입니다.

- **"확률과 통계는 불확실한 세상에서 합리적 판단을 돕는 나침반 역할을 하지만, 그 한계를 인식하고 신중하게 활용해야 한다"**라는 결론에서 드러나는 도구적 지혜와 과학적 겸손함이 현대인이 갖춰야 할 성숙한 과학적 태도를 제시합니다. '불확실한 세상에서 합리적 판단을 돕는 나침반'이라는 은유는 확률과 통계의 역할을 적절히 표현합니다. 나침반이 정확한 길을 알려주는 것은 아니지만 방향을 제시해주듯이, 확률과 통계도 완벽한 예측을 제공하는 것은 아니지만 더 나은 판단의 근거를 제공합니다. '그 한계를 인식하고 신중하게 활용해야 한다'는 당부는 과학적 도구에 대한 성숙한 태도를 보여줍니다. 이는 베버가 말한 '가치 자유(價値自由, 개인적인 견해와 가치를 개입하지 않고 과학적 객관성을 탐구하는 사회과학자들의 책임을 이르는 말)'의 개념과 연결되는데, 과학적 도구 자체는 중립적이지만 그것을 사용하는 인간의 가치와 목적이 중요하다는 의미입니다.

- 과학철학적 관점에서 이 글은 칼 포퍼의 반증주의와 베이즈주의 확률론의 현대적 적용을 보여줍니다. 칼 포퍼의 반증주의는 과학적 가설이 경험적 데이터로반증 가능해야 과학적이라고 주장하는 철학적 접근입니다. 이는 귀납적 추론을 거부하고, 연역적 논리를 통해 가설을 검증하는 방식을 강조합니다. 그리고 베이즈 확률론은 사전 확률과 관찰 데이터를 결합해 사후 확률을 계산하는 주관주의적 확률 해석 방법입니다. 토머스 베이즈의 이름을 딴 이 이론은 조건부 확률 관계를 설명하는 베이즈 정리를 기반으로 하며, 복잡한 사건의 확률을 추정하는 데 활용됩니다.

• 사회학적으로는 베크의 위험사회론(현 사회가 위험하다는 직접적인 의미를 담고 있기보다 위험 여부가 모든 결정의 우선 순위에 놓이는 사회를 의미한다.)과 연결되는데, 현대 사회의 불확실성과 위험을 관리하는 도구로서 확률과 통계의 역할을 다룹니다.

• 정보학적으로는 빅데이터와 AI 시대의 데이터 윤리와 알고리즘 거버넌스 문제를 다룹니다.

따라서 이 글은 확률과 통계라는 수학적 도구를 통해 현대인의 인식론적 조건과 불확실성의 시대를 살아가는 지혜에 대한 깊은 성찰을 제공하고 있습니다.

분석할 글 3 : (사회학) 디지털 네이티브 세대의 소통 방식

"디지털 기술과 함께 성장한 Z세대는 이전 세대와는 전혀 다른 소통 방식을 보여준다. 이들에게 텍스트 메시지는 단순한 정보 전달 수단을 넘어서 감정과 뉘앙스를 표현하는 복합적 언어가 되었다. 이모티콘, 줄임말, 띄어쓰기의 생략 등은 효율성을 추구하면서도 친밀감을 형성하는 독특한 문법을 만들어냈다. SNS를 통한 소통에서는 '좋아요'와 '댓글'이 새로운 사회적 관계의 지표가 되었으며, 온라인 정체성과 오프라인 정체성 사이의 경계가 모호해졌다. 이러한 변화는 단순히 기술적 진보의 결과가 아니라 사회 구조와 문화의 근본적 변화를 반영한다. 전통적인 위계질서가 약화하고 수평적 네트워크가 확산하면서, 정보의 생산과 유통 방식도 일방향에서 다방향으로 전환되었다. 그러나 이러한 변화가 항상 긍정적인 것만은 아니다. 익명성에 기댄 악성 댓글, 가짜 뉴스의 확산, 필터 버블 현상 등은 디지털 소통의 어두운 면을 보여준다. 또한 디지털 격차는 새로운 형태의 사회적 불평등을 만들어내고 있다. 노년층과 청년층 간의 소통 단절, 디지털 기기에 접근하기 어려운 계층의 정보 소외 등이 심각한 사회 문제로 대두되고 있다. 미래 사회는 디지털 네이티브 세대의 소통 방식을 이해하고 포용하면서도, 그 부작용을 최소화할 수 있는 지혜를 찾아야 할 것이다. 세대 간 소통의 다리 역할을 할 수 있는 매개체와 모든 구성원이 참여할 수 있는 포용적 디지털 환경의 구축이 우리 시대의 과제이다."

이 글을 수준별 독해력과 문해력으로 분석해보겠습니다.

기본 수준의 독해력은 자신이 직접 사용하는 디지털 기기와 관련된 내용을 중심으로 이해합니다. '이모티콘', '텍스트 메시지', '좋아요', '댓글' 등은 일상적으로 접하는 것들이므로 쉽게 파악할 수 있습니다. "어른들과 다르게 말한다"는 정도로 세대 차이를 이해합니다. 하지만 'Z세대', '디지털 네이티브', '사회 구조의 변화' 같은 추상적 개념들은 이해하기 어렵습니다. "요즘 애들"이라는 식으로 단순화하여 받아들이거나, "스마트폰을 많이 쓰는 사람들"이라고 구체적으로 이해합니다. '위계질서의 약화', '수평적 네트워크' 같은 사회학적 개념은 완전히 이해하기는 힘들지만, "선생님과 학생이 카톡으로 이야기할 수 있다"는 식으로 구체적 경험과 연결하여 받아들입니다.

기본 수준의 문해력은 디지털 기기 사용에 대한 양가적 감정을 보입니다. 재미있고 편리하다는 긍정적 측면과 함께 "너무 많이 하면 안 된다"라는 어른들의 경고를 기억합니다. 악성 댓글에 대해서는 "나쁜 말 하면 안 돼요"라는 기본적인 예의 규범을 적용합니다. 세대 차이에 대해서는 "할아버지, 할머니는 스마트폰을 잘 못 써요"라고 관찰하지만, 이것이 사회적 문제라는 인식까지는 갖지 못합니다. 오히려 "내가 할머니께 가르쳐드릴게요"라는 순수한 도움 의지를 보입니다.

보통 수준의 독해력은 사회 수업에서 배운 사회 변동, 사회 집단, 사회 문제 등의 개념을 활용하여 텍스트를 이해할 수 있습니다. 세대론에 대한 기본적 이해가 있어서 베이비부머, X세대, 밀레니얼 세대, Z세대의 구분을 알고 있습니다. '사회 구조의 변화'나 '위계질서의 약화' 같은 개념도 어느 정도 이해할 수 있으며, 전통사회와 현대 사회의 차이점을 학습한 경험과 연결합니다. SNS의 영향력에 대해서도 실제 경험을 바탕으로 이해합니다. 하지만 '필터 버블', '디지털 격차' 같은 전문 용어들은 개념적 설명이 필요합니다. 현상은 경험했지만, 그것이 사회적 의미를 갖는다는 것까지는 인식하지 못하는 경우가 많습니다.

보통 수준의 문해력은 자신들이 디지털 네이티브 세대에 속한다는 정체성을 갖고 있으면서도, 부모 세대와의 소통에서 어려움을 경험합니다. "부모님은 우리 말을 이해 못 해요"라고 하면서도 "어른들이 이해하기 어려울 수도 있겠다"라는 공감 능력도 보입니다. 사이버 불링이나 악성 댓글에 대해서는 피해자나 가해자로서 직접 경험했을 가능성이 높아 심각성을 실감합니다. "인터넷에서는 정말 무서운 일들이 많이 일어나요"라고 우려를 표현하기도 합니다.

고차원 수준의 독해력은 사회문화 영역의 심화 학습을 통해 사회학적 개념들을 정확히 이해할 수 있습니다. 사회 변동의 요인, 문화 변동의 양상, 정보 사회의 특징 등과 연결하여 체계적으로 분석합니다. 미디어 생태학이나 커뮤니케이션 이론의 관점에서도 해석할 수 있습니다. 맥루한의 "미디어가 메시지다"라는 명제나 하버마스의 의사소통 행위 이론과 연결하여 이해합니다.

고차원 수준의 문해력은 이 글에서 기술 결정론과 사회 구성주의의 변증법적 관계, 디지털 격차를 통한 새로운 사회 계층화, 그리고 소통 방식의 변화가 가져오는 인간관계와 정체성 형성의 근본적 변화를 읽어냅니다. 이 문장들은 표면적으로는 Z세대의 디지털 소통 특성을 분석하는 세대론적 관찰문처럼 보이지만, 이면적으로는 디지털 기술이 인간의 언어와 사고, 사회적 관계 형성에 미치는 구조적 영향과 그로 인한 사회적 불평등의 재생산, 그리고 미래 사회의 소통 패러다임 변화에 대한 깊은 사회학적 성찰을 담아내고 있습니다.

- **"디지털 기술과 함께 성장한 Z세대는 이전 세대와는 전혀 다른 소통 방식을 보여준다"**라는 시작에서 드러나는 기술과 세대 정체성의 밀접한 관계와 소통 패러다임의 근본적 전환이 갖는 사회학적 의미를 살펴보면, 이는 세대 특성 설명을 넘어섭니다. '디지털 기술과 함께 성장한'이라는 표현은 기술이 단순한 도구가 아니라 세대 정체성을 형성하는 환경적 조건임을 나타냅니다. 이는 사회학자 만하임의 '세대론'과 연결되는데, 세대는 동일한 역사적 경험을 공유하는 집단으로 형성된다는 이론입니다. Z세대에게 디지털 기술은 후천적으로 학습한 도구가 아니라 태어날 때부터 존재했던 자연스러운 환경입니다. 이를 '디지털 네이티브(digital native)'라고 하는데, 이는 프렌스키가 만든 개념으로 디지털 환경에서 태어나고 자란 세대를 의미합니다. '전혀 다른 소통 방식'이라는 표현은 질적 차이를 강조하며, 이는 단순한 양식 변화가 아닌 소통의 본질적 변화를 의미합니다. 이러한 변화는 맥루한의 '미디어가 메시지다'라는 통찰과 연결되는데, 소통 매체의 변화가 소통 내용뿐만 아니라 사고방식 자체를 변화시킨다는 의미입니다.

- **“이들에게 텍스트 메시지는 단순한 정보 전달 수단을 넘어서 감정과 뉘앙스를 표현하는 복합적 언어가 되었다”**라는 언어의 진화와 의미 확장에서 나타나는 디지털 언어의 특성과 소통의 다층적 구조가 언어학적 혁신을 보여줍니다. 이 문장은 디지털 소통의 핵심 특징을 정확히 파악하고 있습니다. ‘단순한 정보 전달 수단을 넘어서’라는 표현은 전통적인 언어 기능론을 넘어서는 새로운 차원을 보여줍니다. 야콥슨의 언어 기능 이론에서 언어는 지시적, 표현적, 능동적, 친교적, 시적, 메타 언어적 기능을 갖는다고 했는데, Z세대의 텍스트 메시지는 이 모든 기능을 동시에 수행합니다. ‘감정과 뉘앙스를 표현하는 복합적 언어’라는 표현은 텍스트가 단순한 문자 정보를 넘어서 비언어적 소통의 영역까지 포괄한다는 의미입니다. 이는 언어학에서 말하는 ‘문체론(stylistics)’의 디지털 버전으로, 같은 내용도 어떻게 표현하느냐에 따라 전혀 다른 의미를 갖게 됩니다. 예를 들어, “안녕”과 “안녕~”과 “안뇽ㅎㅎ”은 같은 인사말이지만 서로 다른 친밀도와 감정을 표현합니다.

- **“이모티콘, 줄임말, 띄어쓰기의 생략 등은 효율성을 추구하면서도 친밀감을 형성하는 독특한 문법을 만들어냈다”**라는 디지털 언어의 문법적 특성에서 드러나는 효율성과 친밀성의 결합, 그리고 새로운 언어 규칙의 창발이 창조적 언어 사용의 사례를 보여줍니다. 이 부분은 디지털 소통의 혁신적 측면을 잘 보여줍니다. ‘효율성을 추구하면서도 친밀감을 형성하는’이라는 표현은 기능성과 감정성이 대립하지 않고 조화를 이룬다는 것을 의미합니다. 전통적으로 효율성과 친밀감

은 서로 상충하는 것으로 여겼지만, 디지털 소통에서는 이 둘이 동시에 추구됩니다. 이모티콘은 단순히 감정을 표현하는 것을 넘어서 문장의 톤을 조절하고 오해를 방지하는 실용적 기능도 합니다. 줄임말은 타이핑의 효율성을 높이면서도 내집단의 정체성을 강화하는 역할을 합니다. 예를 들어, "ㅋㅋㅋ"나 "ㅎㅎ" 같은 표현은 웃음을 나타내지만, 그 길이와 형태에 따라 다른 감정의 강도를 표현합니다. '독특한 문법을 만들어냈다'는 표현은 이것이 단순한 파괴가 아니라 창조적 혁신임을 강조합니다. 이는 언어학에서 말하는 '언어 변화'의 자연스러운 과정으로, 새로운 소통 환경에 맞는 새로운 언어 형태가 등장하는 것입니다.

• **"SNS를 통한 소통에서는 '좋아요'와 '댓글'이 새로운 사회적 관계의 지표가 되었으며, 온라인 정체성과 오프라인 정체성 사이의 경계가 모호해졌다"**라는 디지털 사회자본과 정체성의 복합성에서 나타나는 관계 형성의 새로운 메커니즘과 자아 개념의 확장이 포스트모던 정체성 이론을 실증합니다. 이 문장은 디지털 시대의 사회적 관계와 정체성 문제의 핵심을 다루고 있습니다. '좋아요'와 '댓글'이 '사회적 관계의 지표'가 되었다는 것은 사회학자 부르디외가 말한 '사회자본(social capital)'의 디지털 버전을 보여줍니다. 사회자본이란 사회적 네트워크와 상호작용을 통해 얻는 자원을 말하는데, 디지털 시대에는 '좋아요' 수나 팔로워 수가 사회적 영향력의 지표가 되었습니다. 이는 양적 측정이 가능한 새로운 형태의 사회자본입니다. '온라인 정체성과 오프라인 정체성 사이의 경계가 모호해졌다'는 지적은 포스트모던 정체성

이론의 핵심을 보여줍니다. 전통적으로 정체성은 일관되고 고정된 것으로 여겨졌지만, 디지털 시대에는 상황에 따라 다른 정체성을 표현할 수 있게 되었습니다. 이를 '유동적 정체성(fluid identity)'이라고 하는데, 개인이 다양한 플랫폼에서 서로 다른 자아를 연출할 수 있다는 의미입니다.

- **"이러한 변화는 단순히 기술적 진보의 결과가 아니라 사회구조와 문화의 근본적 변화를 반영한다"**라는 기술과 사회의 상호작용에서 드러나는 사회 구성주의적 관점과 구조적 변동의 인식이 기술 사회학의 핵심 통찰을 보여줍니다. 이 문장은 기술 결정론을 거부하고 사회 구성주의적 관점을 취하고 있습니다. 기술 결정론이란 기술이 사회 변화를 일방적으로 결정한다는 관점이고, 사회 구성주의는 기술과 사회가 상호작용하며 서로 영향을 미친다는 관점입니다. '사회구조와 문화의 근본적 변화를 반영한다'는 표현은 디지털 소통 방식의 변화가 기술적 가능성만으로 설명될 수 없다는 것을 의미합니다. 예를 들어, 개인주의 문화의 확산, 전통적 권위 구조의 약화, 즉시성과 효율성을 중시하는 가치관의 변화 등이 모두 디지털 소통 방식의 변화와 연결되어 있습니다. 이는 사회 구조와 개인의 행위가 서로 영향을 미치며 사회를 변화시킨다는 의미입니다.

- **"전통적인 위계질서가 약화하고 수평적 네트워크가 확산하면서, 정보의 생산과 유통 방식도 일방향에서 다방향으로 전환되었다"**라는 권력 구조의 변화와 정보 민주화에서 나타나는 탈중심화와 참여문화

의 확산이 민주주의의 새로운 가능성을 보여줍니다. 이 문장은 디지털 기술이 가져온 사회 구조적 변화의 핵심을 다루고 있습니다. '전통적인 위계질서가 '약화하고'라는 표현은 베버가 말한 '전통적 지배'에서 벗어나는 과정을 의미합니다. 디지털 환경에서는 나이, 지위, 경험 등 전통적 권위의 기준들이 상대적으로 약화합니다. 온라인에서는 10대도 수만 명의 팔로워를 가질 수 있고, 전문가가 아닌 일반인도 큰 영향력을 행사할 수 있습니다. '수평적 네트워크가 확산하면서'라는 표현은 카스텔이 말한 '네트워크 사회'의 특징을 보여줍니다. 네트워크 사회에서는 중앙집권적 구조보다는 분산된 네트워크 구조가 더 중요해집니다. '정보의 생산과 유통 방식도 일방향에서 다방향으로 전환되었다'는 지적은 미디어학에서 말하는 '참여문화(participatory culture)'의 등장을 의미합니다. 전통 미디어에서는 소수의 생산자가 다수의 소비자에게 정보를 전달하는 일방향적 구조였지만, 디지털 미디어에서는 모든 사용자가 생산자이자 소비자인 '프로슈머(prosumer)'가 될 수 있습니다.

- **"그러나 이러한 변화가 항상 긍정적인 것만은 아니다"**라는 변화에 대한 균형적 시각에서 드러나는 비판적 성찰의 필요성이 기술 낙관론에 대한 건전한 회의를 보여줍니다. 이 전환 문장은 앞서 제시된 긍정적 변화들에 대한 비판적 검토를 예고합니다. 기술 발전에 대한 무조건적 낙관을 경계하고 그 부작용도 함께 고려해야 한다는 균형적 관점을 보여줍니다. 이는 기술 사회학에서 말하는 '기술의 양면성(double-edged nature of technology)'과 연결됩니다. 모든 기술은

긍정적 효과와 부정적 효과를 동시에 가지고 있으며, 이를 종합적으로 평가해야 한다는 관점입니다.

- **"익명성에 기댄 악성 댓글, 가짜 뉴스의 확산, 필터 버블 현상 등은 디지털 소통의 어두운 면을 보여준다"**라는 디지털 소통의 부작용들에서 나타나는 익명성의 역기능과 정보 왜곡의 문제가 디지털 시민성의 중요성을 부각합니다. 이 문장은 디지털 소통의 주요 문제점들을 구체적으로 제시합니다. '익명성에 기댄 악성 댓글'은 온라인 탈억제 효과(online disinhibition effect)를 보여줍니다. 이는 익명성과 물리적 거리감으로 인해 평소보다 공격적이고 무책임한 행동을 하게 되는 심리적 현상입니다. '가짜 뉴스의 확산'은 정보의 민주화가 가져온 부작용으로, 검증되지 않은 정보가 빠르게 퍼질 수 있는 환경을 의미합니다. 이는 하버마스가 말한 '공론장(public sphere)'의 질적 저하와 연결됩니다. '필터 버블 현상'은 개인화된 알고리즘이 사용자의 기존 관심사와 일치하는 정보만 제공함으로써 다양한 관점에 노출될 기회를 제한하는 현상을 말합니다. 이는 민주주의에 필요한 다원적 토론 환경을 저해할 수 있습니다.

- **"또한 디지털 격차는 새로운 형태의 사회적 불평등을 만들어내고 있다"**라는 기술 접근성과 사회 계층화에서 드러나는 디지털 불평등의 구조적 성격이 사회 정의의 새로운 과제를 제시합니다. '디지털 격차(digital divide)'는 단순히 기술에 대한 접근성의 차이를 넘어서 새로운 형태의 사회적 불평등을 의미합니다. 초기에는 컴퓨터나 인터

넷 접근성의 차이로 이해되었지만, 최근에는 디지털 리터러시, 즉 디지털 기술을 효과적으로 활용할 수 있는 능력의 차이가 더 중요해졌습니다. 디지털 문화자본을 많이 가진 사람은 교육, 취업, 사회적 네트워킹에서 더 많은 기회를 얻을 수 있습니다. '새로운 형태의 사회적 불평등'이라는 표현은 이것이 기존 불평등과는 다른 새로운 차원의 문제임을 강조합니다.

- **"노년층과 청년층 간의 소통 단절, 디지털 기기에 접근하기 어려운 계층의 정보 소외 등이 심각한 사회 문제로 대두되고 있다"**라는 세대 간 격차와 계층 간 격차에서 나타나는 사회 통합의 위기와 정보 소외 현상이 포용적 사회의 필요성을 강조합니다. 이 문장은 디지털 격차의 구체적 양상들을 제시합니다. '노년층과 청년층 간의 소통 단절'은 세대 간 디지털 격차로 인한 문제입니다. 젊은 세대는 디지털 소통에 익숙하지만, 노년층은 상대적으로 어려움을 겪으며, 세대 간 소통이 더욱 어려워질 수 있습니다. 이는 가족 관계와 사회 통합에 부정적 영향을 미칠 수 있습니다. '디지털 기기에 접근하기 어려운 계층의 정보 소외'는 경제적 디지털 격차를 의미합니다. 스마트폰이나 인터넷이 생활의 필수가 되면서, 이에 접근하지 못하는 사람들은 정보, 교육, 취업 기회에서 소외될 수 있습니다. 특히 코로나19 상황에서 온라인 교육이 확산하면서 이런 격차가 더욱 심각해졌습니다.

- **"미래 사회는 디지털 네이티브 세대의 소통 방식을 이해하고 포용하면서도, 그 부작용을 최소화할 수 있는 지혜를 찾아야 할 것이다"**라

는 미래 지향적 과제와 통합적 접근에서 드러나는 세대 간 이해와 기술 윤리의 필요성이 지혜로운 기술 활용의 방향을 제시합니다. 이 문장은 미래 사회의 과제를 균형적으로 제시합니다. '디지털 네이티브 세대의 소통 방식을 이해하고 포용하면서도'라는 부분은 기성세대가 새로운 소통 방식을 단순히 비판하거나 거부할 것이 아니라 이해하려고 노력해야 한다는 의미입니다. 이는 문화적 관용과 세대 간 소통의 중요성을 강조합니다. '그 부작용을 최소화할 수 있는 지혜'라는 표현은 기술 발전을 막을 수는 없지만, 그 부정적 효과를 줄일 수 있는 방법을 찾아야 한다는 의미입니다. 이는 기술 윤리학과 연결되는 관점으로, 기술 자체보다는 그것을 어떻게 사용하느냐가 중요하다는 입장입니다.

- **"세대 간 소통의 다리 역할을 할 수 있는 매개체와 모든 구성원이 참여할 수 있는 포용적 디지털 환경의 구축이 우리 시대의 과제이다"**라는 결론에서 드러나는 사회 통합의 비전과 포용적 기술 설계의 필요성이 디지털 포용 사회의 이상을 제시합니다. 이 결론은 문제 제기를 넘어서 구체적 해결 방향을 제시합니다. '세대 간 소통의 다리 역할을 할 수 있는 매개체'는 서로 다른 세대가 모두 편리하게 사용할 수 있는 기술이나 제도를 의미합니다. 예를 들어, 직관적인 인터페이스를 가진 앱이나 디지털 리터러시 교육 프로그램 등이 그런 역할을 할 수 있습니다. '모든 구성원이 참여할 수 있는 포용적 디지털 환경'은 디지털 접근성(digital accessibility)의 개념과 연결됩니다. 이는 신체적 장애, 경제적 여건, 연령 등에 관계 없이 모든 사람이 디지털 기술

의 혜택을 누릴 수 있어야 한다는 의미입니다. 이는 유엔의 지속가능 발전목표(SDGs)와도 연결되는 포용적 발전의 이념을 반영합니다.

- 사회학적 관점에서 이 글은 디지털 기술이 가져온 사회 구조의 변화와 새로운 불평등 구조를 분석하고 있습니다.

- 미디어학적으로는 참여문화와 디지털 리터러시의 중요성을 다루며, 언어학적으로는 디지털 환경에서의 언어 변화와 새로운 소통 문법의 등장을 탐구합니다.

- 세대론적으로는 디지털 네이티브의 특성과 세대 간 격차를 분석하고, 정치학적으로는 디지털 민주주의의 가능성과 한계를 검토합니다.

따라서 이 글은 Z세대의 디지털 소통 방식을 통해 현대 사회의 기술과 사회의 상호작용, 그리고 디지털 시대의 사회 통합과 포용의 과제에 대한 종합적 성찰을 제공하고 있습니다.

분석할 글 4 : 언어의 역할 - 소통과 사고의 도구로서의 언어

"언어는 인간이 가진 가장 강력한 도구 중 하나이다. 우리는 언어를 통해 생각을 정리하고 감정을 표현하며, 타인과 소통한다. 아이가 처음 '엄마', '아빠'라는 말을 하는 순간부터 언어는 그의 세계를 확장하기 시작한다. 언어 습득과 함께 추상적 사고가 가능해지고, 시간과 공간을 넘나드는 상상력이 발달한다. 하지만 언어는 단순한 의사소통 수단에 그치지 않는다. 언어는 우리의 사고방식을 형성하고 세계를 인식하는 틀을 제공한다. 예를 들어, 이누이트족은 눈을 표현하는 수십 가지 단어를 가지고 있어 눈의 미세한 차이까지 구분할 수 있다. 반면 열대 지역 사람들에게는 이러한 구분이 불필요하므로 관련 어휘가 발달하지 않았다. 이는 언어가 환경과 문화의 산물이면서 동시에 그것들을 형성하는 능동적 요소임을 보여준다. 언어의 또 다른 중요한 역할은 지식과 문화의 전승이다. 구전 문학을 통해 조상들의 지혜가 후세에 전해지고, 문자 언어의 발달로 인류의 지식이 축적되고 발전할 수 있었다. 책과 문서, 그리고 오늘날의 디지털 매체까지, 언어는 인류 문명의 발전을 이끄는 핵심 동력이었다. 그러나 언어는 때로 오해와 갈등의 원인이 되기도 한다. 같은 단어라도 문화와 맥락에 따라 다르게 해석될 수 있으며, 언어의 차이는 민족 간, 계층 간 소통의 장벽을 만들기도 한다. 특히 권력과 결합된 언어는 지배와 차별의 도구로 사용되어 사회적 불평등을 재생산하기도 한다. 따라서 우리는 언어의 힘을 이해하고 책임감 있게 사용해야 한다. 디지털 시대에 언어의 영향력은 더욱 확대되고 있으며, 한 마디가 전 세계에 순식간에 전파될 수 있는 환경에서 언어 사용의 윤리성은 그 어느 때보다 중요해졌다. 언어는 인간의 존재 조건이자 문명의 기초이며, 미래를 만들어가는 창조적 힘이다."

이 글을 수준별 독해력과 문해력으로 분석해보겠습니다.

기본 수준의 독해력은 언어의 기본적 기능인 "말하기", "소통하기"를 쉽게 이해할 수 있습니다. "아이가 처음 엄마, 아빠라고 말하는" 사례는 자신이나 동생의 경험과 연결되어 친숙하게 받아들여집니다. "생각을 정리하고 감정을 표현한다"라는 것도 일상적 경험을 통해 이해가 가능합니다. 하지만 "추상적 사고", "세계를 인식하는 틀" 같은 개념들은 이해하기 어렵습니다. "어려운 말"이라고 여기거나 "생각하는 것"이라고 단순화하여 받아들입니다. 이누이트족의 눈 관련 어휘 사례는 흥미롭게 받아들이지만, 그것이 언어와 사고의 관계를 보여주는 사례라는 깊은 의미까지는 파악하지 못합니다. "구전 문학", "문자 언어의 발달" 같은 역사적 내용은 사회 시간에 배운 내용과 연결하여 "옛날에는 글이 없었다", "할머니가 옛날 이야기해 주신다" 정도로 이해합니다.

기본 수준의 문해력은 언어의 중요성을 "말을 잘해야 한다", "공부를 잘하려면 말을 잘해야 한다"라는 실용적 관점에서 이해합니다. 언어로 인한 오해나 갈등에 대해서는 "욕하면 안 된다", "친구들과 싸우면 안 된다"라는 기본적인 예의 범주에서 받아들입니다. 다양한 언어에 대한 호기심을 보이며, "다른 나라 말도 배워보고 싶어요"라고 관심을 표현합니다. 외국어 학습의 필요성을 "영어를 잘해야 나중에 도움이 된다"라는 도구적 관점에서 이해합니다.

보통 수준의 독해력은 국어 시간에 배운 언어의 기능(표현, 전달, 사고, 친교)과 연결해 이해할 수 있습니다. 언어와 사고의 관계에 대해서도 어느 정도 이해하며, "말로 생각을 정리한다"라는 경험을 통해 공감할 수 있습니다. 이누이트족 사례를 통한 언어 상대성 이론은 흥미롭게 받아들이며, "언어가 다르면 생각도 다를 수 있구나"라고 이해합니다. 하지만 이것이 철학적으로 어떤 의미인지까지는 깊이 파악하지 못합니다. 언어의 역사적 역할에 대해서는 역사 시간에 배운 문자의 발명, 인쇄술의 발달 등과 연결해 이해합니다. "문자가 있어서 지식이 전해질 수 있었구나"라고 이해합니다.

보통 수준의 문해력은 언어와 문화의 관계에 관심이 생기기 시작합니다. 다문화 사회에 대한 교육을 받은 경험이 있어서 "언어가 다르면 문화도 다르다"라는 것을 이해합니다. 언어로 인한 차별 문제에 대해서도 "외국인을 차별하면 안 된다"라는 관점에서 접근합니다. SNS와 인터넷을 통한 소통 경험이 있어서 "온라인에서 말조심해야 한다"는 것을 실감합니다. 사이버불링(사이버 공간에서 특정인을 집단적으로 따돌리거나 욕설, 험담 따위로 집요하게 괴롭히는 행위)이나 악성 댓글의 문제를 경험했거나 들어본 적이 있어서 "말의 힘"에 대해 어느 정도 인식하고 있습니다.

고차원 수준의 독해력은 언어학의 기본 개념들을 이해하고 있어 텍스트의 전문적 내용을 정확히 파악할 수 있습니다. 사피어-워프 가설, 언어 상대성 이론 등의 배경지식이 있어서 이누이트족 사례의 의미를 정확히 이해합니다. 언어와 사고의 관계에 대해서도 철학적 관점에서 사고할 수 있으며, 언어가 사고를 제약하기도 하고 확장하기도 한다는 변증법적 관계를 인식합니다. 구조주의 언어학이나 후기 구조주의의 기본 개념들과 연결하여 이해할 수 있으며, 언어의 자의성과 사회성에 대해서도 사고할 수 있습니다.

고차원 수준의 문해력은 이 글에서 언어의 인지적 구성력과 사회적 권력관계, 문화적 상대주의와 언어적 결정론 사이의 변증법적 긴장, 그리고 디지털 시대 언어의 확장된 정치성과 윤리적 책임을 읽어냅니다. 이 문장들은 표면적으로는 언어의 기능과 역할에 대한 종합적 설명문처럼 보이지만, 이면적으로는 언어가 현실을 반영하는 단순한 도구를 넘어서 현실을 구성하고 권력 관계를 재생산하는 이데올로기적 장치로서의 역할과 언어 사용에 따른 사회적 책임과 윤리적 고려를 깊이 있게 탐구할 수 있습니다.

- **"언어는 인간이 가진 가장 강력한 도구 중 하나이다"**라는 시작에서 드러나는 언어의 도구적 개념과 권력적 속성이 갖는 의미를 살펴보면, 이는 단순한 기능적 정의를 넘어섭니다. '가장 강력한 도구'라는 표현은 언어를 단순한 의사소통 수단이 아닌 세계를 변화시킬 수 있는 능동적 힘으로 규정합니다. 예를 들어, "나는 너와 결혼하겠다"라

는 말은 단순한 정보 전달이 아니라 새로운 사회적 관계를 만들어내는 행위입니다. '강력한'이라는 수식어는 언어의 물리적 힘을 의미하는 것이 아니라 사회적, 정치적, 심리적 영향력을 지칭하며, 이는 푸코가 말한 '담론의 권력'과 연결됩니다. 담론이란 단순한 말이나 글이 아니라 지식과 권력이 결합한 사회적 실천을 의미합니다.

- **"우리는 언어를 통해 생각을 정리하고 감정을 표현하며, 타인과 소통한다"**라는 언어의 기본 기능에서 나타나는 인지적, 정서적, 사회적 차원의 통합이 언어학의 다층적 접근을 보여줍니다. 이 문장은 언어의 세 가지 핵심 기능을 제시하고 있는데, 각각이 중요한 이론적 함의를 갖습니다. '생각을 정리하고'라는 인지적 기능은 언어가 사고를 돕는 도구일 뿐만 아니라 사고 자체를 구성하는 역할을 한다는 의미입니다. '감정을 표현하며'라는 정서적 기능은 언어가 단순한 논리적 도구가 아니라 인간의 감정과 주관성을 담는 매체임을 의미합니다. '타인과 소통한다'는 사회적 기능은 언어의 상호주관적 특성을 강조합니다.

- **"아이가 처음 '엄마', '아빠'라는 말을 하는 순간부터 언어는 그의 세계를 확장하기 시작한다"**라는 언어 습득과 인지 발달의 관계에서 드러나는 언어의 세계 구성력이 발달심리학의 핵심 통찰을 보여줍니다. 이 문장은 언어 습득이 단순한 기술 학습이 아니라 세계 인식의 근본적 변화임을 강조합니다. '엄마', '아빠'라는 첫 단어는 단순한 호명이 아니라 타자 인식과 관계 형성의 시작을 의미합니다. 이는 아이가 무

의식적 욕망의 세계에서 사회적 질서의 세계로 이행하는 과정을 의미합니다. '세계를 확장하기 시작한다'는 표현은 언어가 인식의 지평을 넓히는 도구임을 나타냅니다.

- **"언어 습득과 함께 추상적 사고가 가능해지고, 시간과 공간을 넘나드는 상상력이 발달한다"**라는 언어와 추상적 사고의 관계에서 나타나는 기호학적 능력의 발달이 인간 인지의 고유성을 보여줍니다. 추상적 사고란 구체적 경험을 넘어서 일반적 개념과 원리를 다루는 능력을 말하는데, 이는 언어의 상징적 기능과 밀접히 연결됩니다. 퍼스의 기호학에서 인간 언어는 지표(index)나 도상(icon)을 넘어서는 상징(symbol)의 특성을 갖는데, 이는 자의적 기호와 대상 사이의 관계를 통해 무한한 의미 생성을 가능하게 합니다. '시간과 공간을 넘나드는 상상력'이라는 표현은 현재 이곳에 없는 것에 대해서도 말할 수 있는 언어의 독특한 능력입니다.

- **"하지만 언어는 단순한 의사소통 수단에 그치지 않는다"**라는 전환을 통해 **"언어는 우리의 사고방식을 형성하고 세계를 인식하는 틀을 제공한다"**라는 언어의 구성적 역할이 언어 상대주의의 핵심을 보여줍니다. 이는 사피어-워프 가설로 알려진 언어 상대주의 이론과 직접 연결됩니다. 사피어-워프 가설은 언어가 사고를 결정한다는 강한 버전과 언어가 사고에 영향을 미친다는 약한 버전으로 나뉘는데, 여기서는 약한 버전의 관점을 취하고 있습니다. '사고방식을 형성하고'라는 표현은 언어가 피동적 도구가 아니라 능동적으로 인지 구조를 만

들어간다는 의미이며, '세계를 인식하는 틀을 제공한다'는 것은 언어가 일종의 인식론적 필터 역할을 한다는 의미입니다.

- **"예를 들어, 이누이트족은 눈을 표현하는 수십 가지 단어를 가지고 있어 눈의 미세한 차이까지 구분할 수 있다"**라는 구체적 사례에서 나타나는 어휘와 인지의 관계가 언어 상대주의의 대표적 증거로 제시됩니다. 이 사례는 언어학에서 가장 유명한 예시 중 하나이지만, 이면적으로는 많은 논란이 있습니다. 일부 학자들은 이누이트어(알래스카 종족)의 눈 관련 어휘가 그렇게 많지 않다고 주장하기도 합니다. 하지만 이 사례가 제시하고자 하는 핵심은 환경과 문화적 필요에 따라 언어가 세분화하고, 이것이 다시 화자의 인지에 영향을 미친다는 점입니다.

- **"반면 열대 지역 사람들에게는 이러한 구분이 불필요하므로 관련 어휘가 발달하지 않았다"**라는 대조를 통해 **"이는 언어가 환경과 문화의 산물이면서 동시에 그것들을 형성하는 능동적 요소임을 보여준다"**라는 언어와 문화의 변증법적 관계를 제시합니다. 이는 언어를 단순히 문화를 반영하는 거울로 보는 반영론적 관점을 넘어서, 언어가 문화를 구성하는 능동적 역할을 한다는 구성주의적 관점을 보여줍니다. 인류 언어학자들은 이를 '언어와 문화의 공동 진화'로 설명하는데, 언어와 문화가 서로 영향을 주고받으며 함께 발전한다는 의미입니다.

- **"언어의 또 다른 중요한 역할은 지식과 문화의 전승이다"**라는 언어의

사회적 기능에서 드러나는 집단 기억과 문화적 연속성의 매개체 역할이 사회인류학의 핵심을 보여줍니다. 이는 모리스 할벅스의 '집단 기억' 개념과 연결됩니다. 집단 기억이란 개인의 기억이 아니라 사회 집단이 공유하는 기억으로, 언어를 통해 전승되고 재생산됩니다. **"구전 문학을 통해 조상들의 지혜가 후세에 전해지고, 문자 언어의 발달로 인류의 지식이 축적되고 발전할 수 있었다"**라는 구체적 설명은 언어의 매체적 변화가 지식 전승 방식에 미친 영향을 보여줍니다. 구술 문화에서 문자 문화로의 전환은 단순한 기록 방식의 변화가 아니라 사고방식과 사회 구조의 근본적 변화를 의미합니다.

- **"그러나 언어는 때로 오해와 갈등의 원인이 되기도 한다"**라는 언어의 부정적 측면에서 드러나는 소통의 한계와 권력의 도구로서의 언어가 비판적 언어학의 관점을 보여줍니다. **"같은 단어라도 문화와 맥락에 따라 다르게 해석될 수 있으며, 언어의 차이는 민족 간, 계층 간 소통의 장벽을 만들기도 한다"**라는 지적은 언어가 사회적 구별 짓기와 계급 재생산의 도구로 작용할 수 있다는 의미입니다.

- **"특히 권력과 결합된 언어는 지배와 차별의 도구로 사용되어 사회적 불평등을 재생산하기도 한다"**라는 언어의 정치성에서 나타나는 언어와 권력의 결합이 비판담론 분석의 핵심 문제의식을 보여줍니다. 지배 계급이 물리적 강제가 아닌 문화적, 이데올로기적 수단을 통해 지배를 정당화하는 과정에서 언어가 핵심적 역할을 한다는 의미입니다. 예를 들어, '표준어'와 '방언'의 구별, '우아한 언어'와 '거친 언어'의

구분 등이 계급적 차별을 정당화하는 언어적 메커니즘입니다.

- **"따라서 우리는 언어의 힘을 이해하고 책임감 있게 사용해야 한다"**라는 윤리적 당위에서 드러나는 언어 사용의 도덕적 책임과 성찰적 태도가 현대 언어 윤리학의 과제를 제시합니다. 이는 모든 참여자가 평등하게 발언할 수 있고 오직 더 나은 논증의 힘만이 설득력을 가진 소통 상황을 지향해야 한다는 의미입니다. '책임감 있게'라는 표현은 언어 사용자가 자기의 말이 미칠 사회적 영향을 고려해야 한다는 윤리적 요구를 담고 있습니다.

- **"디지털 시대에 언어의 영향력은 더욱 확대되고 있으며, 한 마디가 전 세계에 순식간에 전파될 수 있는 환경에서 언어 사용의 윤리성은 그 어느 때보다 중요해졌다"**라는 디지털 미디어 시대의 언어 특성에서 나타나는 확산성과 즉시성의 문제가 새로운 언어 윤리의 필요성을 강조합니다. 디지털 환경에서 언어는 '바이럴성(virality-콘텐츠가 대중에게 빠르게 확산되는 현상)'을 갖게 되는데, 이는 내용이 급속도로 복제되고 확산하는 특성을 의미합니다. 이러한 환경에서는 한 개인의 발언이 예상치 못한 광범위한 영향을 미칠 수 있어, 언어 사용에 대한 더 높은 수준의 성찰과 책임이 요구됩니다. 이는 혐오 표현, 가짜 뉴스, 사이버불링 등 디지털 시대의 새로운 언어폭력 문제와 직결됩니다.

- **"언어는 인간의 존재 조건이자 문명의 기초이며, 미래를 만들어가는**

창조적 힘이다"라는 결론에서 드러나는 언어의 존재론적 지위와 문명사적 의미, 그리고 미래 창조력이 언어철학의 궁극적 통찰을 보여줍니다. '인간의 존재 조건'이라는 표현은 언어가 인간 존재의 근본 조건임을 의미합니다. '문명의 기초'라는 규정은 언어가 단순한 도구가 아니라 인간 문명을 가능하게 하는 근본 토대임을 강조하며, '미래를 만들어가는 창조적 힘'이라는 표현은 언어의 미래 지향적, 구성적 능력을 강조합니다.

따라서 이 글은 언어를 단순한 의사소통 도구를 넘어서 현실을 구성하고 권력관계를 형성하며 미래를 창조하는 강력한 사회적 실천으로 이해할 것을 요구하고 있습니다.

분석할 글 5 : 정치의 목적 - 공동선 추구와 권력의 정당성

"정치란 무엇인가? 이 질문에 대한 답은 인류 역사만큼이나 다양하고 복잡하다. 아리스토텔레스는 정치를 '최고선을 추구하는 인간의 활동'이라고 정의했으며, 이는 오늘날에도 정치학의 출발점이 되고 있다. 정치의 가장 기본적인 목적은 공동체 구성원들이 안전하고 행복한 삶을 영위할 수 있도록 하는 것이다. 이를 위해 정치는 질서를 유지하고 갈등을 조정하며, 공정한 자원 배분을 통해 사회 정의를 실현해야 한다. 하지만 정치는 때로 권력 투쟁의 장이 되기도 한다. 막스 베버는 정치를 '합법적 물리적 강제력의 독점'이라고 정의하며, 권력의 현실적 측면을 강조했다. 권력 자체는 중립적이지만, 그것을 누가 어떻게 사용하느냐에 따라 선한 결과도 악한 결과도 낳을 수 있다. 민주주의는 이러한 권력의 정당성을 국민의 동의에서 찾는다. 선거를 통해 국민이 권력자를 선택하고, 그들의 행위를 감시하며, 필요시 교체할 수 있는 제도적 장치를 마련한 것이다. 그러나 민주주의라고 해서 모든 문제가 해결되는 것은 아니다. 다수의 횡포, 포퓰리즘의 위험, 정치적 무관심과 냉소주의 등은 민주주의의 그림자이다. 현대 사회에서 정치는 더욱 복잡한 도전에 직면하고 있다. 세계화로 인해 국가 간 상호의존성이 증가했고, 기후 변화나 팬데믹 같은 전 지구적 문제들은 국경을 넘나든다. 또한 인공지능과 빅데이터의 발달은 새로운 형태의 권력과 통제 방식을 만들어내고 있다. 이러한 상황에서 정치의 목적은 더욱 명확해져야 한다. 개인의 자유와 존엄성을 보장하면서도 공동체의 결속과 발전을 도모하는 것, 현재 세대의 요구를 충족시키면서도 미래 세대의 권리를 고려하는 것이 현대 정치의 과제이다. 결국 정치의 궁극적 목적은 모든 구성원이 인간다운 삶을 살 수 있는 사회를 만드는 것이며, 이를 위해서는 시민들의 적극적 참여와 끊임없는 성찰이 필요하다."

이 글을 수준별 독해력과 문해력으로 분석해보겠습니다.

기본 수준의 독해력은 정치에 대한 기본적인 이해를 바탕으로 텍스트의 일부를 파악할 수 있습니다. "안전하고 행복한 삶"이라는 표현은 쉽게 이해되며, "대통령이나 시장님이 우리를 도와주신다"라는 식으로 받아들입니다. 하지만 '공동선', '사회 정의', '권력의 정당성' 같은 추상적 개념들은 이해하기 어렵습니다. '정치'라는 말 자체도 "어른들이 하는 일", "나라를 다스리는 일" 정도로 막연하게 인식합니다. 아리스토텔레스나 막스 베버 같은 학자들의 이름과 이론은 완전히 낯설며, "어려운 사람들이 한 말"이라고 여깁니다. 민주주의에 대해서는 "선거"라는 개념을 통해 어느 정도 이해하지만, 그 복잡한 의미까지는 파악하지 못합니다.

기본 수준의 문해력은 정치를 "좋은 일"과 "나쁜 일"로 단순하게 구분합니다. "나라를 잘 다스리는 것은 좋은 일"이라고 생각하며, 뉴스에서 본 정치인들의 싸움에 대해서는 "왜 싸우는지 모르겠어요"라고 반응합니다. 공정성에 대한 감각은 있어서 "모든 사람을 똑같이 대해야 해요"라고 말하며, 이것이 정치의 중요한 목적 중 하나라는 것을 직감적으로 이해합니다. 하지만 현실의 복잡성이나 이해관계의 충돌 같은 것들은 아직 이해하기 어렵습니다.

보통 수준의 독해력은 사회 시간에 배운 정치의 기능과 민주주의의 특징을 바탕으로 글을 이해할 수 있습니다. '권력 분립', '견제와 균형', '국민 주권' 등의 개념을 알고 있어서 민주주의에 대한 설명을 어느 정도 따라갈 수 있습니다. 정치의 이중성에 대해서도 이해하기 시작합니다. "정치가 좋은 일도 하지만 나쁜 일도 할 수 있다"는 것을 인식하며, 권력 남용이나 부패 같은 문제들을 뉴스를 통해 접해본 경험이 있습니다. 하지만 정치철학의 깊은 내용이나 현대적 도전들은 여전히 이해하기 어렵습니다. '포퓰리즘(populism-일반 대중의 인기에 영합하는 정치 형태로 대중주의라 함)', '세계화의 정치적 영향' 같은 개념들은 용어는 들어봤지만 정확한 의미는 모르는 경우가 많습니다.

보통 수준의 문해력은 정치에 대해 양가적 감정을 갖기 시작합니다. 민주주의의 가치는 인정하지만, 현실 정치에 대해서는 실망이나 냉소를 보이기도 합니다. "정치인들은 자기 이익만 챙긴다"는 식의 부정적 인식도 나타납니다. 공정성과 정의에 관한 관심이 높아져서 "왜 불공평한 일들이 많을까?"라고 질문하며, 정치가 이런 문제들을 해결해야 한다고 생각합니다. 하지만 그 해결 과정의 복잡성이나 갈등의 불가피성까지는 충분히 이해하지 못합니다.

고차원 수준의 독해력은 정치와 법, 사회문화 과목을 통해 정치학의 기본 개념들을 학습했으므로 글의 내용을 이해할 수 있습니다. 정치철학자들의 이론과 현대 정치 현상을 연결하여 사고할 수 있으며, 논증의 논리적 구조도 파악할 수 있습니다. 민주주의의 장점과 한계에 대해서도 균형이 잡힌 시각을 갖고 있으며, '다수의 횡포'나 '포퓰리즘' 같은 개념들을 구체적 사례와 연결하여 이해할 수 있습니다.

고차원 수준의 문해력은 이 글에서 권력의 정당성과 민주주의의 역설, 이상과 현실 사이의 영원한 긴장, 그리고 현대 정치의 복잡성과 시민성의 새로운 요구를 읽어냅니다. 이 문장들은 표면적으로는 정치학의 기본 개념들을 설명하는 교양적 해설문처럼 보이지만, 이면적으로는 정치적 삶의 근본적 딜레마와 민주주의 체제의 내재적 모순, 그리고 현대 사회에서 정치가 직면한 구조적 도전과 시민 참여의 질적 변화에 대한 깊은 정치 철학적 성찰을 담아내고 있습니다.

- **"정치란 무엇인가? 이 질문에 대한 답은 인류 역사만큼이나 다양하고 복잡하다"**라는 시작에서 드러나는 정치 개념의 다원성과 역사성이 갖는 의미를 살펴보면, 이는 단순한 수사적 질문을 넘어섭니다. '인류 역사만큼이나 다양하고 복잡하다'는 표현은 정치가 고정된 본질을 가진 개념이 아니라 역사적 맥락과 문화적 조건에 따라 다르게 이해되어온 구성적 개념임을 나타냅니다. 정치처럼 가치와 해석이 개입되는 개념들은 합의된 정의가 불가능하며 지속적인 논쟁의 대상이 된다는 의미입니다. 또한 이러한 접근은 서구 중심적 정치 이해를 넘어

서 다양한 문명권의 정치 전통을 인정하는 문화 상대주의적 관점을 내포하고 있습니다.

- **"아리스토텔레스는 정치를 '최고선을 추구하는 인간의 활동'이라고 정의했으며, 이는 오늘날에도 정치학의 출발점이 되고 있다"**라는 고전적 정의에서 나타나는 목적론적 정치관과 규범적 접근이 정치철학의 전통을 보여줍니다. 아리스토텔레스의 정의는 정치를 단순한 권력 투쟁이 아닌 공동선(common good) 추구의 활동으로 규정합니다. '최고선'이라는 개념은 그리스어 '아가톤(agathon)'의 번역으로, 개별적 이익을 넘어선 공동체 전체의 선을 의미합니다. 이러한 목적론적 정치관은 현대의 절차적 민주주의나 권력 균형론과 대비되는 고전적 관점으로, 정치의 도덕적 차원을 강조합니다. '오늘날에도 정치학의 출발점이 되고 있다'는 평가는 아리스토텔레스의 『정치학』이 여전히 규범적 정치이론의 기초 텍스트로 기능하고 있음을 의미합니다.

- **"정치의 가장 기본적인 목적은 공동체 구성원들이 안전하고 행복한 삶을 영위할 수 있도록 하는 것이다"**라는 정치의 존재 이유에서 드러나는 사회계약론적 관점과 복지 국가의 이념이 현대 정치의 정당성 근거를 보여줍니다. 이는 홉스, 로크, 루소로 이어지는 사회계약론의 핵심 전제와 연결됩니다. 홉스는 자연 상태의 '만인에 대한 만인의 투쟁'에서 벗어나기 위해, 로크는 자연권의 보호를 위해, 루소는 일반의지의 실현을 위해 정치 공동체가 필요하다고 했습니다. '안전하고 행

복한 삶'이라는 표현에서 '안전'은 홉스적 관점을, '행복'은 공리주의적 관점을 반영합니다. 이는 현대 복지 국가의 이념적 토대가 되는 개념으로, 국가가 단순히 질서 유지만이 아니라 국민의 복지 증진에도 책임을 져야 한다는 적극적 국가관을 반영합니다.

- **"이를 위해 정치는 질서를 유지하고 갈등을 조정하며, 공정한 자원 배분을 통해 사회 정의를 실현해야 한다"**라는 정치의 구체적 기능에서 나타나는 질서 유지, 갈등 조정, 분배 정의의 삼중 과제가 현대 정치학의 핵심 쟁점들을 포괄합니다. '질서를 유지하고'는 정치의 가장 기본적 기능으로, 베버가 말한 '합법적 물리적 강제력의 독점'과 연결됩니다. '갈등을 조정하며'는 정치를 갈등 해결의 메커니즘으로 보는 관점입니다. '공정한 자원 배분을 통해 사회 정의를 실현해야 한다'는 분배 정의의 문제로, 롤스의 『정의론』에서 제시된 '공정으로서의 정의' 개념과 직결됩니다. 롤스는 원초적 입장에서 무지의 베일을 쓴 상태에서 합의할 수 있는 정의 원칙을 제시했는데, 이는 현대 분배 정의 논의의 출발점이 되었습니다.

- **"하지만 정치는 때로 권력 투쟁의 장이 되기도 한다"**라는 전환을 통해 현실주의적 정치관을 도입합니다. **"막스 베버는 정치를 '합법적 물리적 강제력의 독점'이라고 정의하며, 권력의 현실적 측면을 강조했다"**라는 베버의 정의에서 드러나는 권력 중심적 정치 이해가 현실주의 정치학의 토대를 보여줍니다. 베버의 정의는 정치의 이상적 측면보다는 권력의 독점과 강제력 행사라는 현실적 측면에 주목합니다.

'합법적'이라는 수식어가 중요한데, 이는 단순한 폭력과 구별되는 정당성을 가진 권력을 의미합니다. 베버는 권력의 정당성을 전통적 지배, 카리스마적 지배, 합리적-법적 지배로 구분했는데, 현대 민주주의는 주로 합리적-법적 지배에 기반합니다. 이러한 현실주의적 관점은 마키아벨리의 『군주론』에서 제시된 권력 정치의 논리와도 연결됩니다.

- **"권력 자체는 중립적이지만, 그것을 누가 어떻게 사용하느냐에 따라 선한 결과도 악한 결과도 낳을 수 있다"**는 권력의 양면성에 대한 인식이 권력 이론의 핵심을 보여줍니다. 이는 **"권력은 부패하고, 절대 권력은 절대적으로 부패한다"**와 대비되는 관점으로, 권력 자체를 악으로 보지 않고 그 사용 방식에 주목합니다. 푸코의 권력 이론에 따르면, 권력은 단순히 억압적인 것이 아니라 생산적이고 창조적인 측면도 가지고 있습니다. 하지만 동시에 권력의 남용 가능성에 대한 경계도 필요하며, 이는 권력 분립과 견제와 균형의 원리로 구현됩니다.

- **"민주주의는 이러한 권력의 정당성을 국민의 동의에서 찾는다"**라는 민주주의의 기본 원리에서 드러나는 인민 주권론과 동의 이론이 근대 민주주의의 철학적 토대를 보여줍니다. '국민의 동의'라는 개념은 로크의 동의 이론에서 출발하여 루소의 일반의지 개념을 거쳐 현대 민주주의 이론으로 발전했습니다. 하지만 '동의'의 구체적 의미와 형태에 대해서는 여전히 논쟁이 있습니다. 묵시적 동의인지 명시적 동의인지, 일회적 동의인지 지속적 동의인지, 다수의 동의가 소수를 구

속할 수 있는지 등의 문제들이 민주주의 이론의 핵심 쟁점들입니다.

- **"선거를 통해 국민이 권력자를 선택하고, 그들의 행위를 감시하며, 필요시 교체할 수 있는 제도적 장치를 마련한 것이다"**라는 절차적 민주주의의 메커니즘에서 나타나는 대의제와 책임성의 원리가 현대 민주주의의 제도적 특징을 보여줍니다. 민주주의를 특정한 가치나 결과가 아닌 정치적 결정을 내리는 방법으로 정의하는 관점입니다. '선택-감시-교체'의 메커니즘은 대의제 민주주의의 핵심 요소들로, 각각 선거, 견제와 균형, 정권 교체 가능성을 의미합니다. 하지만 이러한 절차적 접근에 대해서는 실질적 민주주의나 참여민주주의 관점에서 비판도 제기됩니다.

- **"그러나 민주주의라고 해서 모든 문제가 해결되는 것은 아니다"**라는 민주주의의 한계에 대한 인식을 통해 **"다수의 횡포, 포퓰리즘의 위험, 정치적 무관심과 냉소주의 등은 민주주의의 그림자이다"**라는 민주주의의 병리 현상들을 제시합니다. '다수의 횡포'는 토크빌이 『미국의 민주주의』에서 경고한 개념으로, 다수 의견이 소수의 권리를 침해할 수 있다는 민주주의의 근본적 딜레마를 의미합니다. 이는 밀의 『자유론』에서 제시된 '다수의 전제'와도 연결됩니다. '포퓰리즘의 위험'은 대중 영합주의로서, 복잡한 정치 문제를 단순화하고 감정에 호소하여 정치적 지지를 얻으려는 경향을 의미합니다. 라클라우는 포퓰리즘을 민주주의의 필연적 요소로 보기도 하지만, 일반적으로는 민주주의의 질을 저하시키는 요인으로 여겨집니다. '정치적 무관심과 냉

소주의'는 현대 민주주의의 위기를 나타내는 현상으로, 시민들이 정치 과정에서 소외되면서 나타나는 문제입니다.

- **"현대 사회에서 정치는 더욱 복잡한 도전에 직면하고 있다"**라는 현대 정치의 특징을 통해 **"세계화로 인해 국가 간 상호 의존성이 증가했고, 기후변화나 팬데믹 같은 전 지구적 문제들은 국경을 넘나든다"**라는 글로벌 거버넌스의 필요성을 제시합니다. 세계화는 베스트팔렌(1648년 베스트팔렌 조약을 의미하며 근대 국제 질서의 기초를 마련함) 체제 이후 확립된 국민국가 중심의 정치 체계에 근본적 도전을 제기합니다. 지역적 사건이 전 세계에 영향을 미치고 전 지구적 문제가 지역적 차원에서 해결되어야 하는 복잡한 상황을 의미합니다. '기후변화나 팬데믹'과 같은 문제들은 전통적인 주권 개념으로는 해결하기 어려운 '지구적 공공재(global public goods)' 문제들입니다.

- **"또한 인공지능과 빅데이터의 발달은 새로운 형태의 권력과 통제 방식을 만들어내고 있다"**는 디지털 권력의 등장에서 드러나는 기술 정치의 새로운 차원이 21세기 정치학의 핵심 쟁점을 보여줍니다. 이는 푸코의 '생체권력(biopower)' 개념을 디지털 시대로 확장한 '디지털 권력' 또는 '알고리즘 권력'의 문제입니다. 빅데이터를 통한 개인정보 수집과 분석, 인공지능을 통한 행동 예측과 조작 가능성은 전통적인 정치권력과는 질적으로 다른 새로운 형태의 권력을 만들어내고 있습니다.

- **"이러한 상황에서 정치의 목적은 더욱 명확해져야 한다"**라는 규범적 지향을 통해 **"개인의 자유와 존엄성을 보장하면서도 공동체의 결속과 발전을 도모하는 것, 현재 세대의 요구를 충족시키면서도 미래 세대의 권리를 고려하는 것이 현대 정치의 과제이다"**라는 현대 정치의 이중적 과제를 제시합니다. 이는 자유주의와 공동체주의 사이의 고전적 긴장을 현대적 맥락에서 재해석한 것입니다. '개인의 자유와 존엄성'은 자유주의적 가치를, '공동체의 결속과 발전'은 공동체주의적 가치를 대표합니다. 롤스와 샌델 사이의 논쟁으로 유명한 이 문제는 여전히 현대 정치철학의 핵심 쟁점입니다. 또한 '현재 세대의 요구'와 '미래 세대의 권리' 사이의 균형은 지속 가능발전과 세대 간 정의의 문제로, 환경정치학과 미래 세대 이론의 중요한 주제입니다.

"결국 정치의 궁극적 목적은 모든 구성원이 인간다운 삶을 살 수 있는 사회를 만드는 것이며, 이를 위해서는 시민들의 적극적 참여와 끊임없는 성찰이 필요하다"라는 결론에서 드러나는 참여민주주의의 이상과 시민적 덕성의 중요성이 공화주의적 정치관의 핵심을 보여줍니다. '모든 구성원이 인간다운 삶을 살 수 있는 사회'는 아렌트가 말한 '인간의 조건'과 센의 '역량 접근법'을 연상시킵니다. 아렌트는 정치를 인간의 고유한 활동으로 보았고, 센은 인간의 기본적 역량 발전을 개발의 목표로 제시했습니다. '시민들의 적극적 참여'는 참여민주주의 이론의 핵심 요소로, 단순히 선거에 참여하는 것을 넘어서 정치 과정 전반에 능동적으로 개입하는 것을 의미합니다. '끊임없는 성찰'은 숙의 민주주의의 이념과 연결되는데, 하버마스의 담론 윤리학에서 강조하는 합리적 토론과 성찰적 사고의 중요성을 반영합니다.

따라서 이 글은 정치를 권력 투쟁의 차원을 넘어서 인간의 공동생활을 위한 지속적인 노력이자 끊임없는 도전으로 이해할 것을 요구하며, 현대 시민들에게 정치적 주체로서의 적극적 참여와 성찰적 사고를 촉구하고 있습니다.

분석할 글 6 : (경제) 시장 경제와 정부의 역할

“시장 경제는 개인의 자유로운 경제 활동을 기초로 하는 경제 체제이다. 아담 스미스가 말한 ‘보이지 않는 손’은 개인이 자신의 이익을 추구하는 과정에서 자연스럽게 사회 전체의 이익도 증진된다는 시장 메커니즘을 설명한다. 공급과 수요의 법칙에 따라 가격이 결정되고, 이러한 가격 신호를 통해 자원이 효율적으로 배분된다는 것이 시장 경제의 핵심 원리다. 경쟁은 기업들로 하여금 더 좋은 제품을 더 저렴한 가격에 제공하도록 유도하며, 이는 소비자의 후생을 증대시킨다. 하지만 시장 경제가 만능은 아니다. 시장 실패라는 현상이 존재하며, 이는 독점, 외부효과, 공공재의 과소 공급, 정보의 비대칭성 등으로 나타난다. 예를 들어, 환경 오염은 기업이 생산 과정에서 발생시키는 부정적 외부 효과로, 시장 가격에 반영되지 않아 과도한 오염을 초래한다. 또한 소득 분배의 불평등은 시장 경제의 고질적 문제로, 효율성을 추구하는 과정에서 형평성이 희생되는 경우가 많다. 이러한 시장의 한계를 보완하기 위해 정부의 개입이 필요하다. 정부는 독점 규제, 환경 보호, 사회 보장 제도의 운영 등을 통해 시장 실패를 교정하고 사회적 형평성을 추구한다. 그러나 정부 개입 역시 한계가 있다. 정부 실패라는 개념이 있듯이, 관료주의의 비효율성, 정치적 이해관계에 따른 정책 왜곡, 정보 부족으로 인한 잘못된 개입 등이 문제가 될 수 있다. 따라서 현대 경제에서는 시장과 정부의 적절한 역할 분담이 중요하다. 시장의 효율성을 최대한 활용하면서도 정부가 시장의 한계를 보완하는 혼합 경제 체제가 대부분의 선진국에서 채택되고 있다. 디지털 경제의 발전과 함께 플랫폼 독점, 데이터 소유권, 인공지능의 일자리 대체 등 새로운 경제적 도전들이 등장하고 있어, 시장과 정부의 역할에 대한 재정의가 필요한 시점이다. 결국 경제 정책의 목표는 효율성과 형평성을 동시에 추구하는 것이며, 이를 위해서는 지속적인 제도 개선과 사회적 합의가 뒷받침되어야 한다."

이 글을 수준별 독해력과 문해력으로 분석해보겠습니다.

기본 수준의 독해력은 시장 경제의 기본적인 모습을 일상 경험과 연결하여 이해할 수 있습니다. "물건을 사고판다", "경쟁해서 더 좋은 것을 만든다"는 내용은 마트에서의 쇼핑 경험이나 같은 제품의 다른 브랜드들을 비교해본 경험과 연결됩니다. 하지만 '보이지 않는 손', '자원 배분', '외부 효과' 같은 추상적 개념들은 이해하기 어렵습니다. 아담 스미스라는 인물이나 그의 이론에 대해서는 "경제학자 아저씨"라고 단순하게 받아들입니다. '시장 실패'나 '정부 실패' 같은 복잡한 개념보다는 "좋은 점도 있고 나쁜 점도 있다"라는 정도로 이해합니다. 환경 오염 문제는 "공장에서 나쁜 공기가 나온다"라는 식으로 구체적으로 받아들일 수 있습니다.

기본 수준의 문해력은 경제를 "돈"과 "물건"의 관계로 단순하게 이해합니다. "싸게 사고 비싸게 팔면 좋다", "경쟁하면 더 좋은 것이 나온다”라는 기본적인 경제 원리를 직관적으로 받아들입니다. 공정성에 대한 감각이 있어서 “모든 사람이 똑같이 잘살아야 한다”라고 생각하며, 빈부 격차에 대해서는 “왜 어떤 사람은 돈이 많고 어떤 사람은 돈이 없을까?”라는 의문이 생깁니다. 정부의 역할에 대해서는 “나라에서 도와줘야 한다”라는 정도로 이해하며, 세금이나 복지 같은 개념들을 “우리가 낸 돈으로 어려운 사람들을 돕는다”라고 받아들입니다.

보통 수준의 독해력은 사회 시간에 배운 경제 체제와 시장 경제의 특징을 바탕으로 텍스트를 이해할 수 있습니다. 자본주의와 사회주의의 차이, 시장 경제의 장단점 등에 대한 기본 지식이 있어서 전체적인 내용을 파악할 수 있습니다. 공급과 수요의 개념도 학습했으므로 가격 결정 원리를 이해하며, 경쟁의 긍정적 효과에 대해서도 납득할 수 있습니다. 하지만 ‘외부 효과’나 ‘정보의 비대칭성’ 같은 고급 개념들은 여전히 어려워합니다. 정부의 경제적 역할에 대해서는 조세, 복지, 규제 등의 개념을 통해 어느 정도 이해할 수 있으며, 시장과 정부가 서로 보완하는 관계라는 것을 파악합니다.

보통 수준의 문해력은 경제 불평등에 관한 관심이 높아집니다. 부모의 경제적 상황이나 친구들 간의 소비 차이를 경험하면서 “왜 집마다 경제 상황이 다를까?”라고 생각하게 됩니다. 시장 경제의 경쟁 원리에 대해서는 양가적 감정을 보입니다. 경쟁이 발전을 가져온다는 것은 이해하지만, 과도한 경쟁으로 인한 스트레스나 배제의 문제도 느끼기 시작합니다. 환경 문제에 대한 관심도 높아져서 “기업들이 돈만 생각하면 환경이 파괴된다"라는 것을 이해하며, 정부가 규제해야 한다는 필요성을 인식합니다.

고차원 수준의 독해력은 경제 과목을 통해 시장 메커니즘과 정부 정책에 대한 체계적 지식을 갖고 있어 텍스트의 모든 내용을 정확히 이해할 수 있습니다. 미시경제학과 거시경제학의 기본 개념들을 활용하여 분석할 수 있으며, 경제 현상과 정책의 상호작용도 파악할 수 있습니다. 시장 실패와 정부 실패의 구체적 사례들을 알고 있어서 이론과 현실을 연결하여 사고할 수 있으며, 경제 정책의 성공 여부도 분석합니다.

고차원 수준의 문해력은 이 글에서 경제적 효율성과 사회적 형평성의 영원한 딜레마, 시장 메커니즘과 국가 개입의 변증법적 관계, 그리고 디지털 경제 시대의 새로운 경제 거버넌스 과제를 읽어냅니다. 이 문장들은 표면적으로는 시장 경제의 원리와 정부 개입의 필요성을 설명하는 경제학 교양서처럼 보이지만, 이면적으로는 자본주의 체제의 구조적 모순과 한계, 그리고 경제 정책을 둘러싼 이데올로기적 갈등과 21세기 자본주의가 직면한 근본적 도전에 대한 깊은 정치 경제학적 성찰을 담아내고 있습니다.

- **"시장 경제는 개인의 자유로운 경제 활동을 기초로 하는 경제 체제이다"**라는 정의에서 드러나는 개인주의적 자유 개념과 시장 중심적 사고가 갖는 이데올로기적 함의를 살펴보면, 이는 제도적 설명을 넘어섭니다. '개인의 자유로운 경제 활동'이라는 표현은 경제적 자유주의

의 핵심 전제를 담고 있는데, 이는 개인을 합리적이고 자율적인 경제 주체로 가정하는 신고전파 경제학의 방법론적 개인주의와 연결됩니다. 하지만 이러한 '자유'는 추상적 개념이 아니라 역사적으로 구성된 것입니다. 칼 폴라니가 『거대한 전환』에서 지적했듯이, 자유 시장은 자연스럽게 발생한 것이 아니라 국가의 적극적 개입을 통해 만들어진 '허구적 상품'입니다. 토지, 노동, 화폐를 상품으로 만드는 과정은 사회적 관계의 근본적 변화를 의미하며, 이는 경제적 자유가 사회적 비용을 수반한다는 것을 보여줍니다.

- **"아담 스미스가 말한 '보이지 않는 손'은 개인이 자신의 이익을 추구하는 과정에서 자연스럽게 사회 전체의 이익도 증진된다는 시장 메커니즘을 설명한다"**라는 고전적 자유주의 경제학의 핵심 명제에서 나타나는 개인적 이익과 사회적 이익의 자동적 조화론이 경제사상사의 중요한 전환점을 보여줍니다. '보이지 않는 손'은 스미스의 『국부론』에서 단 한 번만 언급되는 은유적 표현이지만, 후에 자유시장 이데올로기의 상징이 되었습니다. 하지만 스미스 자신은 시장의 한계를 잘 알고 있었고, 『도덕 감정론』에서는 공감과 도덕적 감정의 중요성을 강조했습니다. 현대 경제학에서 이 명제는 후생경제학 제1 정리로 형식화되었는데, 이는 완전경쟁 시장에서 파레토 효율적 배분이 달성된다는 것을 의미합니다. 하지만 이러한 결과가 성립하려면 매우 엄격한 가정들(완전정보, 완전경쟁, 외부효과 없음 등)이 필요하며, 현실에서는 이러한 조건들이 충족되지 않는 경우가 많습니다.

- **“공급과 수요의 법칙에 따라 가격이 결정되고, 이러한 가격 신호를 통해 자원이 효율적으로 배분된다는 것이 시장 경제의 핵심 원리다”**는 가격 메커니즘의 정보 전달 기능에서 드러나는 지식 문제와 시장의 인식론적 우월성 논리를 하이에크는 『지식의 활용』에서 가격이 분산된 정보를 집약하고 전달하는 효율적 메커니즘이라고 주장했습니다. 개별경제 주체들이 가진 지역적, 시간적 지식이 가격을 통해 종합되어 사회 전체의 자원 배분을 조정한다는 것입니다. 이는 중앙계획경제의 계산 문제를 비판하는 논리적 근거가 되었습니다. 하지만 이러한 관점은 시장 가격이 항상 정확한 정보를 반영한다고 가정하는데, 이면적으로는 투기, 조작, 정보 비대칭 등으로 인해 가격 신호가 왜곡될 수 있습니다. 또한 효율성만을 기준으로 할 때 형평성 문제는 부차적인 것으로 취급될 위험이 있습니다.

- **“경쟁은 기업들로 하여금 더 좋은 제품을 더 저렴한 가격에 제공하도록 유도하며, 이는 소비자의 후생을 증대시킨다”**라는 경쟁의 순기능에서 나타나는 슘페터의 주장을 인용한 것입니다. 슘페터는 자본주의의 본질을 ‘창조적 파괴’로 규정했는데, 이는 혁신을 통해 기존의 생산 방식과 시장 구조를 파괴하고 새로운 것을 창조하는 과정으로 주장했습니다. 경쟁은 이러한 혁신의 동력이 되며, 기업가 정신(entrepreneurship)을 통해 경제 발전이 이루어진다는 것입니다. 하지만 이러한 과정은 필연적으로 승자와 패자를 만들어내며, ‘소비자의 후생 증대’라는 표현도 모든 소비자에게 동등하게 적용되는 것은 아닙니다. 또한 현실에서는 완전경쟁보다는 독점적 경쟁이나 과점

상황이 더 일반적이며, 이 경우 경쟁의 순기능이 제대로 작동하지 않을 수 있습니다.

• **"하지만 시장 경제가 만능은 아니다"**라는 전환을 통해 **"시장 실패라는 현상이 존재하며, 이는 독점, 외부 효과, 공공재의 과소 공급, 정보의 비대칭성 등으로 나타난다"**라는 시장 실패 이론의 제시가 현대 미시경제학의 핵심 개념들을 다룹니다. 시장 실패는 시장 메커니즘만으로는 효율적 자원 배분이 달성되지 않는 상황을 의미합니다. '독점'은 시장 지배력을 통해 가격을 조작하고 생산량을 제한하여 사회적 후생 손실을 발생시킵니다. '외부효과'는 시장 거래에 참여하지 않은 제3자에게 미치는 영향으로, 환경 오염이 대표적 사례입니다. '공공재의 과소 공급'은 비배제성과 비경합성을 가진 재화의 특성상 무임승차 문제가 발생하여 시장에서 적정 수준보다 적게 공급되는 현상입니다. '정보의 비대칭성'은 정보경제학의 핵심 주제가 되었으며, 역선택과 도덕적 해이 문제를 발생시킵니다.

• **"예를 들어, 환경 오염은 기업이 생산 과정에서 발생시키는 부정적 외부 효과로, 시장 가격에 반영되지 않아 과도한 오염을 초래한다"**라는 구체적 사례를 통한 외부효과 설명이 환경경제학의 핵심 문제를 보여줍니다. 이는 시장 가격이 사회적 비용을 제대로 반영하지 못한다는 것을 의미합니다. 사적 한계비용과 사회적 한계비용의 괴리로 인해 시장 균형에서 사회적 최적점보다 많은 오염이 발생하게 됩니다. 이러한 문제는 단순히 기술적인 것이 아니라 자본주의 생산 방

식의 구조적 특성과 연결됩니다. 마르크스가 지적한 '자본의 모순' 중 하나인 이윤율 저하 경향을 상쇄하기 위해 자본은 지속적으로 비용을 외부화하려 하며, 환경 파괴는 그 대표적 사례입니다.

- **"또한 소득 분배의 불평등은 시장 경제의 고질적 문제로, 효율성을 추구하는 과정에서 형평성이 희생되는 경우가 많다"**라는 효율성-형평성 상충 관계(trade-off)에서 나타나는 분배 정의의 문제가 정치경제학의 영원한 딜레마를 보여줍니다. 시장 경제는 효율적 자원 배분에는 뛰어나지만, 그 결과로 나타나는 소득 분배는 반드시 공정하지 않습니다. 롤스의 정의론에서는 이를 해결하기 위해 '차등 원칙'을 제시했는데, 불평등은 사회의 최소 수혜자에게 이익이 될 때만 정당화된다는 것입니다. 하지만 현실에서는 쿠즈네츠 곡선이 시사하는 것처럼 경제 발전 초기에는 불평등이 증가하다가 나중에 감소한다는 가설도 있으나, 피케티의 『21세기 자본』은 이러한 낙관론에 의문을 제기합니다.

- **"이러한 시장의 한계를 보완하기 위해 정부의 개입이 필요하다"**라는 정부 역할의 정당성 근거를 통해 "정부는 독점 규제, 환경 보호, 사회보장 제도 운영 등을 통해 시장 실패를 교정하고 사회적 형평성을 추구한다"라는 정부 개입의 구체적 영역들을 제시합니다. 이는 케인즈 혁명 이후 확립된 혼합 경제 체제의 이론적 근거를 보여줍니다. 케인즈는 『일반이론』에서 시장 경제가 자동적으로 완전고용 균형에 도달하지 않는다는 것을 보여주었고, 이는 정부 개입의 필요성을 이론적

으로 뒷받침했습니다. '독점 규제'는 반독점법을 통해 시장의 경쟁을 촉진하는 것이고, '환경 보호'는 외부효과를 내부화하는 정책들을 의미합니다. '사회 보장 제도'는 시장 결과의 분배적 불공정성을 사후적으로 교정하는 재분배 정책입니다.

- **"그러나 정부 개입 역시 한계가 있다"**라는 정부 실패의 인정을 통해 **"정부 실패라는 개념이 있듯이, 관료주의의 비효율성, 정치적 이해관계에 따른 정책 왜곡, 정보 부족으로 인한 잘못된 개입 등이 문제가 될 수 있다"**라는 공공선택론의 핵심 통찰을 보여줍니다. 공공 선택론은 뷰캐넌과 털록이 발전시킨 이론으로, 정치인과 관료도 자신의 이익을 추구하는 합리적 개인이라고 가정하고 정부 행동을 분석합니다. '관료주의의 비효율성'은 베버가 지적한 관료제의 역기능과 연결되며, 니스카넌의 관료 행동 이론에서는 관료들이 예산 극대화를 추구한다고 분석합니다. '정치적 이해관계에 따른 정책 왜곡'은 이익집단 정치학과 연결되는데, 올슨의 『집단행동의 논리』에서 보여주듯이 소수의 집중된 이익집단이 다수의 분산된 이익을 압도할 수 있습니다. '정보 부족으로 인한 잘못된 개입'은 하이에크가 지적한 지식 문제의 다른 측면으로, 중앙 정부가 복잡한 경제 현상을 모두 파악하기 어렵다는 한계를 의미합니다.

- **"따라서 현대 경제에서는 시장과 정부의 적절한 역할 분담이 중요하다"**라는 혼합 경제 체제의 당위성을 통해 **"시장의 효율성을 최대한 활용하면서도 정부가 시장의 한계를 보완하는 혼합 경제 체제가 대**

부분의 선진국에서 채택되고 있다"라는 현실적 해법을 제시합니다. 이는 제3의 길이나 사회적 시장 경제 같은 개념과 연결됩니다. 독일의 사회적 시장경제(soziale Marktwirtschaft)는 뮐러-아르마크가 제시한 개념으로, 시장 경제의 효율성과 사회 정의를 조화시키려는 시도입니다. 북유럽 모델 역시 높은 사회보장과 시장 경제의 효율성을 결합한 성공 사례로 평가받습니다. 하지만 이러한 '적절한 역할 분담'의 구체적 내용과 경계선을 둘러싸고는 여전히 치열한 이데올로기적 논쟁이 계속되고 있습니다.

- **"디지털 경제의 발전과 함께 플랫폼 독점, 데이터 소유권, 인공지능의 일자리 대체 등 새로운 경제적 도전들이 등장하고 있어, 시장과 정부의 역할에 대한 재정의가 필요한 시점이다"**라는 21세기 자본주의의 새로운 도전에서 드러나는 디지털 자본주의의 특성과 규제의 필요성이 현대 정치경제학의 최전선을 보여줍니다. '플랫폼 독점'은 네트워크 효과와 데이터 독점을 통해 형성되는 새로운 형태의 독점으로, 전통적인 반독점 정책으로는 해결하기 어려운 문제입니다. 구글, 아마존, 페이스북 같은 플랫폼 기업들은 승자독식 구조를 통해 막대한 시장 지배력을 확보하고 있습니다. '데이터 소유권'은 개인정보의 경제적 가치가 급증하면서 나타난 새로운 쟁점으로, 유럽의 GDPR 같은 규제가 등장하고 있습니다. '인공지능의 일자리 대체'는 기술적 실업의 새로운 형태로, 단순히 기술적 문제가 아니라 소득 분배와 사회 안정의 문제를 의미합니다.

- **"결국 경제 정책의 목표는 효율성과 형평성을 동시에 추구하는 것이며, 이를 위해서는 지속적인 제도 개선과 사회적 합의가 뒷받침되어야 한다"**라는 결론에서 드러나는 경제 정책의 규범적 목표와 민주적 거버넌스의 필요성이 정치경제학의 궁극적 과제를 보여줍니다. '효율성과 형평성을 동시에 추구'한다는 것은 쉽지 않은 과제입니다. 때로는 두 가치가 상충할 수 있고, 사회적 우선순위를 정하는 것은 정치적 과정을 통해서만 가능합니다. '지속적인 제도 개선'은 더글러스 노스의 신제도주의 경제학에서 강조하는 제도의 중요성과 연결됩니다. 제도는 경제 성과를 결정하는 핵심 요소이며, 경제 발전과 함께 제도도 진화해야 합니다. '사회적 합의'는 하버마스의 의사소통 행위 이론이나 롤스의 중첩적 합의 개념과 연결되는데, 복잡한 경제 정책 문제를 해결하기 위해서는 다양한 이해관계자들 간의 민주적 토론과 합의가 필요하다는 의미입니다.

따라서 이 글은 시장 경제와 정부 개입을 이분법적으로 대립시키는 것이 아니라, 두 메커니즘의 장단점을 인정하고 상호보완적 관계 속에서 최적의 조합을 찾아야 한다는 현실주의적이고 실용주의적 접근을 제시하면서, 21세기 디지털 자본주의의 새로운 도전에 대응하기 위한 제도적 혁신과 사회적 대화의 필요성을 강조하고 있습니다.

휴~ 드디어 종착역에 도착했습니다. 정말 고생이 많았습니다~~

마지막 글들의 분석은 거의 논문 수준의 고난도 문해력 분석 사례들입니다. '나는 학자가 되려는 게 아닌데 여기까지 알아야 하나?'라고 생각할 수도 있습니다. 이 내용을 온전히 이해한다면 일명 'SKY 대학'의 제시문 기반 면접이나 논술에서 원하는 결과를 얻을 수 있을 것입니다.

저희도 마지막 부분을 정리하고 서술하면서 많이 힘들었습니다. 그리고 고민도 많이 했습니다. '과연 이 수준까지 넣어야 할까?' 하지만 결국 포함을 결정한 데에는 어렵더라도 고난도 수준에 도전해 보자는 '도전의식' 때문이었습니다.

우리의 선조들은 16~20 살의 나이에 과거 시험을 치렀습니다. 이 과거를 치르기 위해서는 '사서삼경'까지는 무조건 공부해야만 과거를 치를 자격이 있다고 생각했습니다. 사서삼경은 논어, 맹자, 대학, 중용의 사서와 시경, 서경, 역경의 삼경을 의미합니다. 제목만 들어도 엄청난 책들입니다. 이 정도는 이해해야 과거를 볼 수 있고, 관리(벼슬)가 될 수 있다고 생각했던 것입니다.

이에 비하면 마지막에 제시한 사례들은 시작에 불과합니다. 학문의 길 또는 학자의 길, 아니 전문가의 길을 가기 위해서는 고난도 문해력을 넘는 수준까지 도달해야 가능하다고 생각합니다.

여기까지 함께해 주신 독자분들께 고개 숙여 감사드립니다.

다음에 또...

마치며...

여러분과 함께 문해력의 세계를 탐험하는 긴 여정을 마무리하며, 이 순간 독자 여러분의 마음속에 어떤 변화가 일어났는지 궁금합니다. 이 책을 펼쳐든 첫날과 지금 이 순간, 여러분이 바라보는 '읽기'의 의미는 분명 달라졌을 것입니다.

문해력은 글자를 해독하고 문장을 이해하는 기초적인 능력이 아닙니다. 그것은 우리가 살아가는 이 복잡한 세상을 해석하고 이해하는 나침반과 같습니다. 신문 기사 하나를 읽을 때도, SNS에 올라온 정보를 접할 때도, 심지어 친구와 나누는 대화에서도 문해력은 작동합니다. 이 책에서 다룬 사례들이 보여주듯, 문해력은 학교 안에서만 필요한 것이 아니라 우리 일상 곳곳에 스며있는 생존 도구입니다.

특히 디지털 시대를 살아가는 여러분에게 문해력의 중요성은 더욱 절실합니다. 하루에도 수백 개의 정보가 쏟아지는 온라인 환경에서, 무엇이 진실이고 무엇이 거짓인지 구별해내는 것은 고도의 문해력을 요구합니다. 이 책의 디지털 리터러시와 미디어 문해력 부분에서 살펴본 것처럼, 정보의 홍수 속에서 올바른 판단을 내리려면 비판적 사고와 분석적 읽기 능력이 필수입니다.

교과 연계 문해력 부분을 통해서는 문해력이 국어 시간에만 발휘되는 능력이 아님을 확인했을 것입니다. 수학 문제를 정확히 이해하는 것도, 과학 실험 과정을 파악하는 것도, 사회 현상을 분석하는 것도 모두 문해력의 영역입니다. 이는 문해력이 단일 과목의 경계를 넘어선 융합적 역량임을 의미합니다.

하지만 무엇보다 중요한 것은 실천입니다. 이 책에서 제시한 다양한 방법들과 사례들이 여러분의 머릿속에만 머물러서는 안 됩니다. 하루 30분씩이라도 의도적이고 집중적인 읽기를 실천해보길 권합니다. 처음에는 짧은 글부터 시작해서 점차 긴 글로, 쉬운 내용에서 복잡한 내용으로 단계적으로 도전해나가시기 바랍니다. 학교 교과서로 시작해도 좋습니다.

또한 읽은 후에는 반드시 자신만의 언어로 정리하고 표현해보시기 바랍니다. 책에서 다룬 1개의 문장구조로부터 완성된 한편의 긴 글까지, 제시된 분석 방법을 실제로 적용해보시기 바랍니다. 이런 과정을 거치면 여러분은 자연스럽게 문해력의 근육을 키워나갈 수 있을 것입니다.

문해력 향상은 하루아침에 이루어지지 않습니다. 마치 운동으로 체력을 기르듯, 꾸준하고 지속적인 노력이 필요합니다. 때로는 어려운 글 앞에서 좌절할 수도 있고, 복잡한 문장구조에 머리가 아플 수도 있습니다. 하지만 그럴 때마다 이 책에서 배운 전략들을 떠올리고, 차근차근 단계를 밟아나가시기 바랍니다.

마지막으로, 문해력은 개인의 성장을 넘어 사회 전체의 발전과도 직결된다는 점을 강조하고 싶습니다. 여러분 한 사람 한 사람이 높은 문해력을 갖추게 되면, 그것은 결국 더 합리적이고 민주적인 사회를 만드는 밑거름이 됩니다. 가짜 뉴스에 휘둘리지 않고, 편향된 정보를 걸러낼 수 있으며, 건설적인 토론과 소통이 가능한 사회 말입니다.

이제 여러분은 이 책을 덮고 새로운 출발선에 서게 됩니다. 문해력이라는 든든한 동반자와 함께 펼쳐질 여러분의 미래가 기대됩니다. 오늘 배운 것들을 내일의 실천으로, 지식을 지혜로 승화시켜나가는 여러분이 되시길 진심으로 응원합니다.

AI시대 문해력이 경쟁력이다

초판 1쇄 발행 2025년 8월 15일
2쇄 발행 2025년 8월 27일

감수 문학박사 김진환
공저 필립(筆立)·이강우·고준우·민유신
편집·디자인 홍성주
펴낸곳 도서출판 위
주소 경기도 파주시 광인사길 115
전화 031-955-5117~8

ISBN 979-11-86861-43-1 03700